曹八姐育女新经

张思媛　曹诗华　著

文匯出版社

图书在版编目(CIP)数据

曹八姐育女新经/张思媛 曹诗华著. — 上海:文汇出版社,2020.1

ISBN 978-7-5496-3089-9

Ⅰ.①曹… Ⅱ.①张… ②曹… Ⅲ.①女性—家庭教育 Ⅳ.①G78

中国版本图书馆CIP数据核字(2019)第274129号

曹八姐育女新经

作　　者/张思媛　曹诗华

责任编辑/熊　勇
封面装帧/王　灿

出版发行/文匯出版社
上海市威海路755号
(邮政编码200041)
经　　销/全国新华书店
排　　版/南京展望文化发展有限公司
印刷装订/上海颛辉印刷厂
版　　次/2020年1月第1版
印　　次/2020年1月第1次印刷
开　　本/720×1000　1/16
字　　数/220千字
印　　张/17.25
印　　数/1—5 000

ISBN 978-7-5496-3089-9
定　　价/48.00元

献给我的母亲曹诗华
她给了我生命的亮光
并且不止一次

序

2017年的春天，我萌生了想把从小到大妈妈给我讲的故事以及我听到的有教育启发意义的故事录制成一档节目的想法。

2018年4月1日，《思思故事汇》在喜马拉雅平台正式开播。

2018年9月1日，我邀请我的母亲曹八姐做客，一起录制母女档教育节目《曹八姐育女新经》。

2019年春天曹八姐过生日，我决定把节目内容文字化变成一本书，送给她作生日礼物，于是就有了这本书。

最开始并没有想要出版，然而当我执笔记录每一个我未曾吐露过的真实故事时，我审视曾经的我，说来难以置信，18岁之前的我一直认为离婚是人生必经之路，而幸福不吵架的家庭才是违背常理的。那是因为我身边认识的人的家庭环境大多数是这种情况，所以我认为自己长大也不会幸福的。

我不愿提起我的成长环境，回忆起来充斥着“对决、家暴、抑郁、破碎、冷战”。这样的感觉和画面太过深刻，以至于年少时大多焦点都在这里面，总认为自己是受害者，那些鸿沟难以逾越。曾经我认为自己是可怜的，我不够好，配不上美好的人和事物，曾经我认为自己就是不幸的，是泡在泥潭里的人生。这些“我”里面一定也有你。

对于和我有着一样的原生家庭的孩子、朋友，这更是我为你而倾诉的书。因为命运是可以被修改的。阿德勒说过，每一个人的童年经

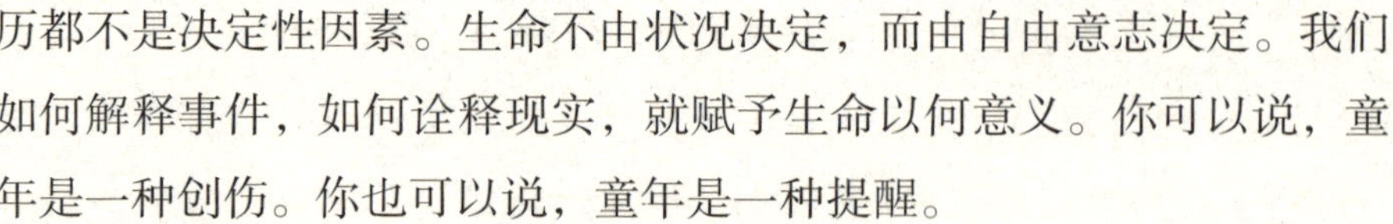

历都不是决定性因素。生命不由状况决定，而由自由意志决定。我们如何解释事件，如何诠释现实，就赋予生命以何意义。你可以说，童年是一种创伤。你也可以说，童年是一种提醒。

我和“我”对话，欣喜地发现一个一个“我”已经不在，取而代之的是完全相反的现在的“我”。

事实是在很多极端和歇斯底里的日子里，并行存在着的另一位是我妈妈，她是“隐忍、担当、温暖、耐心、善良和爱”的代表。

她没有立志要成为了不起的母亲，却总是在润物细无声之间默默影响我，她也没有刻意为之，却在每一个关键时刻给了我力挽狂澜的力量。

是她给了我生命的亮光，并且不止一次。

教育本应该是件好玩的事，小时候在我无数次调皮以为免不了一顿胖揍的时候，她总不会那样处理，而是用语言和故事来教育我，这种长大的过程充满了爱，她自己都不知道自己做得有多棒、多好、多难得。说来真的很有趣，我和妈妈是姐妹、朋友、战友，更是事业合作伙伴，我们有着完美的关系，我回忆总结了妈妈在我成长过程中所扮演的27个角色，我要把她了不起的思想和我们的相处模式记录下来、传承下去，我真心希望每一个家庭，每一个人都能掌握这些方法。

如果你也有我之前认为“幸福很难”的想法，希望我的故事对你有所启发，这种想法是阻碍你变得更好的一块巨石，我分享出我是如何跨越这些障碍活出自己的精彩的，这件事不容易。就像老鹰长大的过程一样，老鹰可以活到70多岁。在它40岁时，因为羽毛太厚，翅膀也越来越沉，飞翔能力开始下降，这时候它面临两个选择，等死或者是承受苦不堪言的更新过程，经历一段蜕变期。这期间它需要自己用“喙”，也就是它的嘴去敲打岩石，直到全部脱落，之后慢慢等待新喙重新长出来，用喙再把爪子上的指甲一一拔掉，新指甲长出来后，它还要把自己身上的羽毛逐一弄掉，痛到全身流血，最后，新的羽毛会在5个月后长出来，从此刻开始，它又可以在天空翱翔，并能够延续30年的寿命。

改变是痛苦的，一成不变，只会在原点止步不前，任由心中的伤痛和阴影拖着你下坠。而改变，可能会让你苦不堪言，但只要你撑住了，你就能在天空翱翔，飞出自己的精彩。

对于有女儿的家庭和我们女性群体来说，你大概不知道，你正在培养一位“太太”，众所周知，“太太”是对女性的尊称，你知道“太太”的由来吗?

中国历史上最长的朝代是历经791年的周朝，而周朝之所以如此昌盛，我想和开国前期三位母仪天下的女性“周家三太”有着密不可分的关系，她们分别是周文王的祖母太姜、母亲太任、妻子太姒。

太姜是周朝先祖古公亶父的正妃、周文王的祖母。她是丈夫在政治和生活上的左膀右臂，周太王每遇到大事，必定同她商量，她没出过一件坏主意。太姜先后生了太伯、仲雍和王季三个儿子，历朝历代，争夺皇位向来都是流血的事情。但太姜教导儿子兄友弟恭，三兄弟从小到大在品德行为上都没有过失。周太王病逝后，朝廷上下早已看出最有帝王才干、能继承王位的是三弟王季和他那有潜力的儿子姬昌（即后来的周文王）这一脉，可按照长幼应该是长子登基。最难得的就在这里，两位哥哥太伯和仲雍竟主动退位，一起跑到南方的荆蛮之地，文身断发，以示不可再用。权力就这样平稳地过渡，开启了接下来近800年的大周王朝。

太任是王季的妻子，周文王的母亲。太任应该是有记录以来最早实行胎教的妈妈了，司马迁在《史记》中有关于太任怀周文王时的记载:“太任有妊，目不视恶色，耳不听淫声，口不出秽言，食不进异(辛、辣、苦、涩)味。”说的就是她在怀孕的时候，不看不正经的颜色，不听淫秽的声音，不说狂傲的话语，不吃辛辣生冷的食品，以保持仁爱祥和的心态。由于她能够这样精心实施胎教，所以文王出生后就明达圣哲，举止端正，才德过人。

太姒是文王的妻子，周武王姬发的母亲。据说西伯侯姬昌在渭水之滨见到了太姒，对太姒一见钟情，又打听到太姒在家做女儿时孝顺父母，做学生时尊敬女老师，于是深深地爱上了太姒。《诗经》中的《关雎》“关关雎鸠，在河之洲；窈窕淑女，君子好逑”，讲的就是太姒与姬昌的爱情故事。为了迎娶太姒，姬昌亲自跑到渭水之滨，但是渭水上面没有桥，于是姬昌用船搭成一座浮桥将太姒迎回自己的属地。

作为儿媳，自从嫁给文王之后，太姒非常敬仰太婆婆太姜、婆婆太任的美德，从早到晚，辛勤劳作，以尽自己当儿媳的职责。

作为妻子，“文王治外，文母治内”（《列女传·周室三母》）。文王作为一国之君，忙于处理国家政务；她则是文王的贤内助，悉心料理家中事务，使得姬昌在国家内外获得了非常不错的政治效果。姬昌的属地成为了许多人才向往的地方。

作为母亲，她悉心教导十个儿子。大姒和文王生育了十个儿子。大姒悉心教诲儿子们，使他们一生不做恶事。长子伯邑考被纣王妲己所害，次子姬发继位，号周武王，伐纣名震天下。周武王驾崩后，其子周成王继位使国家再次复兴；周成王驾崩后，其子周康王继位，两位君主统治期间社会安定、百姓和睦，“刑错四十余年不用”，被誉为“成康之治”。公元690年，武则天将太姒追封为文定皇后，陵墓称为德陵。

太姜、太任、太姒，这三位女性是我敬仰的典范，一个好女人让家族旺三代，让国家兴旺几百年。所以拿破仑说：“推动摇篮的手，就是推动世界的手。”“太太”一词，不仅是对已婚女士的尊称，更寄寓着母仪天下的深沉意蕴。这也是我写本书的初心：我们每一个女人，都应该做这样的智慧女人，这样的太太，让靠近我们的人因我而更好，不论什么年龄和境遇，也都要继续前进，丰富自己，装进脑中的智慧是你最大的魅力。

我总有点小情怀、大梦想。

我想人在追求温饱和更富足的物质生活之后，该做点什么，留下什么值得让世界记住你。

中国90后有1.9亿人口，00后有1.4亿人口，这3.3亿的年轻人是中国的未来，然而我发现很多痛心的事实，例如未成年人犯罪，肇事逃逸、奸淫、偷盗，甚至事后洋洋得意，不辨是非；一部分90后、00后不读书就进入社会，用身体换取物质；或为了“爆红”“暴富”，做毁“三观”的事情。

看到这些社会新闻，想到刻在我心里的这句“为中华之崛起而读书”，真是讽刺，心痛至极！

21世纪的中国是发展最快、最伟大的国家，自改革开放以来，我们的祖国用40年的时间一跃成为世界第二大经济体，这是奇迹！可以说21世纪是中国的世纪！我在思考，除了经济和科技，国家最重要的通往未来的准备性因素——教育呢？文化呢？如果真正的中华文化不被重视，一些年轻人不知天高地厚，以笑贫不笑娼的方式继续生活下去的话，中华民族怎么继续兴旺？

梁启超说：“今日之责任，不在他人，而全在我少年！”

若少年软弱，国家怎么强？

若少年颓废，国家怎么旺？

若少年空虚，国家怎么醒过来？

我该做点什么？即使我只是十四亿分之一，哪怕只能影响一个人，也是有价值的。年轻人都怕听大道理，不爱被说教，我想到我是在“听故事”中长，大的，成长过程中我出现过各种状况，叛逆或贪玩，沮丧或迷茫，都是八姐在一个一个故事中把道理教给我。我知道故事的力量，所以我在书中分享给大家超过50个金句和近百个古今中外名人故事，可供你运用到生活、教育、工作和家庭中，我决定用这种有趣的潜移默化的力量来改变人们，改变世界！

我的使命是希望“用故事带领中国3.3亿新生代成为荣耀家族的人”。我希望用一个个小故事，讲出背后人生的真谛和现实意义，我

要成为青年典范，把正确的、积极的价值观传递出去，让每一个人在故事中受教育，都成为荣耀家族的人，为祖国做贡献的人！

这是我的终身志业，如果不献身给这个伟大的使命，我的人生就是毫无意义的。

是为序。

张思媛

2019年9月

特别感谢

正在读这本书的你和我，都已经生活在非常现代、高科技、快捷的便利生活中了，然而社会的快速发展不过是从百年前的工业革命开始的，从那时到现在人类的进步几乎是过去几万年的总和。

曾有人设想，如果这世界上每个人都把自己想做的付诸行动，拼尽全力实现它，这世界会再超前发达500年。然而事实是，90%的人都没有把自己想做的、擅长的发挥出来，很幸运我是那10%中的一员。

我要感谢让这本书从一个想法变成事实，从一颗种子变成大树的背后英雄，我的父亲陈霆远先生。感谢您叫我女儿，让我有被爸爸疼爱的感觉，因为你的爱，我从灰姑娘变成水晶公主，我的生命里也有了“宠溺、依靠、父爱如山”这样的字眼。

我最要感谢的是您重塑了我的生命，

自卑的我变成自信的我；

可怜的我变成幸运的我；

迷茫的我变成自律的我。

任何人做不到，只有你，用你那“聪明绝顶”的大脑，富有智慧的方式帮助我拆毁心中一个又一个负面的词语，我才成为更好的自己，这里面的每一次转变都价值亿万。

千里马常有而伯乐不常有。你发现我的天分在我自己发现以前，你重视我的梦想超过你自己的，是你每一天清晨的鼓励让我有底气做得更多更好。

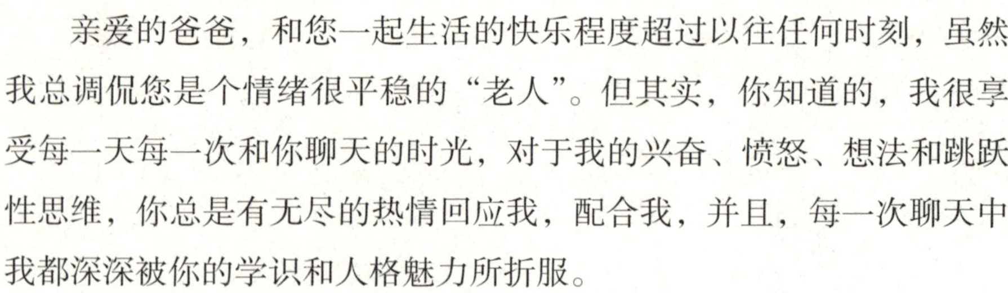

亲爱的爸爸，和您一起生活的快乐程度超过以往任何时刻，虽然我总调侃您是个情绪很平稳的“老人”。但其实，你知道的，我很享受每一天每一次和你聊天的时光，对于我的兴奋、愤怒、想法和跳跃性思维，你总是有无尽的热情回应我，配合我，并且，每一次聊天中我都深深被你的学识和人格魅力所折服。

有人说“幸运的人用童年治愈一生，不幸的人用一生治愈童年”。那我更是幸运中的幸运了。您治愈我的童年，治愈我的青春懵懂，开启我对理想的追求，愿我以后能成为你的骄傲，有更长足的发展和影响力，而这一切都要归功于你，你是一切的源头。

自从你的眼睛“返厂维修”暂时失明，并经历了痛苦挣扎甚至轻生之后，你惊人地从低谷中爬起来，创立“青光侠专项基金”，这是国内第一个专门针对青光眼病患救助的慈善基金。

我亲眼看到你对每一笔善款的重视，要求每一分钱都花在刀刃上，因公务出差的你还常常自掏腰包付差旅费。每当你听说身边有后天失明人士后，你想要挽救他们眼睛的那种急迫心情感染着每一个人，尤其是每一次听你演讲我都为着你的使命“十年拯救1 000万人的眼睛”而感动着。

你是位了不起的爸爸，你从来不看重身外物，只重视自己为别人带来的价值，以帮助别人为使命，你是我的英雄。

还要感谢我的妈咪黄馨仪女士，她是陈老师的完美配偶，他们拥有完美的婚姻生活关系。用老爸调侃的话说，妈咪已经是坐5奔6望7的年纪，可在我心中她就是一个讲话声音甜美的可爱高中女生。

你若认识她，你就会知道，这世界还有像特雷莎修女这样品质的人。她从不计算人的身份地位，不管是公司总裁、社会精英，还是社区管家、快递员、水电工，都无一例外地喝过她煲的“阿婆红豆汤”，她对每一个人付出同样的爱。她包容我没由来的怪个性、坏脾气，在我写作过程中给我无限的自由、鼓励和爱。

谢谢你们，我爱你们，没有你们，我的生命就是不完整的。

目 录

第一章　天大的难题 / 1

第二章　神交好友 / 11

第三章　生活骗了我 / 23

第四章　拒做塑料儿童 / 37

第五章　女孩初入学 / 51

第六章　凌晨四点钟 / 67

第七章　你还活着吗? / 79

第八章　德行先行 / 91

第九章　情绪小怪兽 / 103

第十章　第一位老师 / 113

第十一章　女孩初长成 / 127

第十二章　卓越女性 / 141

第十三章　从 0 到 1/ 153

第十四章　沙发型人格 / 163

第十五章　真长大了 / 175

第十六章　杀人的坏习惯 / 189

第十七章　重来的勇气 / 199

第十八章　时间颗粒感 / 207

第十九章　反人性的自律 / 215

第二十章　犹太人教子三宝 / 225

第二十一章　我爱你至深 / 241

第二十二章　我的九位母亲 / 251

第一章

天大的难题

40年前，一个难题，
改变了母亲的生活轨迹，
看似循规蹈矩，其实一切都变了……

曹八姐是我的启蒙老师

有一个故事和场景，在我脑海里印象非常深。9岁时，我和母亲曹八姐住在一个学校大院里，邻居们都是外来打工者，居住环境一般，全家几口人吃饭睡觉都挤在一间屋子里，过着日复一日平凡的日子。但我们院里住着的几位老师的家里就不一样了，他们家里有客厅、卧室、厨房甚至还有书房。每到放学时间，我都喜欢和老师的孩子一起玩，因为有机会到他的家里面去，他有很多的玩具，而那个时候我没有自己的玩具。

记得在一个炎夏的黄昏，院里的孩子们吃过晚饭又在一起玩，其中一个老师的孩子提议我们到他家里面去拿一样玩具出来，我们便一溜烟地跑了起来。他家在五楼，没有电梯，我们比赛谁爬得快。我们身上流着汗，气喘吁吁地到了门口，为了抢玩具，便一股脑地挤着一起涌进了门。其他的孩子都向左边冲去，因为那是他家的客厅，玩具都摆在那里，而本来也是要扑向玩具的我从刚进门便停下了脚步，因为我被右边的一个房间，也就是书房所吸引住了。

那个房间的门开着，正对门的有一整面的书柜立在墙边。远远看去形状不一，大大小小高高矮矮的书排列着，五颜六色的，泛黄的，纯白的，浅蓝的，整整齐齐地摆在上面。我的脚不听使唤似的，也没有和她家的大人打招呼，便走进了书房。走近了，我摸着那些书，有硬壳的、有软皮的，有亮面的、有磨砂面的，真不知道该拿出哪一本欣赏才最好。

那天温度刚好，我站在书柜前，夕阳是纯纯的金色，从我的左边窗户照进来，越过我的头，洒在书柜上。最终，我选了一本关于古代历史的书籍，里面讲的是古代有名的深宫女人的故事，我大概是我们那群小伙伴中最早知道什么叫“一入宫门深似海”的女孩了吧。她们的故事跌宕起伏，有趣极了，不知道看到什么时候，夕阳慢慢下山了，而我并不知道在哪里开灯，屋子变暗了，看不清字了，才舍得抬起头。这时，老师也催着我们该回家了。就这样，我带着读书带来的满足感和对未读完的故事的好奇回家了。

这是我对书中世界如此好奇和渴望的最早记忆。我不知道为什么当时书比玩具对我的吸引力大，以至于我完全把玩具抛诸脑后。直到我了解了我母亲的故事，我才找到了原因。

40年前，正在读小学三年级的曹八姐11岁，一天放学，她像往常一样回家，背着书包踏进院子里，正准备进屋写作业的时候，我姥爷从里面迎了出来，两个人站在院子里，妈妈见我姥爷的脸色有点不一样，感觉到他可能有什么话要对自己说。姥爷说：“女儿啊，你看现在家里这个情况，你妈妈身体不太好，家里也没人能帮着做活，你看你是选择上学好呢？还是选择有妈妈好呢？”

也许对妈妈来说，姥爷这一问的难度堪比莎士比亚“生存还是毁灭”这个经典问题。

其实对于一个11岁的孩子来说，这并不难选择。没有家长的引导，那时山里的孩子们都不愿意读书，还不如留在家里和妈妈在一起呢。然而，当时八姐的心里莫名地多了一份比普通孩子更强烈的对知识的渴求和执着。她知道自己家里面姊妹十个，上面有七个姐姐、一个哥哥，下面还有一个妹妹。在那个年代吃饭都困难，更何况上学读书呢。

她站在院子里背着书包，被这个问题给愣住了，一时语塞不知道怎么回答。她抬头看着天空，天空高高的，云朵缓慢飘动，老房子后面绵延的大山，一层又一层。她心里想着：“外面的世界到底是什么样

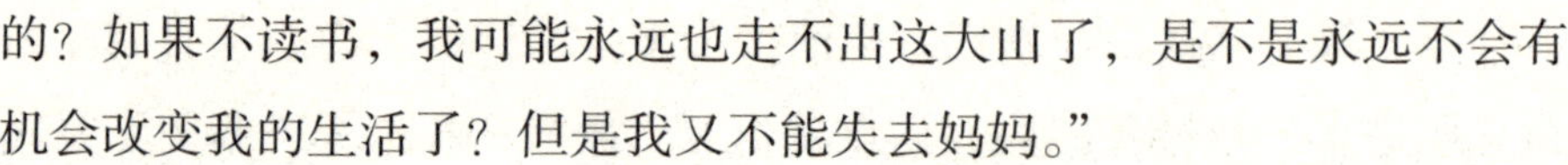

的？如果不读书，我可能永远也走不出这大山了，是不是永远不会有机会改变我的生活了？但是我又不能失去妈妈。”

想到这里，年仅11岁的她流下了眼泪，在院子里站了许久，看到泪水落下，一滴又一滴，落到地下，砸向尘土中消失不见。最后，她擦干眼泪，告诉我的姥爷：“有妈妈好。”从这天开始，她便辍学了，挑起了为家里做农活的任务。

莎士比亚说：“**生活里没有书籍，就好像没有阳光；智慧里没有书籍，就好像鸟儿没有翅膀**。”

辍学在家的八姐就是这种混沌迷茫的状态。故事听到这里，我问我的母亲：“当时农村姑娘的生活不就是这样吗？做几年农活，十七八岁就嫁人结婚生孩子，过着一眼看到头的日子。为什么你就想上学呢？”曹八姐回答说：“因为在学校里我听到一句话，**知识改变命运，这句话击中了我的心**。我想到了我的堂哥，就是我身边一个活生生的的例子。在我还没上学时，就看到他天刚蒙蒙亮就起来读书，不管屋里人有多吵闹，他就在屋檐下读书写作业，后来他成为村子里第一个考上大学的人，进城做了老师，让家人过上了好日子。我心里种下了这个种子，我知道，在大山里，只有知识能改变命运，只有书本能让我走出去。”

身不能至，心向往之。从辍学开始，没有机会在课堂上学习的她像一块海绵，拼命找方法吸收各路资讯，从最早的听从城里回来的人讲外面的故事，到后来的报纸杂志书籍，再到后来的电视网络资讯，只要是没听过的、不懂的，她都要了解一番。

说完这段往事，她又给我讲了一个故事。八姐回忆说：“在我刚辍学那一年，有一次我和你姥姥去一个亲戚家串门，我们走了几里山路来到他家。他家非常干净整洁，有好几个房间，我看到他家竟然有一个书房，这让我很惊讶。我们家里面十个孩子，东西多，柜子都用来储物，放的都是被褥、衣服和锅碗瓢盆，但他们的柜子竟然用来摆放书籍！那是一种知识分子家庭的情调，这让我感到很惊艳，非常喜欢。我妈妈和她家里的大人说着话，我就一个人在书房看书，我一直看，看了几个小时也没看够。临走的时候，我真的很想跟他借那本书，可是又不敢说，考虑了很久，犹犹豫豫地，最后我终于鼓起了勇气问：'阿姨可以把这本书借给我吗？' 怕她不借给我，我还连忙补了一句：'我一定不会把它弄脏的，我会好好保管的，看完之后立刻还回来。'

亲戚看我喜欢读书，用很惊讶、很赞许的目光看着我，立刻就答应了。

我高兴坏了，一路上捧着这本书欢呼雀跃着，小跑着回到家里。回家之后，因为有很多农活要干，我只能抽空读，有时一边加柴火煮饭一边看，有时在农田里趁干活的空闲，在田边坐着歇一会儿看一会儿。我还随身带着一条毛巾，擦干净手再翻书，唯恐把书给弄脏了，惹书的主人不高兴。白天没时间，我就用晚上的时间看，开灯怕影响家人休息，我就打着手电筒看。那时候家里面唯一的家用电器就是手电筒，是那种银色的、很粗的长筒老式手电筒。我躲在被窝里面，打着手电筒把这本书看完了。"

听妈妈回忆往事，我心中对她的敬佩也油然而生。对一个11岁的孩子来说，这种对知识的渴望实在是太难得太珍贵了！我内心有无数个瞬间，觉得她是我的妈妈，我为此感到非常骄傲，这就是其中一个。

带回来的这本小说，也为八姐打开了通往武侠世界的大门。那个时候没有电视，唯一的娱乐方式就是那一台不太好用的、老式收音机里传来的评书和相声。就跟现在年轻人追剧一样，每天晚上大家都会准时守在收音机前听单田芳、刘兰芳讲杨家将、岳飞传等故事。可一个星期也讲不了几集，没节目的夜晚，太阳落山后，就休息了。这时候，八姐就会把这本书上的故事讲给家人听，可谓是"围炉夜谈"呐，一天讲一章，讲得眉飞色舞手舞足蹈的，一大家子十来口人围在

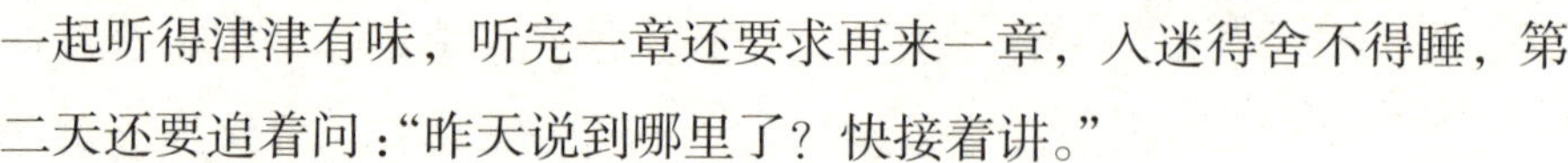

一起听得津津有味，听完一章还要求再来一章，入迷得舍不得睡，第二天还要追着问："昨天说到哪里了？快接着讲。"

阅读给我妈妈自己带来了满足和成就感，也给家人带来了快乐。

话说虽然我是90后，生活在现在随时随地可以自拍、P图的时代里，拍过的照片可以用万张以上来计算，可是据我所知，和我一样家境条件一般的孩子们，在小的时候都很少会去照相馆照相，有时几年才会留上一张照片。而我就比较幸运了，曹八姐非常前卫，在大山里面长大的她，在同年龄的女人都围着锅台转，脸蛋被晒得通红去地里干活的时候，她竟然有意识地在我每年生日那天坚持去照相馆留下一张照片。不仅如此，每一年去的时候，她都会给我精心打扮一番，从发型到穿着到搭配的袜子鞋子，甚至细致到眉毛的形状。

当我翻起20年前的照片时，都不禁感叹：每一张照片里的我和妈妈在现在看来都是精致的。还记得在我10岁以前，有几年要起大早赶去照相馆拍照，我极不情愿还睡肿了眼睛，妈妈这时会给我粘上双眼皮，就为了让我能够有好的状态。从童年到青春的留影，我们都是那么美好。如果当时拍得不好看的话，就成丑照留一辈子啦！

长大后，看着这些珍贵的照片，我问妈妈："为什么你和其他的母亲不一样，会想着必须在我人生的每一年都留下照片呢？"八姐说，这种想法是她从书里面看到的。

这是另一个让我妈妈觉得她在书中看到了不一样的世界的故事。当时她读到了"上海最后的贵族郭婉莹小姐"的故事，那也是她第一次接触到"贵族"这个词。

郭婉莹是上海永安百货郭氏家族的四小姐，被称为上海最后的贵族，她受过良好的教育，读的学校是中西女塾贵族学校，和宋庆龄、宋美龄是校友。因为战乱的原因，郭婉莹家族家道中落，她从锦衣玉食的小姐变成平民，生活拮据，住在小巷子里，但很快的，就被人们发现她的与众不同。即使是在很窘迫的情况下，依然还能看到她“穿着旗袍刷马桶”，甚至在睡眼惺忪下楼给家人买早餐的时候，也依然穿着亮丽，头发梳得整齐盘起。她的神情和言语举止让人觉得，她从来不会感受到慌张、低落或颓废。**读一本好书，就像在和一位高尚的人谈话**。

妈妈向我描述她的故事的时候，我感受到郭小姐的从容淡定，面对起起伏伏的世事，泰山崩于前而色不变。她内心的高贵从容，淡然的态度很震撼我。从那时候开始，八姐就告诉我，面对生活的挫折，**无论什么情况，女人都应该处变不惊，永远不要丢弃过精致生活的态度**。

事实上，八姐也确实是这么做的，从我很小的时候开始她就是我的造型师，每一次我们出门，她都要求我一定要穿戴整洁，不能邋遢不修边幅，细致到颜色，鞋子、帽子的搭配。她说这是对别人的尊重和礼貌，而当你这样做了之后，照镜子的时候，你的自我形象和看待自己的方式也会不一样。

看书这件事情，让我母亲看到了生命其他的可能性：她看到了通过书能够走出大山改变命运；她看到了武侠世界的精彩故事；她还看到了和自己的生活截然相反的贵族的生活。这些不同的事情，在她的生活方方面面影响着她，同时也传承给了我。

我有一位女性朋友，长相普通，是个内心很善良简单的人，和她在一起总让人觉得舒服，这样的品质实属宝贵，我很珍惜和她的友谊。有一天聊天时她突然对我说：“哎，我就这样了，我注定是只麻雀，不可能变成凤凰，我太普通了。”

那一刻，我看着她有一点心疼，但更多的是生气。怎么就能断定自己的人生不会有精彩呢。事实上，她是有选择权的，事实上，你，我，每一个人都有选择权，每一个人都可以定义自己的人生，都可以活成自己想成为的样子。

若你不知道该怎么做，那么拿起书本吧，去读一读你喜欢的人的书，去了解他们是如何转变的。去看看书里不一样的世界吧，它会指引你走进不一样的世界，会让你充满力量，去创造属于自己的世界。

很多朋友常常和我说他们的苦恼："我也想看书啊，但坐到沙发上就想放松一下，就看电视了。"想要看书却总没看成的朋友，不如试试在家里面每个角落都摆上书，在孩子触手可及的地方也都摆上书，客厅电视柜、沙发扶手边小柜子，床头柜，餐桌旁，等等。

让书成为你生活中最触手可及的东西吧。

八姐＆思媛支招：

八姐的故事对你有启发吗？八姐身上最难能可贵的品质之一就是极强的学习力，她从不原地踏步，总是敢于走出舒适圈，一直在接受新鲜事物，你在你的领域有多久了？从现在开始多吸收不同的资讯吧！

如何让自己和孩子爱上阅读？

1. 请开始在家里房间里面布置属于自己和孩子的书柜；

2. 不要依赖手机、iPad电子设备了解新事物，看过书中的内容，请像八姐一样，亲自讲述给你的家人、孩子听，多进行思想上的沟通。

八姐诗词分享

望江南·超然台作

苏　轼

春未老，风细柳斜斜。

试上超然台上看，半壕春水一城花。

烟雨暗千家。寒食后，酒醒却咨嗟。休对故人思故国，且将新火试新茶，诗酒趁年华。

译文：

春天还没有过去，微风细细，柳枝斜斜随之起舞。登上超然台远远眺望，护城河只半满的春水微微闪动，城内则是缤纷竞放的春花。更远处，家家瓦房均在雨影之中。

寒食节过后，酒醒反而因思乡而叹息不已，只得自我安慰：不要在老朋友面前思念故乡了，姑且点上新火来烹煮一杯刚采的新茶，作诗醉酒都要趁年华尚在啊。

今天分享我喜欢的苏轼的一首词，我特别喜欢他的作品。写这首词时，苏轼刚从人间天堂的杭州调到穷乡僻壤的密州，他当时的心情是非常郁闷的，有一种有家难回、有志难酬、无奈和迷茫的感觉。

可是通过这首词你感受不到那些情绪，你能感受到的反而是他的豁达和超脱的胸怀，这是一种“用之则行，舍之则藏”的心态。被朝堂任用我就施展抱负，不被任用就藏身自好，我游山玩水去了。处境艰难，他却能够“煮新茶”，他的意思是：每一个当下都是最美好的年华，无论什么情况，都要有一个好的心态去面对。

他的乐观对我影响很大，我也很愿意读他的诗，读完觉得豁然开朗。我现在的名字曹诗华也是因为这首词的最后一句改的：诗酒趁年华。我想告诉自己，做自己喜欢做的事，什么时候都不晚，趁着当下就去做。我现在已经50岁了，可我觉得人生的精彩才刚刚开始呢。

第二章

神交好友

读一本好书就像交了一位益友，你敢相信吗？

这位朋友能拨正青春期爱美的女孩的思想？

这位朋友能助你成为高官和一国首富？

曹八姐是我的闺中密友

我人生中第一个喜欢上的，同时也是在我的生命当中最能给我带来改变和力量的人物，就是小说《飘》（电影《乱世佳人》）里的女主角斯嘉丽了。

《飘》（Gone with the wind）这部小说的作者是玛格丽特·米切尔，她很传奇，一生只出版了这一部作品，一问世前6个月的发行量就达到1 000万册，每天最高可以卖出5万册，只一部作品就获得了普利策文学奖，给全世界带来了巨大的冲击，也让她成为文学史上一颗璀璨的明星。截至现在，《飘》已被翻译成30多种文字，畅销全世界。

14岁那年，从书店里买了《飘》这部小说回家看。小说分为上下部，一共有80多万字。那一年，我竟然把这部小说从头到尾看了整整两遍！小说讲的是在美国南北战争期间，在恢宏的乱世之中，女主角斯嘉丽和爱人瑞德这对佳人跌宕起伏的爱情故事。

斯嘉丽出身好，是贵族家的小姐，她美丽动人，所有人都为她倾倒。她绿色的眼睛性感妩媚，尖下巴小嘴唇，小蛮腰盈盈一握，纤纤玉手。伶俐的口齿，极为敏捷的思路，说话时眼睛灵动迷人，爱美又有点张扬，走到哪里都是话题的中心、目光的焦点，这是一个活得很灿烂、耀眼的女生。读这本书的时候，我心里默默喜欢着她，我甚至期待和她生活在同一个地方，有同样的生活，我沉醉在她的世界里面，也在心里面把她当成我的好朋友。

男主角瑞德更是我的心头挚爱，他绅士、帅气、有头脑，周旋于各种社会关系游刃有余，讲话做事真实不作态。在别人眼中有点风流、有点坏的外表下，是一颗痴情的、真诚的心。电影《乱世佳人》中扮演瑞德的男演员是好莱坞巨星，奥斯卡影帝克拉克·盖博，他完美地演绎了瑞德，那无可挑剔的样子至今无可取代。

因为战争，斯嘉丽从贵族小姐沦落为逃难的平民，她经历失恋、离婚、父母去世、家境败落、失火、财产殆尽、女儿意外死亡、失去土地家园、流离失所、做女工等一系列的打击，但面对一个一个困境，她永远告诉自己："明天一切都会好起来的，明天又是崭新的一天！"

"明天又是新的一天了！"斯嘉丽的这句话给我的生命带来了巨大的影响。将这部小说看了两遍，好像也跟她一起经历了几十次生生死死、分分合合，所以这句话也一直出现在我的脑中和心里。

不管怎样，明天又是新的一天了！

毕竟，明天又是新的一天了！

Tomorrow is another day!

因为在心里把斯嘉丽当朋友，青春期那段时间，遇到难处的时候我就会想起她，想起这句话。它给我带来了无穷的力量，在境遇很不好的时候，我也不被打倒，仍然相信，一切还有希望，一切还会好起来。这种信念一直伴随我长大，直到现在。就是因为那个时期这个故事让我养成了这种韧劲，从而让我拥有即使跌到谷底也要绝地反弹的力量，这是一种宝藏力量，拥有这样力量的人生不怕从头再来，毕竟 Tomorrow is another day！

此刻我听着电影《乱世佳人》的配乐，认真地告诉你，**当你读到一本好书，就像交到一位好朋友，当你再读这本好书，你会觉得在和老朋友重逢**。

在我看完《飘》之后，我迫不及待地跟八姐分享这些故事和我欢喜的心情，八姐很赞许，高兴地看着我说完之后，她脱口而出："读过一本好书，就好像交到一位益友。”这句话一下子就击中了我的心，八姐了解我当时作为孩子的心情，还总能在关键时刻用一句醍醐灌顶的话点醒我、鼓励我。现在想想，曹八姐，她，才是我最好的朋友啊！

现在很多孩子和家长不能一起聊天，甚至孩子的朋友圈会屏蔽父母。“你不懂”“你不明白”“OUT！”这是很多年轻人对父母提出问题时的回复。为什么呢？因为没有保持同步成长。想来真是难得，我和八姐两代人，一来一回的沟通，没有任何隔阂和代沟，我想是因为我们两个人都一直在学习和成长，我们两个始终保持一样的节奏。我在学校学习、阅读，八姐虽然学历止步在小学三年级，可是她有学习力，她和我一起阅读，甚至比我阅读得更多。书是她手中的世界，她在手中的世界里得到的，可不比我在学校少呢。

有一句话叫“借力使力不费力”，这也是做营销策划时很重要的一招，八姐可不懂营销，也不知道这一招，但她却在实际生活当中无意间使用了这一招式，并且十分奏效，只能说她实在高明。我建议为人父母者，在对孩子遇到某种状况手足无措的时候，也可以用这一招。

曹八姐是开理发店把我养大的，一开就是16年。在我的发型这件事情上，她回忆说：“你一直算是比较听话的，发型怎么剪，短点长点都无所谓，不会太挑剔。可是从你进入青春期的那段时间开始，我感受到你有变化了。你开始在意自己的发型是不是好看，早上起来上学前，头发就要弄半个多小时，我看在眼里，虽然嘴上没有说你，可是心里在想，这样下去可不是办法呀。在给你剪头发的时候你也开始要求我给你做好看的发型，有时想要做卷，有时想要拉直。有一段时间你们小孩子中间开始流行什么非主流发型，女生都喜欢把刘海弄成中间齐、两边垂下来的样子，刘海很长，眼睛被遮挡得若隐若现……”八姐回忆到这里，我已经开始笑了，对呀，那是属于我们90后的非主流时代，尤其进到好友的QQ空间里面，如果有着这样发型的照片就说明这个人走在潮流的尖端了！酷毙了好嘛！好时尚！

那时候我也开始学着化淡淡的妆，会涂一点睫毛膏，让睫毛更翘一点，看起来更有神一些，我背着家长化妆臭美，出乎我意料的是，八姐知道之后，竟然有些支持我。她会告诉我，不要抹得太浓，那样不自然，这让我觉得她和我是一个阵营的，而不是“家长反对派”，甚至更像我的闺蜜，会给我出谋划策，告诉我怎么样更好看。身边的女生都在打扮，当然大部分的家长都是不愿意的，有的会和孩子起剧烈的冲突，而这个时候，青春期的逆反就是决定一个孩子的性格和命运的关键转折。那时候，很多女同学家庭不和睦会想逃离，选择彻夜不归，或者中学毕业就会去读技校，不再继续读高中。

我也问过八姐：“当时你心里着急吗？你怎么想的呢？”她回答说：“我不会让你中断读书，这一点毋庸置疑。但我也不想跟你有激烈的冲突，青春期爱美是正常的表现，不能说孩子是错的，重要的就是作为家长如何正确地引导。这时候也多亏我看到了杨澜的书，你记得我给你讲过的杨澜的故事吗？”这就是我说的借力使力不费力了，在我爱美的这个阶段，我妈妈给我讲了杨澜的故事。

杨澜曾经是央视主持人、北京奥运会申奥大使，在一些重大的场合总会有她的身影，她不仅是主持人，还是企业家、慈善家，更是中国智慧女性的代表。听八姐讲述，我简直不敢相信，杨澜从上学一直到大学毕业，都没有人追求过她，她自己也说唯一的遗憾是没有谈过校园恋爱。她在学校里面一直是短发，一眼看过去是那种有点不起眼的女生，她把时间都用来学习、充实自己上面。

如你所看到的，因为在学生时代一直对自己的积累和高要求，出类拔萃的她脱颖而出，一毕业便成为央视主持人。工作一段时间后她发现，女主持人的功能好像就是给男主持人做陪衬的，有想法的她就提出来：“为什么女主持人不能有思想？女主持人就不能在自己的节目里面表达自己的想法吗？”就这样，她放弃了让人艳羡的、最想进入的“职业终点”——中央电视台的工作，选择去哥伦比亚大学进修，后成立自己的公司做起了《杨澜访谈录》，这是国内最早的高端访谈节目。从2001年开始，杨澜采访过商界、政界、文化界名人500位以上，其中国家元首就有40位以上，她真实表达自己的想法，对每一个受访者犀利提问。我最喜欢她对“访问”这个工作的理解，她认为最好的访问就是采访者和被采访者都有一种“穷尽”了的感觉，那是一种智力的搏斗，在答与问之间充满张力，尽显智慧。看她的访谈节目总能知道更多故事背后的真相以及现实的意义。她也因此被评选为“亚洲二十位社会与文化领袖”“能推动中国前进、重塑中国形象的十二位代表人物”、《中国妇女》时代人物，成为中国女人有智慧、有内涵的代表人物。

事业有成后，在杨澜自己完全准备好了，足够优秀的时候，遇到了完美的另一半，拥有非常幸福的生活。而比她更貌美的女同学，却没有她如今的这般地位。所以说，一个女人幸不幸福，起决定作用的绝不是她的貌美程度，而是她的内在。

一个好女人就像一本好书，越往后读越有滋味。好女人更像一壶好酒，时间越长越能散发醇香。

八姐问我：“你是想做哪一种类型的人呢？”那还用说！听完杨澜的故事，我已经决定要过这样的人生。八姐用杨澜的例子，把我当时的整个思想格局摆到了正确的轨道上。现在想想她真是聪明啊，欲擒故纵，故意和我站在同一个战线，我从没觉得她是一个高高在上的长辈会跟我发号施令，反而像我的闺蜜一样给我建议，告诉我怎样打扮更好看，完全走进了我的内心，她总是这样在润物细无声中便教育了我。

一个爱西施爱勾践却更爱书的男人——范蠡

我喜欢读历史方面的书籍，因为读史使人明智，鉴以往而可知未来。

讲真，之前我看《三国演义》的时候还哭呢，担心关羽骑赤兔马能不能逃离曹营，担心张飞这个酒鬼，担心诸葛亮的计谋能不能成功，担心小乔落入曹操手里……有一次和小姨看电视剧《三国》，看到关键情节时把我急得是捶胸顿足、眼中泛泪，小姨还说我："你真是看《三国》流眼泪，替古人担忧！哈哈哈。"哈哈哈，我立刻破涕为笑，可不是嘛，这都是过去的事了，过了千年了，我还在担忧什么呢，哈哈！

除此之外，我也非常喜欢司马迁的《史记》，《史记》是中国历史文学乃至整个中华民族进程中一座璀璨的丰碑。我特别感谢司马迁，对他有着无限的崇敬。在汉代，国家实行"重农抑商"，商人的地位不高，汉高祖的时候，甚至明文规定，从事商业活动的人，不允许穿丝绸做的衣服，不能拥有兵器，出行的时候还不能乘车骑马。所以记录商人故事的文献有限，资料甚少。司马迁是第一个"吃螃蟹"的人，他认真、系统地把中国古代有史以来的商人历史给记录了下来。《史记》中专门记载商人的这一篇叫《货殖列传》，如果没有司马迁的记录，中国古代的商业发展的历史可能就会断缺。我太爱这一篇传记了，感谢司马迁，敬他！

在《货殖列传》当中有一个人名字叫范蠡。范蠡？你会想这不是帮助越王勾践十年卧薪尝胆打败吴国重建家园的那个大谋士、大政治家吗？是他！然而他还有一个身份，你一定想不到，他竟是个商业头脑十足的大天才！被后人称为商圣，商界的圣人！

我喜欢看他的故事，他这个人很有意思。在帮助越王勾践败吴之后，他竟然辞官去做生意了。他在接下来的20年中辗转各国，白手起家成为当时闻名遐迩的商业巨贾！

第一次来到齐国海边，他化名鸱夷子皮，成为首富后立刻把万贯家财都散给了亲戚朋友；

第二次，他来到陶，化名陶朱公，《史记》里说他"十九年之中，三致千金，再分散与贫交疏昆弟"。您看懂了吗？是说在陶这个地方，他在十九年间，三次白手起家，三次成为千金万贯之人，又三次把财

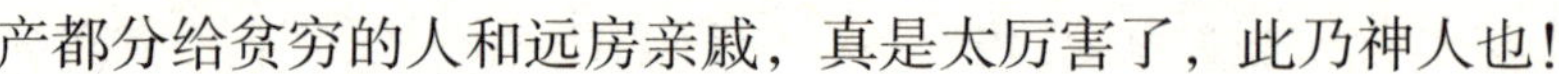

产都分给贫穷的人和远房亲戚，真是太厉害了，此乃神人也！

我猜想，他一定不是在追求极致的财富，若要财富，在辅佐越王勾践报仇之后，位极人臣的他就可以得到了。我想吸引他的是那种从低谷走向巅峰的过程，他喜欢这种挑战，喜欢这一段又一段从头开始冒险的旅程。那么重点来了，这位神人有什么秘笈，可以让他每次都按照同样的步骤达到他想要的巅峰呢？

原来是一部神作，这本书的名字就叫《计然之策》。

"计然"到底是一个人的名字，还是一本书的名字？在历史上并无定论，不过我查阅典籍，没有明确史料记载范蠡和他有过交流，或是在他的生命当中出现过。所以在这里，我认为范蠡只是通过这本书来了解"计然"学习"计然"。

在越王勾践反败为胜之后，范蠡曾经说过："计然之策总共有7条，我们只使用了5条就打败了吴国，这计然之策可真厉害，能够帮一个国家取得这么大的成就，那我干嘛不用它里面的计谋来做生意呢？"于是从这儿开始，他辞官了。

《计然之策》有着很深的商业哲理，看过之后，我认为这可以说是世界商业规则的起源了，现在我们讲的很多企业所遵循的规则、道理，包括很多著名的投资家说的金句、经验，都是我们的古代圣人曾经说过的。《计然之策》有7个原则，我只分享其中的一个，叫作"贵出如粪土，贱取如珠玉"。这里说的意思是，当物品已经很贵，价格涨得很高的时候，你要把它像粪土一样，完全不用留恋地抛售出去。当下格已经跌到了很低的时候，你又要像宝贝一样把它毫不犹豫地买进来。也就是"贵上极则反贱，贱下极则反贵"。这不是现在很多做投资、股票、基金等的人都做不到的一点吗？这一条加上其他的6条原则，只要你依照这个步骤，就一定可以做成你想做的事。

那么剩下的6个原则是什么呢？你可以关注我在喜马拉雅App上面的原创音频节目《思思故事汇》，给我留言，我会回复您。注意：只有长得好看的人才能关注成功，你去试试看！

好了，我真的可以想象，范蠡在国家遇难的时候，在自己的生意经营上不知道该如何选择的时候，他一定都会翻阅这本书，他一定把里面的策略智谋都熟烂于心，也运用得炉火纯青了，真真是书中自有黄金屋啊！

读一本好书的力量，能复国，还能成为首富，你说大不大？

八姐＆思媛小提问：

1. 你上一次完整地读过一本书是什么时候？你曾经在书里读到过哪些好的信念？

2. 八姐运用故事教育孩子的方法你学到了吗？

3. 不管此刻的你是什么境遇，我都要把斯嘉丽这位朋友介绍给你，也把她的信念送给你，在低潮、烦闷时请记住："明天又是新的一天，Tomorrow is another day!"

4. 书中自有黄金屋，范蠡就是最好的示范，累积财富从书中找答案找方法你学会了吗？你准备好大量阅读了吗？

八姐诗词分享

长 征

毛泽东

红军不怕远征难，万水千山只等闲。
五岭逶迤腾细浪，乌蒙磅礴走泥丸。
金沙水拍云崖暖，大渡桥横铁索寒。
更喜岷山千里雪，三军过后尽开颜。

译文：

红军不怕万里长征路上的一切艰难困苦，把千山万水都看得极为平常。绵延不断的五岭，在红军看来只不过是微波细浪在起伏，气势雄伟的乌蒙山，在红军眼里也不过是一颗泥丸。金沙江浊浪滔天，拍击着高耸入云的峭壁悬崖，热气腾腾。大渡河险桥横架，晃动着凌空高悬的根根铁索，寒意阵阵。更加令人喜悦的是踏上千里积雪的岷山，红军翻越过去以后个个笑逐颜开。

我们想想红军两万五千里长征，多少人牺牲在路上，诗里说的铁索桥、乌蒙山都是地势极其险要之地，想想那个画面是很残酷的，有多少人在此牺牲。

可是这首诗写得多么有气势、多么豪迈啊，我们红军不怕万里长征路上的一切艰难困苦，千山万水在我看来都很平常！毛主席的胸怀让人敬佩：五岭逶迤，指的是四川境内五座大雪山，巍峨耸立，海拔平均一两千米，但是毛主席把雪山比喻成是像浪花一样，我踩一踩就过去了，轻松得很呢！气势雄伟的乌蒙山，在红军眼里也不过是一颗泥丸。金沙江浊浪滔天，两边是高耸入云的峭壁悬崖，热气腾腾。大渡河险桥横架，晃动着凌空高悬的根根铁索，寒意阵阵。

最后两句，更喜岷山千里雪，三军过后尽开颜。岷山是甘肃延伸至四川北部的一大段山脉，全长约500千米，主峰雪宝顶海拔5 588米。喜欢爬山的人都知道，在高原上，高原反应就让很多人受不了，呼吸急促缺氧，万一受凉感冒更麻烦了，引发肺水肿还会有生命危险。要爬5 500米以上的高山之前要做些体能训练，更要有足够的保暖装备和食物补给。所以真的难以想象，红军当时装备残破不堪，在饿着、冻着、搀扶着的情况下，毛主席竟然说大家看见这大雪山好开心，等我们过去的时候个个笑逐颜开嘿！

毛主席的确是非常有乐观主义精神的，我觉得人在面对困境的时候只有拥有这种乐观的心态，而且满怀希望，才能渡过困境，并创造出一个新的世界来！

真不愧为伟大领袖，这种极强的乐观主义精神是常人难以做到的！

诚然，有伟大成就的人，都是在青年时期就有坚定的信心、持久的努力，才成就一番伟业啊，可敬可叹！

梁启超给女儿的信

梁启超，中国近代思想家、政治家、教育家、史学家、文学家，戊戌变法（百日维新）领袖之一、中国近代维新派、新法家代表人物。我挑选这封信分享给大家是因为：梁启超一生以强国为己任，他所传承的家风是教导子女“知者不惑，仁者不忧，勇者不惧”。他一共九个儿女，个个出类拔萃，在各自的领域都是佼佼者，被后世褒奖为“一门三院士，九子皆才俊”。写这封信时，梁启超的女儿思顺已经30多岁，他在给女儿写信时仍旧宠溺地称呼女儿为宝贝，从字里行间中能感受到梁启超对女儿的宠爱，对女儿和女婿婚姻美满的欣慰。在这封信里，他不是振臂一呼的革命领袖，而是化身成了慈祥的老父亲，甚是可爱。

宝贝思顺：

昨天松坡图书馆成立（馆在北海快雪堂，地方好极了，你还不知道呢，我每来复四日住清华，三日住城里，入城即住馆中），热闹了一天。

今天我一个人独住在馆里，天阴雨，我读了一天的书，晚间独酌醉了（好孩子别要着急，我并有恁么醉，酒亦不是常常多吃的），书也不读了。找我最爱的孩子谈谈罢，谈什么呢，想不起来了。哦，想起来了。你报告希哲在那边商民爱戴的情形，令我喜欢得了不得。我常想，一个人要用其所长（人才经济主义）。希哲若在国内混沌社会里头混，便一点看不出本领，当领事真是模范领事了。我常说天下事业无所谓大小（士大夫救济天下和农夫善治其十亩之田所成就一样），只要在自己责任内，尽自己力量做去，便是第一等人物。希哲这样勤勤恳恳做他本分的事，便是天地间堂堂的一个人，我实在喜欢他。

好孩子，你气不忿弟弟妹妹们，希哲又气不忿你，有趣得很（你请你妈妈和我打弟弟们替你出气，你妈妈给思成们的信帮他们、他们都拍手欢呼胜利，我说我帮我的思顺，他们淘气实在该打）。平心而论，爱女儿哪里会不爱女婿呢，但总是间接地爱，是不能为讳的。徽音我也很爱她，我常和你妈妈说，又得一个可爱的女儿。但要我爱她和爱你一样，终究是不可能的。

我对于你们的婚姻，得意得了不得，我觉得我的方法好极了，由我留心观察看定一个人，给你们介绍，最后的决定在你们自己，我想这真是理想的婚姻制度。好孩子，你想希哲如何，老夫眼力不错罢。徽音又是我第二回的成功。我希望往后你弟弟妹妹们个个都如此。（这是父母对于儿女最后的责任）我希望普天下的婚姻都像我们家孩子一样，唉！但也太费心力了。像你这样有恁么多弟弟妹妹，老年心血都会被你们绞尽了，你们两个大的我所尽力总算成功，但也是各人缘法侥幸碰着，如何能确有把握呢？好孩子，你说我往后还是少管你们闲事好呀，还是多操心呢？

你妈妈在家寂寞得很，常和我说放暑假时候很高兴，孩子们都上学便闷得慌，这也是没有法的事。像我这样一个人，独处一年我也不闷，因为我做我的学问便已忙不过来。但天下人能有几个像我这种脾气呢？

王姑娘近来体气大坏（因为你那两个殇弟产后缺保养），我很担心，她也是我们家庭极重要的人物。她很能伺候我，分你们许多责任，你不妨常常写些信给她，令她欢喜。

我本来答应过庄庄，明年暑假绝对不讲演，带着你们玩一个夏天，但前几天我已经答应中国公学暑期学校讲一月了（他们苦苦要我，我耳朵软答应了）。我明春要到陕西讲演一个月，你回来的时候还不知我在家不呢，酒醒了不谈了。

耶告（这两个字是王右军给他儿女信札的署名法）

十一月五日

第三章

生活骗了我

这是最不愿回忆的两段“童年阴影”故事，你可以把“童年阴影”当成一种伤痛，也可以当作一种提醒，而我选择：何时软弱，就何时刚强。

曹八姐是我的战友＆小宇宙

体表气温40℃，地面温度则要更高一些，远远看过去，柏油路上冒着热气腾腾的烟弯曲上升着，踩在路上软软的，马路就快要晒化了，拉货的三轮车夫一趟又一趟，吃力地用脚力谋生着，偶尔路过一家小卖部会停下来买根冰棍纳凉。那是我家在经营的小卖部，那时我8岁，至今我还记得那家小卖部的座机号码是6138246，不过现在已经打不通了。

小卖部开在一个丁字路口边，两边小区里的人都会来我家买柴米油盐。门口有一棵大树，那棵树很粗，要两三个孩子围着它，才能把它环抱住。夏天阳光炙热的时候，它成了遮阳的地方，树下经常有邻居们打牌，孩子们吃着小时候很流行的绿舌头雪糕，把它舔得老长，比赛谁拉得长不会断，我几乎没赢过，因为总是忍不住吃它。冬天冷的时候，这棵大树又成了大家等车时躲避雨雪大风的港湾。

在我们当地有一种热销的方便面叫三胞胎，一个口袋里有三块面饼，现在想来，那种面真的是不健康的，因为做工粗糙快速，有的面饼都已经拉直了，完全没有泡面卷曲的样子！有时候一袋里边两袋调味包，有时候没有调味包，就像现在调侃的话一样，能不能买到调味包还真的要看运气和人品呢。

年幼的我馋嘴，常想吃好吃的，每当我说："妈我想吃一个好吃的。"八姐就会笑眯眯地问我："今天你又想吃什么好吃的呢？大大泡泡糖吗？”说真的，有时候趁她给别人递货的瞬间，我还会偷偷去拿一个泡泡糖，然后马上跑出去迅速地练习吹泡泡。和妈妈在一起的每一天都如沐春风，好快乐。

有一天晚上我和妈妈已经睡下了，正是伏天，天气热得甚至连一个被单都盖不了，浑身都是汗，勉强睡着。下半夜，我们睡得正熟的时候，突然我听到前门被车撞开，哐的一下很大声响，是我的父亲张先生骑着摩托车，把前门撞破，并且穿过前门一直骑着摩托车到了卧房，直至开到了床边。我感到头上有一股很冲的热风裹了上来，我一下子被这种力量冲醒了，这种冲击给我留下了睡觉前就头疼的毛病，一直到现在。妈妈也立刻惊醒，我看了一下床头的钟是2：30。张先生喝了很多酒，兴致很好，还拿着从夜市里面买的小玩意儿给我们看，上面是有我们属相的玩偶。我们完全没有兴趣看，妈妈和他争吵起来，那一夜我也没有怎么睡好，热风和白炽灯的两重热浪让我煎熬到不行，眼睛干干的，闭着眼睛装睡，懒得和他讲话。

第二天，我看得出妈妈的心情不是很好。她问我：“女儿，我们家里面你最喜欢吃什么？”我说我最喜欢吃乡巴佬的鸡腿，妈妈就把家里所有的存货都给我拿了出来，让我可以开心地吃，尽情地吃。开始我还不敢，我见妈妈也打开吃了起来，我也跟着开心地吃了起来。好像我问过她是不是不开心不高兴，忘记我具体怎么问的了，我只记得她回答说：“女儿，记得要对自己好一点，不管发生什么，不要忧郁，不要心急，美好的日子一定会来的。”

这一幕幕片段就像电影，“美好的日子一定会来的”，这句话刻在了我的心里，我相信妈妈的话。当时她的话让8岁的我心里又燃起了对美好生活的向往。

现在想想，她是多么的了不起啊，她从没有抱怨过生活不公遇错了人，她从没有指责过对方的不好，当我知道他愧对八姐的时候，我恨他，但八姐反而说：“不要记恨他，这是我们大人之间的事，作为你的爸爸，我相信他是爱你的。”如果当时八姐对年幼的我表达的是

“为什么生活这么不公平，为什么我的命这么不好”，或者把爱情当成生活的全部，告诉我男人没有好东西，再或者破罐子破摔，得过且过将就过吧。我想我不会有积极的思维，我不会再阅读，不会上进，不会有梦想，我会充满负面和抱怨，我现在的人生一定不会是这样美好的，更不会写下这些故事记录自己的人生与你分享。

正是因为曹八姐就是曹八姐，她是多么与众不同，当我更大一点，更能听得懂她的用意了，她跟我说，这是她当年在杂志上看到的一首诗，名字就叫《假如生活欺骗了你》

假如生活欺骗了你
不要悲伤　不要心急
忧郁的日子里须要镇静

相信吧　快乐的日子将会来临
心儿永远向往着未来
现在却常是忧郁
一切都是瞬息
一切都将会过去
而那过去了的
就会成为亲切的回忆

这是俄国文学巨人普希金写的一首诗，他是文学家、诗人、小说家，是现代俄国文学的创始人，也是俄国现实主义文学的奠基人，现代标准俄语的创始人，被誉为“俄罗斯文学之父”“俄罗斯诗歌的太阳”。普希金在世仅仅短暂的38年，文坛巨匠高尔基称他为“一切的开端的开端”，另一位大文豪屠格涅夫说：“毫无疑问，他创立了我们的诗的语言和我们的文学语言。”

《假如生活欺骗了你》写于普希金被沙皇流放的日子里，当时俄国战争如火如荼，他却被迫与世隔绝。这首诗是以赠诗的形式写在他的邻居奥希泊娃的女儿叶甫勃拉克西亚·尼古拉耶夫娜·伏里夫的纪念册上的。在这样的处境下，他依然热爱生活，并坚信光明必战胜黑暗，始终没有丧失希望与斗志。这首诗问世后，许多人把它记在自己的笔记本上，成为激励自己前进的座右铭。

普希金的创作令沙皇政府不满，他们竟然设计用阴谋手段挑拨宪兵队长丹特斯亵渎了普希金的妻子纳塔利娅·尼古拉耶芙娜·冈察洛娃，结果导致1837年普希金和丹特斯的决斗。决斗中，普希金身负重伤，1837年1月29日不治身亡，年仅38岁。他的早逝令俄国文人曾经这样感叹："俄国诗歌的太阳沉落了。"

我看过一则故事，一位女演员曾经讲过她的父母为什么离婚。有一天，她的妈妈为桌子换了新的印花桌布，还摆上一个很好看的花瓶，装上清水，准备插上鲜花，这时候他的爸爸回来了，一屁股坐下，肆无忌惮地往她的花瓶里面弹烟灰。那一刻，她的妈妈就决定离开了。

和他们一样，张先生和曹八姐是两个世界的人，能够让女人决定离开的，大多数都是日积月累的小事和细节，攒得实在太多了，在某一刻就爆发出来。可以理解为当时是生活欺骗了我的妈妈，她以为爱情婚姻是美好的，只要自己做得足够好，就能把日子经营好。年轻的她后来明白，只有一方努力是不够的。

离开后的我们过了两年很安稳平淡的日子，在这期间八姐关闭了小卖部，她做了好几份零工，有时会趁午休的一个半小时时间跑到我的学校给我送午餐，如若在外忙，则会在某一个周末的下午回来看我。她身影修长，披着披肩的长发从院子里走进来，一进屋就会给我一大包好吃的零食。我更期待的是，她每次都会给我买新的精致的本子和好看的笔。妈妈又恢复了往日的笑容，神采奕奕，她勤劳，总是能够自给自足，做着同样的工作，却能比别人赚得多，也能赢得更好的口碑。

两年后，家里来了一位姓梁的叔叔，看起来和我们身边的人有点不一样，他的鼻子很高，我还以为是混血儿。他穿着深色的风衣，有点绅士，很有礼貌，待人接物举止不凡，从来不说粗话。原来他真是一位知识分子，他写得一手好字，画的画也惟妙惟肖，任何东西在他面前，他都能用简单的铅笔分分钟画出一幅作品来。

高考时，他以全市前三名的好成绩考上了鲁迅美术学院，在家里欢喜地等待通知书，但一整个暑假过去都没有等到，临近开学了，才知道阴差阳错地，他被有钱人家的孩子花钱顶替了。上不了大学，作为一个高中毕业生，也只能上普通技校学一个体力活的手艺，做起了普通工作。

我很高兴妈妈要和他组建新的家庭，他风度翩翩又有文化，我期待着他一定是一位称职的父亲。他还有一个儿子，我很高兴多了一个弟弟，还记得第一次见到弟弟的时候，他只有五六岁，坐在大盆里面光着身子洗澡呢，脸上还有点点雀斑，甚是可爱。

10岁的某一天，阳光很好，我穿着一套绿色的裙子，八姐依旧是披肩长发和苗条的身形，我们拿着行李，踏上了去往新城市——丹东的汽车，那是长途客车，要坐7个小时。记得我们坐在车的中后部靠窗的位置，看着窗外正缓缓驶离的这个城市，想到要去一个新的城市，开始新的生活，我心里有点不舍，也有新的期待，不知道以后的生活会是什么样呢？那时我才10岁，却感觉自己好像已经活过了一回似的，心思很重。我想起妈妈之前跟我说的这句话，于是我握着妈妈的手问她："你说得对，美好的生活就要来了，现在我们要重新开始了，对吗？"

她笑着说："是的，美好的生活来了。"

在和我妈妈的相处上，作为丈夫，我得承认梁爸爸是一位极好的人，他诚实，正直，讲义气，会在节日的时候送我妈玫瑰花，就摆在家里面那台老式的大块头电视机下面，在农村的黄土地气息衬托下，那束花是那么的娇艳，美好。他和八姐两个人彼此尊重，空闲时还会一起阅读，最重要的是，他们彼此非常忠诚、透明。

我以为我和他的关系也会这样，最开始的时候的确是这样。后来他工作偶尔不顺心，当听人提起，当时和他一起高考，上了大学的人家过得有多好，是完全不一样的人生的一些话时他有些黯然。他拥有同样的实力，甚至更好，却被人顶替，现在过着原本不属于自己的人生，时不时要换工作，无处释放才华，他愤懑气馁，减少了读书，白纸和画笔被他压在箱底，不再画画了……

现在的我明白了，理解他总是有着一股文人的傲骨，也很心疼他当时怀才不遇，愤懑不平。我痛恨顶替别人上大学这样的事情，用权力和金钱去代替别人的人生，他们会心安吗？可是当时正处于青春叛逆期的我不理解，更不会正确地沟通和安慰。所以，每当情绪不好的时候，彼此相爱的我们只会互相伤害。我以为他要变成张先生的那个样子，恐怕会让我失望，在这时候，我本能地想要竖起一张网，张开自己的刺来保护自己，所以在他出言伤害我之前，我要先表现出强硬的样子来，让他知道我是不好惹的。

我讲话的语气越来越不客气，而他也是。

有一次他生日，我准备好了和他重新和好。我躲在房间里，花了三天的时间，给他做了一个用纸做成的风铃，上面还涂了紫色、黄色、绿色的手绘图案，可以挂在天花板上面做装饰的物件，并且写上“祝你生日快乐”。当天晚上我放在他被窝里，想悄悄地看一下他的反应，我猜想也许他会和我和好，我要假装矜持不原谅他，甚至想他也许会嘲笑我做得不好看，但我还是会选择原谅他。

没想到，他打开之后看了一下，第一个反应就是把它扔进了垃圾筒里，还加了一句：“整些没用的。”从那一刻我决定，我再也不会跟他讲话，誓要与他决战到底。

此后有长达五六年的时间，我们两个一年讲话不会超过10句。并且在每年过年前夕都会有一次大的争吵，最严重的一次我们动起手来，他用刀划伤我的手指，伤疤至今还留在我的左手中指上。我歇斯底里，崩溃，咆哮，觉得生活彻底欺骗了我，生活没有美好，家庭并不圆满，只有失望和冷漠。

15岁的我在某一天放学后问我的好朋友："如果明天我不来上学你会记得我吗？"她听不懂。放学后我决定去买安眠药，然而因为没有医生证明而我又是未成年人，药店并没有把药卖给我。这一次自杀宣告失败，晚上洗完脸我看着镜子里的自己，对自己说：死不了就活着吧，我要相信美好的生活会来的，我要相信会来的，会来的，会来的……

然而，理想丰满，现实骨感，情况没有好转，我只能逃，我越来越多地往亲戚家跑，其中最喜欢去小姨家。这是我回忆当中认为自己最可怜的一件事情，也是从这儿开始，"可怜"这个词印在我心里，变成了我看待自己、定义自己的样子。

东北的冬天非常冷，12岁的那个冬天，零下十几摄氏度的一个黄昏，我和妈妈从小姨家出来准备回到自己的家，当时我的心里是不情愿的，因为我不想回到自己的家，一个重新组建的家庭。在小姨家是快乐的，都是爱我的人，有很多好吃的，屋里有笑声，我可以做一个快乐的孩子。想到我即将出门，从热气腾腾、充满欢声笑语的小姨家，一两个小时后就要回到自己的那个新家，在那里有讨厌我、我也讨厌的人，有冷漠，以及不定时爆发的争吵，让我很烦，脚跟灌了铅一样不想走。

我和妈妈坐上了公交车，在车上依然很冷，我靠着妈妈的肩膀，聊起这段时间在新家发生的事情，她安慰我，但我还是高兴不起来，那时候，我脑袋里就在想，这样的日子什么时候会结束？车上人很多，非常挤，我和妈妈两个人坐在车的最后面一排靠窗的位置，我靠在她的肩膀上，握着她的手哭了起来，然后就昏昏沉沉地睡着了。

当我们两个人猛然醒过来的时候，发现车子已经不知道开到了哪里，飞驰而过的路边的树和大楼非常陌生，连报站的名字也好像没听过，我们不知道是还没到站，还是已经错过了站，只得慌乱地起身拿着行李，穿着臃肿的羽绒服，一边挤过人群一边大喊着："不好意思，借过借过。"然后司机靠边停车，我们仓皇逃下了车。

下车之后天已经黑了，路灯也开了，看着这熙熙攘攘的城市，璀璨灯火，有人相拥着回家，有人笑着相伴，只是没有一个属于我的地方。我们母女像太平洋当中的一座孤岛，像黑洞里的两块碎片，更像断肠人在天涯。

我记得，我抬起头看妈妈脸的时候，她的脸上露出少见的一点点的慌张，她也不知道这是在哪里，迈开腿该往哪个方向走，我们该坐哪一路车能回家。我们对这个新的城市，对这里的一切都不熟悉。我看着妈妈的脸，看到了她身上那件灰棕色的羽绒服，一直垂到脚底，在我印象中，这件衣服，还有那双厚重的棉鞋，她已经穿了好几年。我再看看自己的衣服，刚哭过还有鼻涕泡在胸前，风吹过来，未干的眼泪格外刺痛地趴在脸上，我这样看着我们，突然说："我觉得我们两个好可怜啊。"说完之后我们又站在路边一起哭了起来。

从此，这件事情一直埋在我的心里，十多年的时间我都不愿意回忆，我怕想起那个场景，我不想记得妈妈慌张的脸庞，可怜的情绪，她的样子让我心疼。在那些年动荡的生活当中，我们一起经历了太多的磕磕绊绊和颠沛流离的日子。她始终在我身边，如同战友，和我一起抵抗风寒。

那天回家后妈妈看着我，她的眼睛湿润、忧伤，却对我说出了充满力量的话："女儿，我们不是可怜人，人生是在希望和等待中度过的，我相信以后会好的，我们一起期待吧！"我默念着这句话"在希望和等待中度过……在希望和等待中度过……"我把这句话写在本子的第一页鼓励自己。"希望"真的是个很美的词，它能让你延续动力，我心中又燃起对美好生活的渴望。长大后，我才更深刻懂得这是多么有力量、有爱和智慧的话语！我内心中有无数个瞬间，觉得她是我的

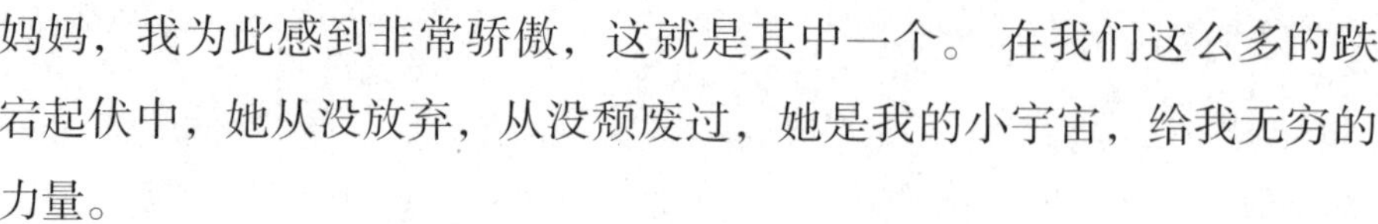

妈妈，我为此感到非常骄傲，这就是其中一个。在我们这么多的跌宕起伏中，她从没放弃，从没颓废过，她是我的小宇宙，给我无穷的力量。

现在，我做着自己热爱的事业，可自由支配时间。住在宽敞明亮的房子里，有自己的小花园，我种着百合、玫瑰、绣球、向日葵、草莓和西瓜。每天给这些花儿浇水的时候，我都深深地感恩一切，我深深地喜欢着现在的生活，珍惜每一刻的美好，现在的我们也能笑着说起当年那些事情，释然放下。这些经历是宝贵的，它成就了现在的我。

若我长大后能和梁爸爸再重新回忆，面对这些谈笑风生，作为女儿，我也能好好抚慰他的心，给他最好的生活，那是最好不过的结局了。

在一起生活12年以后，我和梁爸爸的故事在2015年5月结束。他很年轻就因病过世，我想这与他长期被压抑、愤懑不平的情绪影响着身体有相当大的关系。当我了解了心理、人性，抽离出当年认为自己可怜、愤怒的自己时，多少次我甜蜜和痛地回忆着他。记忆中的他，在任何场合、任何地点和任何人，都会介绍我是他女儿，他对我也常常比对他儿子还好，他还对我说过“我爱你，女儿”。在他离开前两年，我们已经停止交战，能够心平气和坐在一起聊家常，好好相处了，在我心里，他永远是陪我度过难忘的青春期的好父亲。

我一直耿耿于怀的是，当时没有看到他最后一眼，也没有送别他，所以我下决心，从此之后，我生命中重要的人如果离开，不管我在哪里，一定要赶到身边，否则我会后悔终身的。

读到这里的你，不管你正在经历什么，身处什么境遇，你想放弃甚至想死，请相信我，死是最容易的，难的是活下去，并且好好地，充满希望地，绝处逢生地活下去。我了解，对于我们每一个人来说，自己的痛都是全世界最大的痛；我了解，你可能认为世界上没有感同身受这回事，正如你也了解了我所经历的这些。但我希望当你读着我的挣扎、逃离、失望、哭泣、呐喊后，又能大笑、面对、坦然、释怀。我希望你能在我的这些经历中找到一些什么，更勇敢面对自己的路。因为你寻到的，将是更好的自己。

我们的人生就好比是热气球，当它上升的时候，需要卸下所有的重担跟石头，这些我内心中最刺痛的回忆就是石头，我已经把它放下，所以梦想的热气球越飞越高，我期许你也成为这样的人。放下石头，让你的人生飞起来，飞得高高的吧。

我很感慨，很多人说："听过很多道理，却依然过不好这一生。"这句话一度被年轻人奉为圭臬。普希金的这句"假如生活欺骗了你，不要悲伤不要心急，忧郁的日子需要镇静，相信吧！快乐将要来临。"我想大多数人都听过。不过，只是听到，知道而已，没有去领悟思考，也就没有做到，没有对你实质的生活产生正面影响，自然也就不会得到正确的结果。

我要感谢我的母亲曹八姐，她是家族中的一朵"奇葩"，只读到小学三年级的她竟然认为读书很重要，在周围人都过着一眼望得到头的人生中选择突围。她一直在阅读，也一直在思考，**思考使人进步，人与人之间的差距是思考的结果**。没有她每次在我沮丧放弃时的引导，我不会上进，不会有梦想，不会拥有现在美好的幸运的人生。她是我一切开端的开端，我真的爱您也感谢您，妈妈！

八姐＆思媛对你说：

1. 看了这一篇故事，相信你也对我的人生和内心都有了简单的了解，若你也有和我同样的经历，或你正处在这样那样相似的境遇中，有什么想和我说的，欢迎你扫码添加我，给我留言告诉我你的内心话，我很期待和你对话。

2. 多年之后，我看了秘密吸引力法则，我才明白这么多年

我和八姐，虽然身处火热生活中常不如意，但是因为我们怀抱着、坚信着美好的生活会来的信念，最终是在无形当中吸引了美好的生活，它实现了。我把这句话送给你，若你有一些例如“糟了、惨了、我就知道会这样、真倒霉、老天真不公平、谁叫咱们没本事、我就这样了”等的口头语，那么请用正面的话语，取代你过去的负面的人生口头禅吧，你的人生是你说出来的，我和你一起期许你的美好生活。

八姐诗词分享

秋　词

刘禹锡

自古逢秋悲寂寥，我言秋日胜春朝。

晴空一鹤排云上，便引诗情到碧霄。

译文：自古以来，每逢秋天，文人墨客都会感到悲凉寂寥，我却认为秋天要胜过春天。万里晴空，一只鹤凌云而飞起，就引发我的诗兴到了蓝天上了。

今天分享这首刘禹锡的《秋词》，刘禹锡也是非常有名的诗人，名句“山不在高有仙则名，水不在深有龙则灵”就是他写的。我尤其喜欢《陋室铭》中“斯是陋室，惟吾德馨”这句。“我的房屋虽然简陋，可是因为我品德高尚，这儿也不显得简陋了。”我常常想起这句话，并非常认同，重要的是房子里的人的品格，而不是房子的豪华程度。

说回这首《秋词》，刘禹锡是在被贬朗州做司马时写的。当时的郎州居西南夷人之地，风气落后，习俗处处与中原不同，刘禹锡没有一个能交谈的人，在郎州十年，惟有靠作文吟诗来陶冶性情。

刘禹锡赶了两个月的路到郎州，正值秋天。自古文人都喜欢悲秋，但刘禹锡开篇第一句就颠覆了前人的观念，他说；自古逢秋悲寂寥，我言秋日胜春朝。意思是我却觉得秋天比春天好呢!

甚至他随着自己的诗情的想象，就像鹤驰骋于晴空之上，我的诗情也被带到天上去了。真是太有诗兴了！这真的是气势雄浑，意境壮丽，表现出一种高扬精神和开阔的胸襟，一种难能可贵的乐观精神。

后来我就想，谁说秋天就是悲凉、失去？秋天是收获的季节，也是开启下一次播种、收获希望的开始。

读到这些，真的能转换一个人的心情。转换思维，就会有不一样的结果和人生。

第四章

拒做塑料儿童

你家有依赖数码产品、电子玩具的“塑料儿童”吗?

到底该怎么克服?

其实奥秘就在你身边……

曹八姐是我的地球村

在一望无际的黑土地上，隔几十米就能看到有农夫低头赶着牛，种着春天最应季的庄稼，边走边心里盘算着到秋天能有多少收成的场景。农民们的脸是黑红黑红的，穿着背心，肩膀搭一条毛巾，田地边还放着家里带来的饭盒。这是最常见的劳动场景，似乎怎么想也和休闲轻松搭不上边。

我在这个村子里生活了两年，那时我约摸五六岁，曹八姐在外打工，我住在五姨家里。盼着盼着，终于盼到一次妈妈休息可以回来看我了。在农村，正常情况里，大人从外地回来都是聚在一起聊关于生计的事情，孩子们自己在院子里玩。但那天八姐异于常人地拉着我去了树林，还记得走路的时候我只到她的大腿的高度，要抬头看着她。我一直没告诉她，我记事特别早，当时被她拉着的我那种幸福的心情在记忆中仍非常清晰。

到了小树林里，她像变魔术一样，从包里拿出一大包零食、切好的水果和毯子，这是做什么呢？对于我来说新鲜极了，其实，对于整个农村里的生活来说都很新奇，还特有品位呢！

你可以想象那个画面，在大山深处的农村，大家都过着一样的生活，平淡无奇波澜不惊，却在村的另一头，在树林深处，有这样一对母女，我和八姐在郁郁葱葱的树林中间玩耍着、笑着、聊天着。记得我们躺在毯子上，把手垫在头下面，膝盖弯曲着，我闭着眼睛享受这样的时光，鼻子里有泥土和草地散发的清香，周围笔直的树干高耸立着，天空被多角形的树叶遮盖着，阳光从密密麻麻的树叶中渗透下来，照在我们的脸上、身上。

多年后回想起来，我感叹着，那一个短暂的下午，给我的人生带来了太多的正面力量。这个回忆是我这一生快乐的源泉。妈妈用几个小时的时光让我感受爱和陪伴，感受到生活可以这么丰富多彩，这么有情趣。一个下午和大自然的相处，在小小的我的心里镌刻下了深深的印记，我懂了今后**无论身处什么境遇，都应该把日子过得鸟语花香的，这是一种主动幸福的宝贵能力**。

我的思维总是比同龄人更敏捷，更多样性，对于色彩、画面也开窍得很早。尤其是我的空间想象能力很强，右脑发达，并且能就一个问题多维度思考，思路更开阔，我想这和大自然亲密接触离不开关系。大自然对人的影响远超乎你的想象。

谢尔顿和斯皮尔伯格

要说大自然是人类最好的母亲，我是举四肢赞成的。

热门美剧《生活大爆炸》里的主角谢尔顿是个物理天文迷，十岁那年当他得知隔壁城市有一场天文展览时，兴奋地执意要去参加。他的家境并不富裕，为了孩子看展览要开着车出门两天，在外面住店吃饭，算下来这是个不小的开销。思虑再三，他的父亲还是决定陪他去，他不想在孩子想学习的领域泼冷水，让他扫兴。但那天，因为天降暴雨，展览取消了，我记得回程的镜头中，谢尔顿坐在车后座中间，爸爸在暴雨中驾着车，哥哥坐在副驾驶座上戴耳机听音乐，看似悻悻然，可是谢尔顿说："这是我人生当中和爸爸在一起最快乐的一次旅行。"

无独有偶，世界著名导演斯皮尔伯格的父亲也用大自然的方法教育他。有一天晚上，官方新闻说也许会有流星，父亲就带着当时只有13岁的他开车去了沙漠，他们在沙漠铺了条毯子，两个人躺在上面，静静地等待着天空中的流星。父亲如此地有情趣，陪伴孩子一起观看自然景观，这件事情对他的影响很大。十几年之后，斯皮尔伯格在他的第一部电影《飞轮喋血》里面就重现了这个场景。此后在他其他的电影当中，也有父亲带着孩子开车来到一片野外，在大自然当中共享天伦之乐的温馨场景。

大自然给人类的启发太多了：

蝙蝠启发人类发明了雷达；

鸡蛋壳启发人类发明了最省料、最坚硬结构；

鱼启发人类发明了船体；

鱼鳔启发人类发明了潜艇；

萤火虫启发人类发明了人工冷光；

蝙蝠超声定位器的原理启发人类发明了探路仪；

动物的爪子启发人类发明了现代起重机的挂钩；

动物的鳞甲启发人类发明了屋顶瓦楞；

鱼的鳍启发人类发明了桨；

龙虾启发人类发明了气味探测仪；

鲨鱼启发人类发明了泳衣；

模仿袋鼠在沙漠中的运动形式，人类发明了无轮汽车（跳跃机）

……

爱迪生说："我的人生哲学是工作，我要揭示大自然的奥妙，为人类造福。我在世的这短暂一生中，我不知道还有什么比这更好的了。"他正式登记的发明达1 328种，被称为世界发明大王。其中日光灯就是爱迪生受萤火虫在夜间飞行发出冷光的启示而发明的。

鲁班发明锯

"锯"在现代工业生产中应用广泛，在家具生产过程当中更是无处不在，木头等大型产品的切割都需要用"锯"，你知道"锯"的发明故事吗？

传说工匠鼻祖鲁班先生有一天到山上去寻找木材，山坡路滑，一个脚下不稳眼看就要跌倒，鲁班眼疾手快地抓住身边的一大把草才没有跌落下去。等他回过神站起来，拍拍身上的灰尘，却发现手上竟然出血了。这是哪儿来的呢？他刚刚只摸了草呀！鲁班回身去看那把“救命稻草”，以前真没留心，才发现这种草的形状很奇特，叶子上排列着密密麻麻的齿，试了一下，果然很锋利，足以把手割破。他喜欢钻研新鲜事物的精神又来了，他突然想到，如果做一把全是齿的道具，不就可以在锯木头的时候省很多力吗？于是他请来了师傅，把铁片边缘制成锋利的小齿，开始做实验。果然，这把有小齿的铁片很快就把木头锯断了，他给新发明的这种工具就起名叫做“锯”。

大自然启发了鲁班，这是书本上学不到的智慧，正如拜伦说：“**我不是不爱人类，而是更爱大自然**。”

当代“塑料儿童”

大自然会教会孩子很多知识和感受，是父母、电脑、手机都给予不了的。现在很多孩子已成为“塑料儿童”，他们的玩伴就是各种塑料玩具和电子产品。随着电子时代的发展，不止大人都沉迷电子产品，很多儿童也都变成了小“宅”童。他们不愿意出去玩耍，在家里有个手机能泡一天。

可是你知道吗？越早与大自然亲密接触，孩子大脑的神经元越发达。0—2岁时，孩子的心智还处于空置状态，但他们大脑的神经细胞已经非常发达，有3亿—4亿个神经细胞是活动着的，等待更多的信息刺激。孩子的大脑细胞受到的刺激越多，会越兴奋。大自然的复杂多样是任何人类文明都无法模拟的。

举一个简单的例子，动物的声音千差万别，但人类却把它们完全简化了。在人类的文化里，狗的叫声是汪汪，猫的叫声是喵喵，青蛙的叫声是呱呱。这些模仿的东西与真实的大自然相比，显得苍白而无力。很多家长特别热衷带孩子参加音乐会，希望这样能培养孩子的创造性与乐感。音乐会虽然对提升孩子的音乐品位有帮助，但却是一种经过人类文化简化了的刺激，并不利于孩子创造力的培养。大自然真实复杂而多样，是任何人为的物品和手段都无法模拟的。琴再动听也比不上溪流的清脆，小提琴再曼妙也无法比拟大自然声音的丰富，交响乐再澎湃也模仿不了大海的波涛汹涌。只有去欣赏大自然真实的声音，孩子的音乐感应细胞才会生动而富有创造性。培养孩子的音乐细胞要去亲近大自然，孩子对美的欣赏能力也需要去大自然中找寻。

有一位老师带一班小朋友去公园，老师让小朋友们去找寻不同颜色的树叶，一会儿工夫，小朋友们就找来了十几种不同颜色的树叶，当时老师的心里特别感慨，这些美丽的色彩即便是再伟大的艺术家发明家也创造不出来。

如果你希望孩子成为一个伟大的演奏家，就带孩子去自然中感受声音的多样性；如果你想让孩子拥有对色彩良好的感受力，就要在自然的色彩中刺激他，而不是给他看简单的颜色卡片。亚里士多德说：**“一切艺术与教育不过是自然的附属物而已。”**

郭晶晶另类的豪门育儿法

奥运跳水冠军郭晶晶嫁给香港富豪霍启刚，其家族资产过百亿元。婚后小两口也是频频上新闻，然而却不是想象中的豪门排场。媒体经常拍到的是郭晶晶在逛地摊，买几十块钱的衣服，孩子穿的鞋子只有200元，网友还打趣说：“看来我和豪门也有共同点，我儿子也有这双鞋！”

在儿子霍中曦三四岁的时候，霍启刚就开始带着孩子一起做公益，儿子4岁时，带他去地铁站，帮妇联义卖筹款。有人说才几岁的孩子，能明白参与公益事业的意义吗？或许暂时不能明白，但是父母的言行却深深地印在他脑海里。七岁之前的孩子是一个全然的“感知器官”，他们的全身就像一个大眼睛，会对环绕他们周围的人产生一种印象，而这种印象会传入孩子的全身血液循环系统及新陈代谢系统。看见父母时常去帮助别人，孩子也会学着去帮助别人。看见父母时常去感恩别人，孩子也会学着去感恩别人。

最近，郭晶晶又上热点新闻了，竟然是和先生霍启刚带儿子下田插秧，霍启刚发文说："锄禾日当午，汗滴禾下土，谁知盘中餐，粒粒皆辛苦。每天都跟孩子念，但是真的知道背后意义吗？刚刚过了一个非常有意思的周末，跟老婆孩子一起去香港二澳村，体验插秧，领悟农民伯伯的辛苦。现在的孩子们成长在幸福的时代，没饿过肚子，挑食和浪费变成了习惯，他们更需要知道食物从哪儿来，学会珍惜，学会知足！跟家人一起的时间很重要，不如大家想想做一些有意义的活动！"照片里，一家三口在田里，穿着拖鞋，泥土没到膝盖，肩上搭着擦汗毛巾，满手泥土。他们做完农活在老农家吃粗茶淡饭，笑得灿烂。看完他的文字，网友说：突然懂了贵族和土豪的区别！

现在很多孩子被过分宠爱，尤其隔代亲，被宠成了小霸王、小公主，肩不能扛、手不能提，放学门口常能看到长辈背着书包，孩子一身轻吃着冰淇淋的画面。有了孩子后，父母都想把这世间一切美好的东西给孩子，自己吃过的苦一定不让孩子再吃苦了。**殊不知，有远见的父母，都舍得让孩子吃点苦**。

原腾讯副总裁吴军师在《见识》里说："**一个孩子能走到什么程度，跟父母有很大关系**。"必须让孩子知道生活里有一个叫"困难"的字眼，这个字眼是跟劳动、流汗、手上磨出老茧分不开的，这样他们长大后，才会大大缩短社会适应期，提高耐挫折能力。

森林幼儿园

据我所知，在丹麦，有一位母亲每天带着女儿在森林里面玩耍，边玩边教学，她的孩子懂的知识竟然一点不比在学校学的少，反而有更宽阔的思维和更大的信息量。于是，她受到启发创办了"森林幼儿园”。就这样开始，截至目前，丹麦全国已经有超过1 500所“森林幼儿园”。这股热潮也吹到了美国、德国、英国乃至东南亚国家，很多地区纷纷建起了“森林幼儿园”。这种幼儿园没有房屋建筑物和封闭式的学习方法，无论刮风下雨，孩子们都会在森林里体验与学习。大多数孩子都要进行涉及科学、技术、工程和数学方面的学习。

孩子们天生就喜欢收集和分类物品，经常在森林里留意并收集地上的东西。通过树叶、树皮、泥土和无数其他藏品，孩子们学到了图案、排序、分类、计数、颜色、形状和对称等知识。在森林里玩耍的过程中，各种树叶、树枝甚至云彩的形状，以及用树枝涂鸦，都会成为小朋友们学习字母的天然道具。老师还会在这些过程中加上一些数学的课程，比如让大家数一数捡来的木棍，或者教他们一些简单的代数知识，让孩子们玩耍和学知识两不误。

在这样的环境里，这些孩子学会了和大自然好好相处，充分吸收着各种各样的知识。他们在田地里种上不同的蔬菜，等到合适的时候来采摘。他们知道天是怎么蓝的，树是怎么长的。

在大自然里长大，有助于提高孩子三个方面的能力：

首先是专注。因为森林学校每天下午都有一段时间用来听故事或者唱歌，这些平常疯玩的孩子在这个时候反而很专注。听故事的时候特别专心，一起唱歌的时候也一点不乱，玩得多反而将来学习更好，能力更强。

其次是协调能力。证明显示，长时间的户外玩耍对培养孩子的平衡能力、灵巧度、身体协调性、触觉灵敏度和深度感知能力都非常有益。

最后是自信。大部分森林幼儿园的小朋友在进入小学后，在阅读、写作、数学和社交方面都会提高得很快，这些孩子通常也更自信、更外向。

所以，去吧，带着你的孩子去拥抱大自然这位最了不起的老师吧！

八姐＆思媛支招：

你上次带孩子接触大自然是什么时候？

你自己和孩子看电子设备的时间是否过多？接下来你打算制定怎样的计划和家人一起多做户外活动呢？

1. 现在就制定出寒暑假的旅行计划；

2. 在出发前做充分准备和攻略，了解当地文化，开心游玩的同时一边讲解也让孩子学到东西；

3. 想学画画和音乐的孩子多去大自然当中感受画面和声音，这是课本上没有的灵感。

八姐诗词分享

江城子·乙卯正月二十日夜记梦

苏　轼

十年生死两茫茫。不思量。自难忘。千里孤坟，无处话凄凉。纵使相逢应不识，尘满面，鬓如霜。

夜来幽梦忽还乡。小轩窗。正梳妆。相顾无言，惟有泪千行。料得年年肠断处，明月夜，短松冈。

译文：

你我夫妻诀别已经整整十年，我对你的思念依旧如此之深。千里之外那座遥远的孤坟啊，没有地方去倾诉，想和你聊天再也不可能了。我怕即使是见面，你也认不出我了，我已经是灰尘满面，两鬓如霜。

多少次我在梦里遇见你，在小屋窗口你正在打扮梳妆。你回头看着我，我们都默默地，说不出话来，只有淋漓热泪洒下千行。料想得到，那明月照耀着、长着小松树的山岗，就是心痛欲断肠的地方。

这是我读起来最有感触、最能感受到炽热的、满满的爱的一首怀念亲人的诗了，“十年生死两茫茫”，叫人心碎。

这是苏轼纪念自己的亡妻王弗的词。

用现代的话来说，苏轼和王弗属于自由恋爱。据说王弗的家乡有一个天然的鱼池，只要游客冲着鱼儿招手，鱼儿看见后就会游到他们的身边。王弗的父亲是乡贡进士，在家乡有点声望，有一天他突然想到为这个鱼池起一个名字，于是他就把附近比较有名的青年都叫到一起。当然，这其中也有为女儿选一个不错的夫君的念头。

前来的人当中，就有苏轼。他们想了很多很多的名字，但父亲都不是很满意，直到苏轼题出“唤鱼池”这三个字，父亲仿佛眼前一亮，哪知躲在窗帘后的王弗自己题的也是“唤鱼池”三字，二人的想法就这样不谋而合，父亲在内心便认定苏轼做自己的女婿。而他也引起了王弗的注意！

两人成婚后，王弗和苏轼共同生活了11年，生了一个可爱的儿子，可以说是举案齐眉、相敬如宾，过着幸福的生活。政治上的问题苏轼可以向她请教，而她也会为苏轼想出很多的办法，她“敏而静”，很多事情心里都懂，可是不张扬不炫耀，东坡为人率真，心直口快。家里来客，王弗总是在屏风之后仔细听，之后告诉东坡来人如何，再讲东坡的过失，有王弗这样一个贤内助，书生意气的东坡初入仕途颇为顺利。王弗年轻美貌，且侍亲甚孝，同时把家里也打理得井井有条，深得婆婆和公公的喜爱。

苏轼和爱妻两个人的感情是极好的，可惜王弗二十七岁就去世了，这对苏东坡心理和精神上的双重打击是不言而喻的。

苏轼发送过世的妻子一直到老家，把她葬在母亲坟墓旁边。多情的诗人在安葬爱妻的山坡上种下了青松，以示对妻子的思念。

1075年正月二十日夜，夜不能寐，这天，正是亡妻王弗的10年亡期，苏轼把年月日都详细地记下来。10年了，东坡几许哽咽，久久不能睡去。午夜时分，东坡梦醒，他梦见了他的爱妻。于是提笔写下了这首悼亡词。

黄磊《写给未来的你们》

黄磊，著名演员、导演、编剧、制片人、歌手、作家。1997年北京电影学院硕士毕业后留校任教，大家都叫他“黄老师”。黄老师应该是中国演艺界的第一批“小鲜肉”了，1999年他出演《人间四月天》扮演徐志摩，2001年出演电视剧《橘子红了》，风度翩翩红遍大江南北。这封信写于2014年，此时大女儿多多8岁，小女儿还不到百天，和妻子孙莉结婚相爱第19年。我挑选这封信分享给大家是因为：这封信的语言朴实无华，描绘了很美好的一家人在一起的温情画面，更流露出对妻子浓浓的爱，在家庭关系中，父母应该给孩子最好的婚姻示范，我们应该学会这种能力。

写给未来的你们（节选）

原本要写的是《写给未来的你》，结果拖拖拉拉一直没有动笔。今天再写，已经又添了个小女儿，于是“你”成了“你们”。多多和妹妹，这篇短文是写给你们的，在你们分别八岁和两个多月的年纪。之所以要写点什么给你们，是想借时间之河给未来的你们带去一些父母今天的爱与感悟，并且再不写，怕自己就快要老了会忘掉。

我必须悲观但却冷静诚实地说，我们只此一生。所以这些最平凡的情感对于我们是最珍贵的幸福，但愿将来的你们也能如此过活：用心守护你们的爱侣和孩子，还有彼此。郊外的生活是自然的、有机的、朴实的。相信你们长大会有这样的印象：爸爸在厨房做饭炒菜，妈妈在洗衣晾被，一家人一起做面包和曲奇饼干。但这场景很像是在拍摄一出温馨的家庭剧，容易让人产生虚假感，并且引来猜测与批判。无论是什么样的选择在今天都会伴随着太多的附加意味。于是，学会不去为了赠品买正品就变得很重要。

……

如果一定要让我为你们选择学会些什么的话，诚实算是一个吧。

我说的诚实可能不仅仅是要你们讲实话、不撒谎。坦白讲，在每个人的成长中都或多或少会有谎言相伴，这谎言有些出于善意，有些迫于无奈，还有更多来自我们为人所天生的缺点和愚蠢，谎言会永久存在，无论是新闻和传闻，诺言和誓语。你们一生将注定听到太多的谎言，同样你们也会有违心的话脱口而出。但我仍旧希望你们诚实，诚实于你们自己，忠诚于内心的简单与轻松，不去计较周遭和自己曾有过的怀疑与不满，诚实地接受并且消化自己的人生。

……

还有我最想与你们探讨的爱情，我该如何和自己的女儿们探讨爱情呢？作为父亲，想到这个问题心里就有几分发紧。我当然希望你们能够遇到最美好的爱情、最爱你们的爱侣、最懂得你们的男人，这愿望对我，一个父亲，简直就是一次挑战。我爱你们就像爱生命，当然不忍心看你们承受爱情的累与罪。但是，这个“但是”是我最不爱说的一次但是，我知道愿望只是愿望，这是我最无能为力的一桩事。我不可能成为你们爱情路途上的向导，也无法替你们解除不可避免的苦恼。但是，又是但是，我可以事后告诉你们，这是人生的滋味，去尝尝，没关系。

……

我真正的、最珍贵的爱情，对象就是深爱着你们、你们也深爱的妈妈，爱情的结晶就是你们。我与她的爱情到今年已经是第十九个年头，希望会有九十年。

我们相识在校园，爸爸二十四岁，妈妈十八岁，我们一见钟情。之后的岁月里，一直厮守、不离不弃成为我们的爱情信仰。在这十九年的爱情和十年的婚姻生活中，我们有过怀疑、苦痛、挣扎，甚至是放弃，但回头看那些都只是插曲，爱对方就注定要消化这些。时至今日，两个女儿和一个爱妻是我最大的成就。我从来没有像今天这般爱你们的妈妈，今后会更加深爱。原因很简单，我亲爱的女儿们，因为她是我独一无二的妻子和你们最美丽的妈妈。爱，不用专门学习或磨砺，只要你们相信爱，并且愿意付出和坚守。其余，就要你们自己体味了。

想写给未来的你们的话，还有很多，关于读书、金钱、欲望，以及你们和爸爸妈妈各自的小时候。下次吧，我会慢慢再写给你们。

第五章

女孩初入学

女孩第一次上学，父母应该给予什么样的引导？两位顶级白富美帕丽斯·希尔顿和伊万卡·特朗普的行事区别是什么？妈妈给的“慎重和检点是女孩最好的才智”这句叮嘱影响了我一生，这关乎爱自己、认为自己很美好的自信……

曹八姐是我的女性楷模

在童年、青春期和成年这三个很重要的节点上，我的母亲曹八姐分别送给我三句话警示我，这三句话都给了我很正面的价值观引导和影响。

第一句就是："慎重和检点是女孩最好的才智"，我认为这是父母在自己女儿成长到这个阶段时都应该送给她的一句话。

那时候的我8岁，上一年级。这个年龄的孩子已经懂事，分清了男生跟女生的区别，同时也是真正的第一次在集体当中生活。当时我用的铅笔盒是铁质的，上面有各种各样卡通图案，女生喜欢买Hello Kitty、美少女战士，男生喜欢买灌篮高手、四驱兄弟、葫芦娃等。那时我坐在教室的中间位置，正前方就是老师和讲台，左边是一排桌椅和窗户。我至今仍记得一个场景：

那是一个午后，全班一起睡完午觉醒来，准备上下午第一节课。天气很好，正是初夏，气温舒适，微凉的风从左边的窗户吹进来，天空蓝蓝的，白白的云朵在慢慢飘动，风把白色窗帘也吹得飞扬起来。我拿出铅笔盒，看到它的边角有一点掉漆和掉在地上摔出的凹印，打开铅笔盒就看到盖子上的一句话"慎重和检点是女孩最好的才智"。白纸蓝字，因为怕磨损，还在外面覆盖了一层透明胶带。

我每天要拿笔十几次，这句话在我脑海当中一直不断地出现，它让还是懵懂女孩的我，在心中树立了一个很强烈的信念，那就是：慎重和检点是女生必须拥有的最好的才智。

妈妈送给我人生的这句话，启发我思考，应该怎样成长为更好的女人。它时刻影响着我，引导着我，做人做事应该遵从怎样的准则。在感情、人际交往等很多问题的选择上，我始终把“慎重和检点”放在第一位。以后我有女儿，这也是会出现在她铅笔盒上的第一句话。

写完这句话之后，八姐给我讲了居里夫人的故事：“女儿你知道吗？居里夫人是唯一一个获得两次诺贝尔奖的女科学家，她真的太了不起了，她一生的精力都放在科研事业上面。而且你别以为这样的人就挺严肃挺古板的，居里夫人可是一个大美人。据说她小的时候有一头金色的长发，眼睛大大的，睫毛长长的，她十几岁在学校读书期间，每到下课时间，短短的10分钟，为了看她的男生就挤满了走廊，甚至有的男生会站到另一个人的肩膀上，就为了越过窗户上面，看她一眼。”听八姐这样讲，我觉得实在是太不可思议了，这可不是校花级别能比得了的，这得多漂亮才能让男生都挤满了走廊，就为了看她一眼。我在想，居里夫人应该去参加选美大赛吧，或者选一个最帅的男朋友。可接着八姐说：“但是居里夫人完全不屑于美貌，她为了不影响学习，不让别人过多关注自己的外貌，回家竟然把自己一头金色的卷发给剪了，剪成短短的跟男孩子一样的头发。”

外貌不是最重要的，外貌会随着年华逝去。但你的内在修为，会随着时间历久弥新，永不凋落。

那时，小学班主任问我们小朋友，自己心中的偶像是谁，我脱口而出：“是居里夫人和我妈妈！”老师特别惊讶，她惊讶我竟然知道居里夫人，更惊讶我以自己的母亲为偶像。那时候，同学家长大多都是种地、开小卖部的，可能连“偶像”的概念都没有，竟然有个8岁的小孩崇拜自己的母亲，怪不得老师惊讶呢！

现在想想，曹八姐也真是了不起，只读到小学三年级的她，在我们生活的大山里，估计只有她一个人知道什么是“镭”“硅谷”“比尔・盖茨”等这些词。这些事情对我的启蒙不是在学校，而是从八姐的口中知道的，那时候她就给我无形中建立了世界观，从不只看眼前的，告诉我外面的世界那么广阔。

原生家庭不是原罪

“慎重和检点是女孩最好的才智”，这句话出自世界名著《简·爱》的作者夏洛蒂·勃朗特，她堪称是逆境成才的典范，她的生命艰辛而又壮丽，像一朵傲放于风沙中的仙人掌花。

《简·爱》的问世曾经轰动了十九世纪的文坛，它成功地塑造了英国文学史中第一个对爱情、生活、社会以及宗教都采取了独立自主的积极进取态度和敢于斗争、敢于争取自由平等地位的女性形象。其中这样一段对白深深地影响着我。主人公简说：“你以为我穷，低微，不美，矮小，我就没有灵魂没有心吗？你想错了，我和你有一样的灵魂，有一颗完整的心，要是上帝赐予我美丽和财富，我会让你难以离开我，就像我现在难以离开你一样。上帝没有这样安排。但我们的精神是平等的。我现在不是以社会生活和习俗的准则和你说话，而是我的心灵、我的灵魂和你对话，就仿佛我俩离开尘世，穿过坟墓站在上帝面前，我们的灵魂是平等的。”面对爱情，简的故事是我想跟你分享的，我特别想跟所有的女孩子们说：要记得，你值得，在你的生命中，你值得拥有所有美好的事物。

“他好帅，好像家境也不错，工作挺好的，打篮球那么受欢迎，学习也好好哦，他会喜欢我吗？他不会看上我的吧……我漂亮吗？好像配不上他……”面对喜欢的人时，在感情懵懂的阶段，很多女生内心会有这样的困惑，我也有过这种“觉得自己不够好”的心理，这种心理会非常影响婚姻，影响家庭的幸福。

有人说，这样的自卑心理是因为原生家庭的不足，很多东西都感觉短缺，让自己认为自己不够好。我认为不能说不幸福全部都是原生家庭的罪，原生家庭不能背这个锅。八姐就很好地示范了在物质等各方面都短缺的情况下如何可以富养女儿。她有一句很有魔力的话，她会看着我，很认真地告诉我说：“女儿，你一定是与众不同的，你值得拥有最好的，我相信。”

过年时，看见其他女孩的衣服比我好看，我很羡慕，认为自己家穷，条件不好，妈妈就会说：“女儿，你的气质是你最好的衣服，我相信爱读书的你是最闪亮的，读书气是别人无法比拟的最高贵的气质。”这些话语都印在我的心里，我要说，这真的是太宝贵了。

记得有一次我过生日，恰巧和妈妈在两个城市，没有在一起，生日当天早上，我就收到了妈妈给我买的一对耳环，有点小贵，让我很惊喜。做母亲的就是这样，她不会给自己买这么好的，给女儿买却是毫不犹豫。和她一起去买耳环的亲人就劝说：“没有必要给孩子买这么好的，再说女儿的生日是娘的难日，应该她给你买才是。”但八姐说：“我女儿并没有不给我买，去年我过生日，一天之中她给我准备了9个惊喜，这耳环漂亮，我觉得我女儿应该拥有这样的东西，她配得。”听完之后，我感动得都哭了，尤其是我问她为什么一定要买这对耳环给我时，她说：“我看挺美的，觉得我的女儿应该戴这么美的东西，很相配。”我内心满满的爱和安全感，只能以眼泪的形式止不住地流下来。毫不夸张，我哭了半个多小时。

我想跟女生们说，你值得拥有最好的，你配拥有你所喜欢的事物。如果一些人和事，或者对方太完美，让你自己有配不上的心态的话，我想你最应该做的是，不要有任何抱怨和不甘，而是要把自己变成想象中的完美的样子：拿起书来阅读，到健身房挥汗如雨，学一样乐器提升自己……你会离你自己想要的事物越来越近。尽情绽放你的魅力，你会发现，你以前觉得配不上的，反而都是你应该得到的。

希尔顿二小姐VS伊万卡·特朗普

美国房地产大亨、现任美国总统特朗普的女儿伊万卡·特朗普，希尔顿集团酒店的创始人的曾孙女、希尔顿酒店未来的继承人帕丽斯·希尔顿，这两位名媛在美国乃至全世界都是顶级的白富美级别的人，从小含着钻石出生，一出生便拥有上百亿美元的继承权。这两位

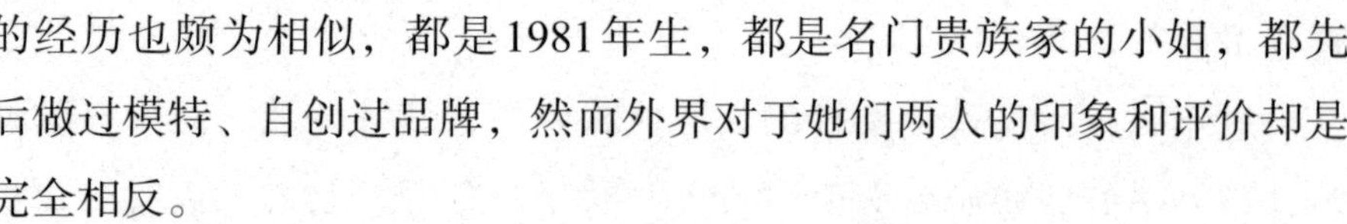

的经历也颇为相似，都是1981年生，都是名门贵族家的小姐，都先后做过模特、自创过品牌，然而外界对于她们两人的印象和评价却是完全相反。

帕丽斯·希尔顿高中毕业就加入了模特圈，在18岁之前就公布了第一任男朋友，各种报纸杂志拍到她正式约会的恋情就有8段，其中一段曾流出不雅视频。常常能看到她流连夜店喝醉，穿着暴露的照片。甚至在她热衷的时尚界，曾经是她的小跟班的“金·卡戴珊”也已经后来者居上，成为话题中心，粉丝过亿流量爆表。在网络上搜索帕丽斯·希尔顿出现的关键词竟然是风光不再、被助理超越等这样的字眼。

再来看同样出身巨富之家的伊万卡就慎重和检点得多了，她人生中有70%的财产属于个人奋斗所得。她从小在父亲特朗普的办公室里玩，日日受到父亲经商的熏陶，极具经商头脑，并极其出色地从宾夕法尼亚大学沃顿商学院毕业。伊万卡从2007年就开始打造自己的服饰品牌，包括时装、珠宝、配饰、鞋类、家居、香水和太阳镜等系列产品，年营业额超千万美元，比起她老爸这一代，伊万卡又扩大了家族财富。手里还有21亿美元继承权，福布斯评她是全世界最有钱的80后女富豪，可以说她的人生是非常成功了。2017年，伊万卡关掉自己品牌，不领薪资做白宫非正式顾问，2019年初又被提名为世界银行行长。

我看了伊万卡在共和党全国代表大会上发表演说的视频，她从出场就受到万众欢呼，举手投足都有着十足魅力。她谈论父亲是一个帮助受压迫的人找到工作、适合担任总统的好人，她说到父亲最大的优点是能发现别人的潜能，甚至在他们自己发现之前就提前发现。她隆重介绍父亲出场，表现出彩，抢尽风头！在整场15分钟的演讲中，群众站起欢呼打断演讲不下20次，这次演说后，伊万卡在谷歌被搜寻的次数比特朗普还要多，每分钟大约有121条推文提及她的名字。连特朗普的竞选对手希拉里也说：“不得不说，特朗普培养出了优秀的女儿伊万卡。”

特朗普和他的前后三位名模太太共生了五个孩子，三个儿子，两个女儿。儿子们不花天酒地，女儿们也毫无丑闻，并且个个学习成绩优秀，成了人才。

第一任妻子生了三个孩子，大儿子小唐纳德·特朗普，会讲流利的捷克语，宾夕法尼亚大学毕业，在父亲的特朗普集团当副总裁。28岁结婚，到现在10年生了5个孩子，典型的好好读书、工作、过日子的男人。

二女儿伊万卡更是极少出没于酒吧和夜店，人们绝不会看到伊万卡参加深夜派对后喝得醉醺醺的报道。在上面已经提过伊万卡的优秀，在总统大选期间，可以说是比老爸特朗普还火了一把。

弟弟埃里克·特朗普，乔治敦大学优秀毕业生，任特朗普集团执行副总裁，22岁便建立了自己名下的慈善基金，做专门研发儿童医药的事业。

特朗普第二任老婆生的女儿蒂芙尼·特朗普，一位90后女孩，毕业于宾夕法尼亚大学文理学院，是歌手、模特。

特朗普现任老婆梅拉尼娅·特朗普生的儿子巴伦·特朗普，一位00后小王子，他老妈从斯洛文尼亚乡下闯到曼哈顿当名模，会六国语言，所以儿子巴伦会讲流利的斯洛文尼亚语，从一出生就受到全美瞩目，被称为“亿万美元宝贝”。

特朗普上任以来最有名的就是推特治国，他不听幕僚的声音，不听老政界人的建议，大部分时间都特立独行，想说什么就发条推特，就像我们发微博、发微信朋友圈一样随意，他一天可以发十几个消息，也是刷屏的一把好手了。特朗普从小就读私立学校，成绩虽好，特立独行也很叛逆。他爸爸管得很严，对他很会立规矩，他从少年时代开始，业余时间有空就出去送报纸，每天都汗流浃背的，才能换一些零花钱。他16岁就被送去了纽约军校，后来他回忆认为那三年是最正确的选择，他养成了不怕吃苦，而且很会“立规矩”的特质。

学霸特朗普进的是名校沃顿商学院，边学房地产专业边帮老爸做生意，毕业时，手上已经赚到20万美元（相当于现在的100万美元）！明明可以当家族产业的继承者了，但他选择自己出去闯天地，于是向爸爸借了100万美元启动资金。后来的故事你也知道了，他成为美国乃至世界著名的房地产大亨，在纽约最贵的地段有多所大楼都是以他的名字命名建造的，有段时间看不惯政府的改造和复杂的手续，他自掏腰包花重金替国家重建了纽约中央公园。

这样一位顶着一头酷炫的金色发型，每一个表情都可以截成表情包，而且满嘴跑火车，看起来有点不靠谱的人是如何教育出优秀子女的呢?

一、从小树立正确规矩

特朗普延续了自己成长的那一套，对孩子很严格，有一点很重要，立好规矩，特朗普不许孩子抽烟喝酒，不许吸毒，不许文身。

二、财商思维

有人会觉得孩子就是孩子，现在什么都不懂，把学校的功课学好了就行了。而特朗普的几个小孩从小就在特朗普的办公室里长大，伊万卡说她常常会在父亲的办公室里玩乐高或者是用积木搭建大厦。他的大儿子也说:“每天跟在父亲身边学习他怎么做生意，怎么和人谈判，我受益匪浅。”他在5岁的时候就下定决心要像父亲一样，成为高尔夫高手和成功的商人。

另外，特朗普还要孩子打工挣零花钱，他只提供生活费和教育费，连电话账单都要孩子自己付。伊万卡曾经告诉媒体:“我不得不去挣钱，因为除了学费外，其他一切开销我都得自己支付。”

特朗普认为每一个人生而不同，不管你的孩子是否聪明，你要给予相同的爱，这一点让大家都很愉快，要让孩子明白美元的价值，工作的价值，财富的价值，成就的价值，他们需要树立价值观，需要明白成功的含义。

三、对所有孩子一样的爱

在电影《泰囧》中，徐峥的孩子在电话另一头质问他说："你是个骗子，你总说带我去海洋馆，总也没去成。"当徐峥历尽千辛万苦在电影的结尾终于回家和妻子孩子团聚后，第一件事情就是带孩子去海洋馆弥补过去的不足。可是，何必要等到已经残缺了才去弥补呢？

有些富人认为，我忙没时间陪孩子，这难道是我的错吗？我这么做还不是为了给家里更好的生活吗？这不是理由和借口，殊不知越是成功的人，反而越注重陪伴下一代成长的过程。Faceboook的CEO马克·扎克伯格在妻子生产时，休产假在家里陪伴一整个月，歌手王力宏也在妻子生产时休产假在家陪伴，歌神张学友为了陪孩子过春节推掉了重要的演出机会……孩子成长过程只有一次，错过了就不会再重来了。

你认为你会比拥有地产帝国上百亿美元生意的特朗普还忙吗？伊万卡回忆说："爸爸非常与众不同，即使我小时候还是一名10岁的小学生时，我也总是能联系到忙碌的爸爸。"我们来看看特朗普的做法，不仅和孩子保持联络，有一点我很敬佩的是，伊万卡给爸爸打电话时，若刚好碰到特朗普在开会，他不会挂断，而是会把伊万卡当成大人一样，在电话中为女儿介绍谁当时正在他的办公室里，有时是同事、有时是行业巨头，有时甚至是国家元首。他把孩子当成独立的大人，带着孩子从小见世面，特朗普说："生于这样的环境看待世界的角度不一样，但我尽量不宠坏他们。"这些做法让伊万卡感觉到，他们（她和她的兄弟姐妹）总是第一位的。特朗普的二女儿蒂芙尼在采访中说过，她还保留着从幼儿园开始的所有成绩单，上面有特朗普写下的暖心的话，并且是每一张都有。看到这些，你还觉得父母做生意忙是借口吗？

四、父母二人不一定要"红白脸"表演

特朗普的第一任妻子伊凡娜曾经说："自己在给孩子立规矩的时候，特朗普总是坚决地站在自己这边，有时孩子在我这里得到了

‘不’，他们就会跑去问‘爸爸，我能得到这个吗?’特朗普会问‘你们的妈妈怎么说?’孩子说妈妈不同意，特朗普就会告诉孩子，他也不同意。”

你看懂其中的差距吗?很多父母觉得两个人一定要有一个唱白脸，一个唱黑脸的，有一个让孩子害怕的人，一定要这样吗?让孩子对父母害怕，不如对父母尊敬!

特朗普的做法更具有智慧，父母其中一方在教育孩子的时候，如果另一个总是唱反调，会让孩子觉得你们大人之间有不同的态度，孩子容易钻空子，也更容易用讨好一个人的方式去得到他想要的结果，这样的心态不利于他日后的成长，容易让他逐渐养成察言观色的两面派行为。

我在特朗普的采访中抓住很重要的一点，就是配偶，女人的重要性。这一点让特朗普深感自豪，他坦承有时自己很忙，在家里，他的太太总是能够给孩子最好的教育和指导，可见娶对一个女人是多么的重要。特朗普的二女儿蒂芙尼没有在他身边长大，抚养权给了他的第二任妻子，但在蒂芙尼心中依然把他的爸爸特朗普当成超级英雄，说明这位妻子在生活中没有抱怨和指责，是正面的心态在教育女儿。这样一位父亲的形象给他加分不少，在大选期间，他的每位子女的演讲都慷慨激昂，让美国人民都羡慕他拥有这样完美的家庭。

八姐＆思媛小思考：

1. 读过本章，你是否也认同“慎重和检点是女孩最好的才智”呢？你会和你的孩子分享本章中哪位好女孩的故事呢？

2. 在“钱、成功、价值”这些命题上，你准备怎样更好地教育孩子呢？

3. 在女儿“精神要富养”上，你学会了哪几句话？

4. 在这一篇中，关于如何教育女儿，你学到了什么？

八姐诗词分享

夏日绝句

李清照

生当作人杰，死亦为鬼雄。

至今思项羽，不肯过江东。

译文：人生在世时应当做人中豪杰，死后也要做鬼中英雄。到今天人们还在怀念项羽，因为他不肯苟且偷生，退回江东。

这是一首很有气节的诗，不像古代的女人写的，倒很像军队里豪气万丈的将军所做。但毋庸置疑，这就是小女子写的。她是个小女子，也是位大才女。

文人爱好者自己组织诗社时会对仗古人的句子，单单李清照的诗很多对联都对不上，比如："冷冷清清，凄凄惨惨戚戚。"只能说她的才华真的很出众。我记得一个小故事，李清照在战乱期间曾和她的先生赵明诚分隔两地，两人感情很好，李清照很思念他。在书信当中李清照写了一句："帘卷西风，人比黄花瘦。"

赵明诚深知李清照的才华，但颇有情趣的他偶尔也很不服气，就想看看到底谁写的好。有一天，他的朋友来拜访，他突发奇想，就把自己写的很多诗拿来给朋友鉴赏，其中就把李清照的这一句"帘卷西风，人比黄花瘦"掺杂在了里面，然后问他的朋友："你觉得我哪句写的最好呢？"

他朋友看了半天，说除了这句"帘卷西风，人比黄花瘦"，其他的都差点意思。听到这里，赵明诚真是心服口服。

这首诗让人感叹。李清照很有气节，非常有爱国情怀，然而她的丈夫在战争中不思抗争，反而临阵脱逃，这让李清照感到很羞耻，于

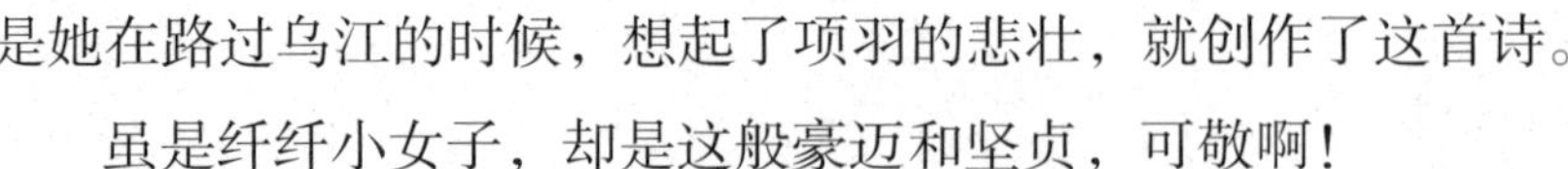

是她在路过乌江的时候，想起了项羽的悲壮，就创作了这首诗。

虽是纤纤小女子，却是这般豪迈和坚贞，可敬啊！

苏霍姆林斯基给女儿的信（节选）

苏霍姆林斯基，前苏联著名教育实践家和教育理论家，获得两次苏联公民最高荣誉“列宁勋章”。他提倡教育要培养“真正的人”，著作有《我把心给了孩子们》《公民的诞生》《给教师的一百条建议》等。我挑选这封信分享给大家是因为：面对孩子的“爱情”问题，家长的回答总是各有各的一套说辞，而最不可取的就是“小孩子问什么”“你不懂长大再说”等这样的回答。年少不懂，如何长大再懂？在这封信里，面对女儿“爱情是什么”的问题，苏霍姆林斯基用神话故事给了答案，这答案美好且让人相信爱情。最后，也正确引导女儿要保护好自己，非常值得学习借鉴。

亲爱的女儿：

你的问题使我激动不已。

现在你14岁，正在跨越成为一个成年女子的门槛。你问道：“爸爸，爱情是什么？”当我意识到，我现在已经不是在同一个小女孩谈话时，我的心在激烈地跳动。在你跨越这个门槛时，我祝你幸福。但是，只有当你成为一个有头脑的贤惠姑娘时，你才能得到幸福。

……

“爱情是什么”这个问题，也曾使我心中很不平静。在童年时代和青年的早期，我最亲近的人是祖母玛利娅，我突然地问道：“奶奶，爱情是什么？”

最复杂的问题她也会用神话来解释。她的一双蓝色的眼睛流露出沉思和不安的神色，她用一种极特殊的从来也未有的方式看了我一眼。接着，她就讲开了：爱情是什么？……当上帝创造世界时，他在地球上安排了各种生灵，并教给他们用自生同类的办法延续自己的种族。他给男人和女人划出了田地，并教给他们如何建造窝棚，给了男人一把铁锹，给了女人一小撮种子，他对他们说："在这里生活和传宗接代吧，我干自己的事去啦。一年以后我再来，看看你们过得怎么样。"

刚好过了一年，上帝和天使长加福雷依尔来了。是在一个大清早，太阳刚刚升起的时候来的。上帝看到：男人和女人坐在窝棚旁边，他们面前庄稼地里的谷物正在成熟，他们身旁有一个摇篮，摇篮里的婴儿正在睡觉。这男人和女人有时仰望天空，有时互相对视。在他们相互对视的瞬间，上帝在他们眼里发现了一种莫名其妙的美和一股特别神秘的力量，这种美赛过蓝天、红日，超过宽广的大地和金黄色的麦田，比上帝亲手制作的一切东西更美好。这种美使上帝震颤、惊奇、发呆。

"这是什么呀？"上帝向天使长加福雷依尔问道。

"这是爱情。"

"爱情是什么？"

天使长耸了耸肩说不知道。上帝走到男人和女人跟前，并问他们，什么是爱情。可是他们不能向他解释清楚。于是上帝生气了。

"啊哈，是这样！现在你们接受我的惩罚：从此时此刻起，你们将会死。你们每活一小时，就将消耗掉你们的一分青春和活力！五十年以后我再来，看看你们眼里还有什么，你们这些人啊……"

"上帝生哪一门子气呢？"我向祖母问道。

因为人不经请示上帝就创造了一种连上帝也不认识的东西。你听我往下说：五十年以后，上帝和天使长又来了。上帝看到：在窝棚旁边建起了一座用圆木造的木屋，在空地上培植的鲜花开满了花园，田地里的庄稼正在成熟，儿子们在耕地，女儿们在收割小麦，而孙子们在草地上玩耍。在木屋门前坐着一个老头和一个老太婆，他们有时遥望鲜红的朝霞，有时相互对视。上帝在他们的眼睛里看到的那种美比以前更巨大，那种力量比以前更强烈，并且还包括一种新的东西。

“这是什么?”上帝向天使长问道。

“忠诚。”天使长答道，依然没人能够做出解释。

上帝更生气了。

“人啊，光让你们衰老还不够吗?你们活不了多久啦。那时我再来瞧瞧，看你们的爱情会变成什么东西。”

三年以后，上帝和天使长又来了。上帝看到，一个男人在一个小土丘旁坐着。他的眼睛里充满了悲伤，可是里面依然存在着那种莫名其妙的美和那股特别神秘的力量，而且其中不只有爱情和忠诚，又增添了一种什么东西。

“而这又是什么?”上帝问天使长。

“心灵的怀念。”上帝捋了一下自己的胡须，就离开了坐在小土丘旁的那位老人，他扭过脸，向长满小麦的田地和鲜红的朝霞望去，于是他看见：在金黄色的麦田旁站着许多年轻的男女，他们有时仰望天边的彩霞，有时相互对视……上帝站在那儿望了他们很久，然后，陷入了沉思，从那时起，人成了地球上的主人。

你瞧，我的乖孙孙，这就是爱情。爱情——它比上帝还崇高。爱情就是人类千古不朽的美和永恒的力量。人类一代一代地相互交替。我们每个人都要变成一堆灰烬，而爱情却以充满活力的、永不衰退的联系保留下去!

我亲爱的女儿，这就是爱情。千万种生灵生活着、繁衍着、延续着自己的种族，可是，只有人才能够爱。如果一个人不会爱，他就不能到达人类之美的这个顶峰，那就是说，他只不过是一个生物，虽是一个人，但却不会爱。亲爱的女儿：现在我和你谈话就像两个大人谈话一样了，这有多好啊!你已在深入思考人类智慧的最难理解的一页，这又是多么叫我这个做父亲的人高兴呀。

我经常收到和你同龄的和比你稍大的姑娘们的许多来信，你回家以后读一读吧，足有几千份。一位17岁的姑娘(中等技术学校的学生)写道：她同一个小伙子认识了，交上了朋友，很快活。可是她发现，小伙子爱喝酒，说话很粗暴。姑娘为此哭过，烦恼过，但是原谅了这小伙子的所有一切越轨行为，实际上，也原谅了他的一些低俗举动。这位姑娘自我原谅说:“反正我是爱他的呀。”一件本来可以预料的事情终于发生了，她怀孕了。这姑娘委身于那青年，与其说是出自爱情，不如说是出于恐惧：她担心，如果拒绝他的要求他会抛弃她，去找更顺从、更好说话的姑娘……当姑娘告诉那青年说，“我们将有孩子了”时，他吃惊地说:“怎么说‘我们’呢？是‘你’将有孩子。”于是他抛弃了她。这姑娘不得不中断了学业，迁到了另一个城市生活。她的一生就这样给毁了。我觉得，这些信的每一张每一页就像烧红的金属片一样炽热、灼人，不时从中发出绝望和惶恐的呼喊：他爱我，可是不尊重我；为了使他不仅爱我，而且尊重我，该怎么办？

你瞧，我的好闺女，我所讲的我祖母的那个富有哲理的神话，我和你关于爱情是什么的谈话，不是没来由的吧。我想使你避免许多姑娘犯过的不得不付出昂贵代价的那种错误，有的姑娘因为犯这样的错误而牺牲了自己的幸福、欢乐、健康，甚至生命。人的爱情不仅应当是美好的、忠诚的、可靠的，而且应当是明智的、慎重的、机警的和是非分明的，只有这样，它才能带来快乐和幸福。记住这一点吧，我的女儿。记住：生活中不仅有美好和崇高的东西，令人痛心的是也有丑恶、奸诈和卑鄙行为。你不仅要有一颗坦率、善良的心，这颗心同时还必须是端正的、坚毅的和严格的。

第六章

凌晨四点钟

让王羲之、帕格尼尼帮助孩子提升专注力、耐力，希望只有和勤奋作伴才会如虎添翼，如果你有100分的计划，只付出10分的实践，结果就是10分，若你有10分的计划，却付出100分的努力，结果则可能是100分。

曹八姐是我的凌晨四点钟

“你见过凌晨4点的洛杉矶吗?”这是科比在回答记者问他是怎么样做到在篮球事业上有如此成就的时候，他的回答。这句话广为流传，我相信很多人都听过。这句话看似简单，实难做到。每天凌晨4:00在大家睡得正香的时候，起身一人来到冷清的球场开始一天的练习，日复一日地累积，付出超过所有人的努力，怎能不成功呢?

我没有见过凌晨4点的洛杉矶，八姐也没有，但她见过很多年的凌晨4点我们家乡的太阳。

我要先感谢我的六姨，她比我妈妈年长六岁，是一直鼓励我母亲走出农村并把她带出来的姐姐。我六姨从小就是一个有想法、有野心，想要看看外面世界的女孩，我妈妈回忆说:“我记得有一天我六姐从地里干农活回来，天很热，她的脸都晒红了，衣服也湿了，她一进屋放下锄头就看着我说‘八妹，我以后一定不要过这种面朝黄土背朝天的日子，我一定要出去’。当时我印象好深刻啊，我想我六姐有这种想法，跟别人比起来她真的太不一般了。”

懂事后的我很喜欢听六姨的故事，在20世纪80年代，当时我们国家的主体人口还是农民，一人一年的平均收入是700—800块钱。然而我六姨，一个没有出过大山的20岁出头的女孩，竟然敢跟银行贷款2 000块要出去做生意！这可是当时全国最高年工资的三倍！不敢想象会做出这样的决定，带着仅有的贷款和胆识，她从乡下来到城市，抱着一定要做成的决心，否则就要被银行追债了。经过近十年的努力，她成为我们家族里面第一位买了楼房又有商铺的人，同时开了一家相当有规模的美发店，光是在店里给她打下手的小工就有十多个人呢，这在当地已经是大户人家了。

在城市生活稳定之后，六姨就劝我的妈妈也要走出来。就这样八姐来到了城市，工作结婚生孩子，便有了我。在婚姻破碎之后，她必须用一个人的力量养家养我。最开始，她不得不把我寄住在其他的姐姐家里，方便她一个人打工，只要给我寄生活费就行。

每当听我妈妈讲起往事，都很难再听下去，想起那些情景我都会觉得很心疼。那段时间她必须做各种各样的体力活，早上4点就要起床准备，赶着去早市卖早餐。当时八姐做的是鸡蛋糕，热腾腾的鸡蛋糕用铝饭盒装着，她肩膀扛着一个扁担，那种在农村打水用的竹子做的扁担，扁担很硬很长，扛在肩膀位置的部分都已经被磨得光滑了。两大桶的鸡蛋糕担在肩上，得有多沉呀！八姐说市场上的人都喜欢吃她做的鸡蛋糕，因为她这个人实在，鸡蛋糕打开都是完好的、嫩嫩的，一看就是真材实料的鸡蛋液不兑水，不像其他家打开之后，水咣咣地乱晃不成形，有的甚至都稀得尝不到鸡蛋的味道。

她一直坚持做这样的体力活，是因为她心中的希望。她希望能够存更多的钱，早点把我接到身边来，让我们两个人能有足够的钱租房子一起住，供我上学以及衣食住行的开销。抱着这种希望，她夜以继日地做鸡蛋糕，做了整整一年。一年之后，因为她的勤劳和省吃俭用，心愿实现了，她攒了一些钱，我们母女俩又团圆在一起生活了。

又过了几年，在八姐31岁的时候，她决定跟着六姐学美发，进入一个新的行业从头做起。当时身边的人都劝她说："去学美发的，都是十八九岁的年轻人，你都30多岁了，来不及了，太晚了，不要去学了，学了什么时候能出师，自己开店啊？"但是八姐没有畏惧，没有听质疑的声音，她心中的希望是不做打工族，做美发行业起码可以自己开店，居有定所，做个小老板，时间自由，可以更好地陪伴我，也不用再到处找工作、换工作了。

就这样，她去学习了。学习的地方离家很远，她每天都要很早起来，去美发学院学习一整天，晚上很晚回来，再用假发模型练习。八姐小学三年级就辍学了，在那之后也再没有过上学学习的经验，这年她31岁，要重新打开学习的开关，难免比年轻人接受得慢一些，贵在她勤快，她说："**勤奋能弥补聪明的不足**。"她认真，别人练习一次，她练习十次。八姐说在美发学院时，为了练手，她可以给过路的老人们免费剪头发，每当有年纪大的人来剪头发，年轻人都觉得脏，不喜欢接待，而八姐每次都抢着剪，不放过每一个练习的机会。

她又做到了，从她学成以后，此后16年间一直到我上大学，她都是通过自己支起来的一个摊儿，一个小小的美发店，一双手一把剪刀，剪一人头发接着一人头发地服务，挣钱供我上学的。现在每次握起妈妈的手，上面还有熟悉的褶皱，有被烫发用的药水侵蚀过的痕迹，那是我成长起来的痕迹，是她奋斗的痕迹，是我们之间爱的证明。

所以我总觉得啊，只要是和她在一起的日子就有希望，就有盼头。你看，她像不像我的凌晨四点钟，她自己做到了，并用这种勤奋督促着我。

她那么勤劳，任何想法在她那里，都能贯彻执行，勤能致富在她身上得以体现。成长过程当中，有时我会定一些小目标，当我没有去实践的时候，八姐就会说我："你千万不要'夜晚千条计，白天卖豆腐'，不要晚上想得完美，白天又懒得去做，重蹈覆辙，陷入怪圈循环。"从此我一直谨记，也奉劝年轻人，如果你已经决定要做一件事，那就不要保留，用尽全力去做，如果做完没实现，起码努力过了不会遗憾。如果没有用尽全力去做，最后没成，也千万不要说"那是因为我没做，我做的话肯定能做成"这样的话，这是最没意义、最让人瞧不起的话。

魔鬼弹奏家帕格尼尼

我曾在一本书上读过小提琴家帕格尼尼的故事，帕格尼尼传奇到被称为琴仙。我听过很多练琴的孩子们抱怨："他简直是魔鬼，太变态了，练他的曲子手都抽筋了，容易练出血！""天哪，他太可怕了！"

这样一位神人，殊不知他的一生其实是在苦难当中度过的。

4岁时，一场麻疹和昏厥症差点夺去他的生命；7岁时，患上严重肺炎，不得不大量放血治疗；46岁时，牙床突然长满脓疮，只好拔掉几乎所有牙齿，随后又染上可怕的眼疾，几乎看不清路；50岁后，关节炎、肠道炎、喉结核等多种疾病吞噬着他，后来声带也坏了，他的儿子靠看口型来和他交流。他仅活到57岁，就口吐鲜血而亡，死后尸体也备受磨难，先后搬迁了8次。他在经历以上的苦难时，支撑他的是他心底的希望，也就是他所热爱的音乐。他喜欢小提琴，他希望能够在音乐领域成为顶尖的人，成为被历史记住的人。

帕格尼尼一天可以练12个小时以上的小提琴，最出名的绝技是可以用一根弦来拉小提琴，投入的程度到手指流血也浑然不觉，让观众瞠目结舌，被称为不可能做到的事，世界只此一人了，这是天赋异禀！不可能被超越，然而真相是：这不是偶然，而是他在家里面进行数百万次刻意地练习得来的。他没日没夜地练，练到痴迷处他便故意弹崩一根弦接着拉，反复如此才做到的。

曾经有一次，帕格尼尼举行完音乐演奏会，有位听众听了他出神入化的演奏之后，以为他的小提琴跟其他的不一样，肯定是一具魔琴，便要求一看。帕格尼尼立即答应了。那人看看小提琴，反复检查，但跟一般的琴没什么两样啊？他心里觉得很奇怪。帕格尼尼知道他的来意，便笑着说："你觉得奇怪是吗？实话告诉你吧，随便什么东西，只要上面有弦，我都能拉出美妙的声音。"

那人便问："皮鞋也可以吗？"

帕格尼尼回答："当然可以。"

于是那人立刻脱下皮鞋，递给帕格尼尼。帕格尼尼接过皮鞋，在上面钉了几根钉子，又装上几根弦，准备就绪，便拉了起来。说也奇怪，皮鞋在他手上竟发出了如小提琴般的声音，外面不知情的人听了这个美妙的旋律之后，还以为是用小提琴拉的呢！

你很难想象他付出了多少努力，能把鞋子拉成跟小提琴发出的声音一样。如果他每天只是空想自己要成为小提琴家，但是却不付出勤劳的练习，他不会成功；如果科比也是早上躺在床上想，我要成为MVP，他也不会做到。这一切的原因就是，他们行动了，所以做到了。**所以说希望还要和勤奋作伴，才能如虎添翼啊！**

入木三分王羲之

我曾看过书法家王羲之的故事，他从小的梦想就是做书法家，他很努力、上进，整天只想着这一件事，专心到什么程度呢？据说他小的时候，大家发现这个孩子怎么回事？家境条件不错，怎么衣服都是破的呢？换上一件新衣服，没多久，裤子兜地方的布料破了，大腿部位的布料也破了，非常奇怪，总是这一两个地方容易破。经过暗中观察才发现，原来这个孩子因为痴迷写字，总是一边走路、一边写字，一边吃饭、一边写字，在哪儿写呢？就是用手指头在自己的裤子上面写字，所以写到把裤子都磨破了！难以想象，一根小孩子的手指可以把裤子的布料给划破。不信的话，我们可以现在一起来做这个动作，伸出你的手指来划你的衣服，你觉得多久能把衣服搓破？太难了对吧！就算是最薄、最差的布料，可能一年半载都不一定会搓破。如此勤奋用功的王羲之，怎能不成为书圣呢！看到这儿，我已经觉得这个孩子想做书法家的心愿不是闹着玩了。练习书法要经常洗笔砚，据说当时王羲之把附近整个池塘的水全都洗黑了。清水变墨水，我想池塘里的鱼都有文化了，因为吃了"一肚子墨水"。直到现在，绍兴和抚州两个王羲之生活过的地方，都有墨池这个地方，现在已经成为旅游景点，就是用来纪念王羲之的。

王羲之还有一个因为专注、勤奋流传千古的故事。

王羲之在临川做太守时，当地村民在城西北建了一个飞云阁，建完阁楼之后，想请王羲之书写一个匾额挂在上面。王羲之在纸上写了“飞云阁”三个字，可是呢，怎么看都不满意，再写，还不满意，总是没达到自己想要的完美效果。顶尖人士总是具备的专注的劲又来了，回家！关门！认认真真地每天在屋里就写这三个字，飞云阁、飞云阁、飞云阁，做梦都是飞云阁……投入到什么程度呢，有一次，他的母亲来给他送饺子和蒜汁，他一边吃一边写，右手写字，左手吃饭。过了一会来收盘子时，一推门，王羲之的母亲和师爷、丫鬟们，所有人都笑翻了，笑得前仰后合。王羲之就问:“你们笑什么呢?”大家笑的上气不接下气依旧在看他，他摸了摸脸才发现，原来他把墨汁当成了蒜汁，一直拿饺子蘸着黑墨汁吃完了所有的饺子，还吃得津津有味的！可见有多投入！

除了日常处理公务外，王羲之坚持反复练习写“飞云阁”这三个字，足足写了三个多月！最后终于觉得满意了，才把这个木匾交给刻字的师傅，刻字后还要烫金，刷漆，镶在建筑物上面。重点来了，刻字师傅发现，他一直往下刻，木头底下依然有墨水，再往下挖，依然有墨水，为什么？原来是因为王羲之练习太多次了，墨水已经侵入到这块木头里面，足足有三寸之深！看到之人无不为之震惊和敬佩！“入木三分”这个成语就是从这儿来的。

有这种勤奋和专注，做什么事情都能成功。王羲之小时就立志要成为书法家，同样的，他没有空想，而是用勤奋作伴。勤奋让他加速成长，最终实现了如虎添翼一般的飞跃。中华上下五千年，书圣也就只此一人，真的是太了不起了！我很喜欢一句俗语，“头可以在天上，脚一定要在地上”。有梦想、有希望、有目标是好的，想法可以遨游天际，但是切记，脚要落在地上，也就是要脚踏实地地勤奋和努力才会有收获啊！

八姐＆思媛支招：

1. 为了早起，晚上睡觉时我总是把窗帘拉开一角，为的是第二天太阳一升起，阳光就会把我叫醒，建议你也试试。

2. 你在你的领域付出过超越所有人的努力吗？现在就开始制定每日细致的可行性计划：

（1）每天专研在哪个部分；

（2）每天晚上总结有什么进步；

（3）还有哪里可提升的地方。

八姐诗词分享

行路难（一）

李　白

金樽清酒斗十千，玉盘珍羞直万钱。
停杯投箸不能食，拔剑四顾心茫然。
欲渡黄河冰塞川，将登太行雪满山。
闲来垂钓碧溪上，忽复乘舟梦日边。
行路难！行路难！多歧路，今安在？
长风破浪会有时，直挂云帆济沧海。

译文：金杯里装的名酒，一斗就要价十千；玉盘中盛的珍贵佳肴，收费要万钱。胸中郁闷啊，我放下杯子筷子吃不下；心里迷茫地拔剑环顾四周。想过黄河可冰雪堵塞了这条大川；要登太行山可莽莽的风雪早已封山。像姜太公闲来无事垂钓溪边，待东山再起；又像伊尹做梦，他乘船经过日边。世上行路呵多么艰难，多么艰难；眼前歧路这么多，我该向北向南？相信总有一天，能乘长风破万里浪；高高挂起云帆，在沧海中勇往直前！

一首好诗，气势磅礴！

诗仙李白是意气风发的浪漫主义诗人，是唐朝的一大才子，他写景或物，总能独辟蹊径，把它们写绝了，后人简直没法再超越。

在写这首诗的时候，李白是什么境遇呢？李白本身是个名副其实的富二代，为人豪爽，常常直抒胸臆说话不考虑。当时，唐玄宗召他入京做官，他虽有才华，却因为直性子常常得罪人，于是就被官场的人排挤了。后来皇上给他赐了金，意思是给你点遣送费，你回家吧。这样就回家了，我还没做出什么伟大的事呢！所以李白的心情是愤懑难平的。这首诗就写在朋友给他举行的饯别宴会上。“金樽清酒斗十千，玉盘珍羞直万钱”，这一桌子美味佳肴，餐具都是金的玉的，真是土豪的友谊呀。再加上朋友的一片盛情，按平常李白的性格，是要一饮三百杯才尽兴啊。

但是接着他说了，“停杯投箸不能食”，吃不下呀，喝不下呀，郁闷了，“拔剑四顾心茫然”，不知道我的未来在哪里呢，我“欲渡黄河冰塞川，将登太行雪满山”，我想去哪儿，哪都堵住了，不顺不顺。但李白不愧是乐天派，他只忧伤了一会儿，转念就突然想到了，“闲来垂钓碧溪上，忽复乘舟梦日边”。

这两句话是两个典故，“闲来垂钓碧溪上”说的是姜太公八十岁钓鱼才遇到周文王一展抱负。“忽复乘舟梦日边”，讲的是伊尹，他原来也只是一个普通人，他遇到商汤后辅助他灭夏朝，并立下了汗马功劳。他想到，这两人其实在刚开始的时候仕途也都不顺利，但后来也都是大有作为，所以他借这两个人鼓励自己，心境就又开朗了。

最后一句特别有气势，说我“长风破浪会有时，直挂云帆济沧海”。就是在预祝自己有一天也一定会再登高峰。三十年河东，三十年河西，会有我成功闪耀的那一天的！

刘墉给女儿的信

刘墉，知名华人作家、画家，代表作有《刘墉画集》《萤窗小语》

《超越自己》等。我挑选这封信分享给大家是因为：获得成功后的态度往往能决定一个人能走多远，这是价值观塑造上很重要的一课。来看看父母如何和孩子谈得失心、淡然的人生态度以及它们与成功之间的关系。

给女儿的一封信（节选）

今天我看美国网球公开赛的时候，你过来瞄了几眼，说："奇怪，这个达文·波特为什么没表情？她赢球没露出特别高兴的样子，失分好像也不在乎。"当时我笑笑，对你说："就因为她没有得失心，所以能成为世界顶尖高手哇！"

其实，很多顶尖高手在赛场上都这样。我记得2000年全美高尔夫职业赛时，"老虎"伍兹到最后一天早上，还落后七杆，下午居然反以两杆赢得冠军。他对记者说："我完全没有感受到什么戏剧性，因为当时只专心比赛，我关心的就是怎么打好下一杆。"

比赛到最后往往比的是"心理"，谁能承受较大的压力，发挥出原有的水准，谁就能获胜。因为比赛时状态容易失常，选手能保持原来的水平就已经不错了。你看世界溜冰大赛，选手练习的时候，是不是个个神勇？连名不见经传的都能连着三转跳。但是到了正式比赛，面对满场观众和电视转播，却一个接一个摔跤。

……

所以好的选手，无论他是运动员，还是作文、演讲比赛的参与者，在他比赛之前，甚至前一阵，都会特意让身体休息。只有在真正比赛时，才使出全力。有些人甚至在动静之间，判若两人。

我以前有个学画的女学生就如此，她上课时羞羞怯怯，好像连有问题都不敢开口，但她居然是华人圈有名的演艺天才。有一次，我看到她在台上又唱又跳，简直不敢相信自己的眼睛。

我后来常想，那些明星之所以在台上能魅力四射，都因为私下尽量收束自己，保留发光发热的能量。他们的"一飞冲天"，来自"三年不飞”；他们的“一鸣惊人”，来自“三年不鸣”。

孩子，你未来会面对许多大的考验、大的比赛，希望你能记住我说的这番道理。

第七章

你还活着吗？

在少年阶段萌芽的理想如何扎根下来？
梁启超“一门三院士，九子皆才俊”是如何培养的？
出身卑微贫寒就不能树立伟大理想吗？有的人25岁就死了，
只是到75岁才埋葬。你呢？你是过了365天，
还是一天重复了365次？

曹八姐是我的理想灯塔

有的人25岁就死了，只是到75岁才埋葬，有的人已经死了，却永远活着。你是活了10 000天，还是同一天重复了10 000次？这是一个值得深思的问题。

我喜欢电影《寻梦环游记》里对死亡的诠释，肉体死了并不是真正的死亡，当地球上没有一个人记得你曾经来过，没有一个人再记得你的名字，你没有留下曾经来过的一丝痕迹，才是彻底的消失，彻底的死亡。孔子已经不在了，但他永远“活着”，他的后代永远以他是祖先为荣，人类永远记得他；达·芬奇已经不在了，但他永远活着，人类永远记得他；特蕾莎修女不在了，但她永远活着，人类永远记得她。

记得或忘记，取决于什么？我想是取决于你做了什么或留下了什么，值得让人们记得你，而你能做什么，取决于你树立什么样的理想。

树立理想最好的时间是什么时候呢？斯蒂芬·茨威格说：“**一个人生命中最大的幸运，莫过于他还年富力强的时候，发现了自己的使命**。”钢琴家郎朗3岁半听动画片《猫和老鼠》的钢琴配乐开始练钢琴，5岁决定要成为钢琴家；曼德拉9岁目睹白人种族隔离的残忍，十多岁立志一生“要为南非的每一位黑人寻求真正的公平”，最终成为南非第一位黑人总统；思想家王阳明13岁时说，“科举考试并非第一要事，应做圣贤”，那时他便树立理想要成为圣人；孔子说：“吾十有五，而志于学。”孔子在15岁时确定自己要投身的事业就是研究学问。相比于最晚要“五十知天命”，从某种程度上说，在少年时期越早帮助、鼓励孩子确定理想越好。

为中华之崛起而读书

1911年，孙中山领导的辛亥革命推翻了中国2 000年的封建统治，整个中国处于动荡不安的局势当中。大多数的人都迷茫彷徨，不知道未来在哪里，不知道自己的方向是什么，过着混混沌沌的生活。

在一个学校里面，有一位魏校长在给学生们上课，这一节课讲的主题是立命，也就是立志。讲到动情处，魏校长突然问自己的学生说:“请问你为什么读书?”没有人主动回答，魏校长便走下讲台点名，前排的一个同学说:“为了光宗耀祖。”第二个同学说:“为了明礼而读书。”第三个被问到的学生是一个鞋铺掌柜的儿子，他很认真地说:“我为我爸而读书。”同学们听了都哄堂大笑。魏校长摇头叹气，走到一个同学的面前，只见他面色凝重，神闲气定地说:“为中华之崛起而读书!”声音洪亮有力穿过整个学堂。魏校长惊呆了，竟然还有这样的学生，13岁就有这样远大的抱负，这样的志向。他欣慰地说:“有志者当效周生啊!”这位同学就是我们敬爱的周恩来总理，他13岁便定下“要中华崛起”的志向，并为此奋斗一生。

你可能会想，这是伟人啊，全中国也出不了几个，我却要告诉你，每一个孩子都在年少时立过志向。拿破仑·希尔说:“**人类最神奇的遗传因子，就是那善于梦想的力量**。”是的，真正没有梦想的孩子少之又少。你问小孩子长大想做什么，很少有人会说我长大什么也不想做，就想吃喝玩乐。孩子都会说出自己喜欢的职业:我想做老师，我想当科学家，我想做飞行员，我想做演员等。

很多家长都希望孩子成功，出人头地，于是会用自己的经验给孩子规划人生。大学选专业，毕业找工作，生活中不乏会听到这样的回答，“家里让我学的”“家里让我做这个”“家里非要我做这行啊”。在

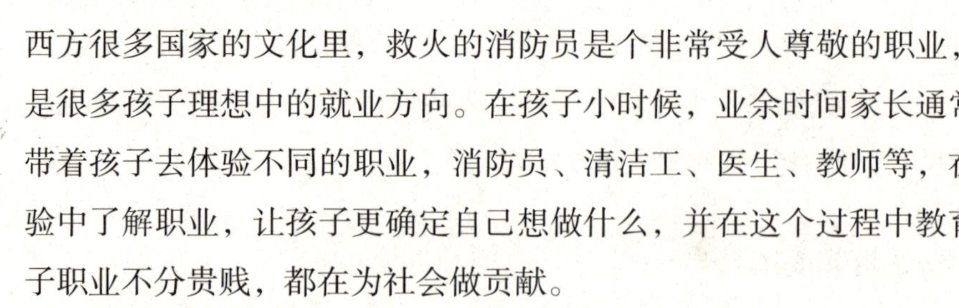

西方很多国家的文化里，救火的消防员是个非常受人尊敬的职业，也是很多孩子理想中的就业方向。在孩子小时候，业余时间家长通常会带着孩子去体验不同的职业，消防员、清洁工、医生、教师等，在体验中了解职业，让孩子更确定自己想做什么，并在这个过程中教育孩子职业不分贵贱，都在为社会做贡献。

在少年阶段萌芽的梦想如何能坚定下来，孵化出来，就需要家长的智慧。

一代启蒙思想家梁启超先生一生有9个子女：思顺、思成、思永、思忠、思庄、思达、思懿、思宁、思礼。见过子女多的，但没见过子女多，还个个都如此优秀的家庭，被后世称为“一门三院士，九子皆才俊”。

长子梁思成，和妻子林徽因同为著名建筑学家，中华民国中央研究院院士。

次子梁思永，著名考古学家，中华民国中央研究院院士。

三子梁思忠，毕业于西点军校、国民革命军十九路军炮兵上校，25岁在淞沪抗战前线感染腹膜炎病逝。

四子梁思达，毕业于南开大学经济系，著名经济学家。

五子梁思礼，著名火箭系统控制专家，中国科学院院士。

长女梁思顺，诗词研究专家，中央文史馆馆员。

次女梁思庄，著名图书馆学家，中国图书馆协会副理事长。

三女梁思懿，燕京大学毕业，社会活动家，曾任中国共产党的外围组织“中华民族解放先锋队”的大队长，燕大学生领袖，“燕京三杰”之一。

四女梁思宁，早期就读于南开大学，新四军早期革命军人，陈毅元帅早期部下。

关于子女在理想方面的树立教育上，在梁启超和二女儿梁思庄之间的互动尤显智慧，他尊重子女的个性和兴趣爱好，因材施教。梁思庄在国外留学时，梁启超希望她能选择生物专业，他认为这是现代进步的学科，在国内是空白的领域，未来的发展空间很大。可是梁思庄因为从小耳濡目染，看到父亲在文学上的造诣和对书籍的分类研究影响，心里非常热爱文学，对于生物学科，学来学去终究还是不喜欢，她坚持想在国外学习文学，最终选择就读于美国哥伦比亚大学图书馆学。知道女儿转学科后的梁启超，不但没有反对，反而写信给女儿说:“听见你二哥说你不大喜欢学生物学，既已如此，为什么不早同我说。**凡学问最好是因自己性之所近，往往事半功倍，**你离开我很久，你的思想发展方向我不知道，我所推荐的学科未必合你的式，你应该自己体察作主，用姐姐哥哥当顾问，不必泥定爹爹的话，但是新学期若已经选定生物学，当然也不好再变，只得勉强努力而已，我很怕因为我的话扰乱了你治学针路，所以赶紧寄这封信。”梁启超认为一个人只有从事自己热爱的事情，才能发挥自己的特长和潜力，才能做出成果来。果然，梁思庄后来开创了前所未有的“东方学目录”，由于她精通英、法、德、俄等语言，熟悉了解各种西文工具书和书刊资料，便一生致力于图书馆西文编目、参考咨询和教学工作，被公认为我国图书馆西文编目方面首屈一指的专家，为我国的图书馆事业呕心沥血、默默无闻地工作了整整50年。

布拉格的梦想

我最痛心的是，看到身边一些朋友，本身有某些方面的天赋可以被开发后有能力做好，并拥有更好的人生和生活。但是很多人都被心里一个想法束缚住:“唉，这辈子是不可能住上那样的房子了”“咱就是小老百姓，这辈子想都别想了”“人分三六九等，咱们家里穷，出去要客气一点，不要让人瞧不起”等这样的话语，正如我前面所说，每个人小时候都有梦想，关键在于身边的人如何引导。

有一个黑人小男孩叫伊尔·布拉格，他很喜欢阅读，写文章，他的老师常说他写的文字真优美，他的爸爸妈妈也称赞儿子写得好，常常给儿子买更多的书阅读。布拉格家里很穷，父母都靠卖苦力为生。

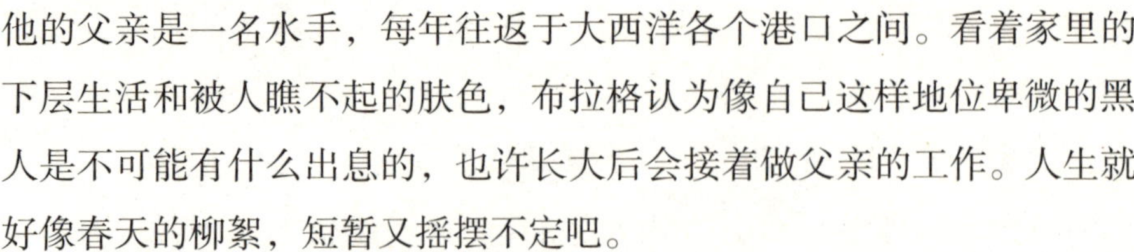

他的父亲是一名水手，每年往返于大西洋各个港口之间。看着家里的下层生活和被人瞧不起的肤色，布拉格认为像自己这样地位卑微的黑人是不可能有什么出息的，也许长大后会接着做父亲的工作。人生就好像春天的柳絮，短暂又摇摆不定吧。

在他9岁那年，父亲带他去了凡·高的故居，他看到了凡·高破旧的小房子，快要散架的小木床和一双穿了很多年已经开口的皮鞋，他惊讶地问父亲："凡·高不是伟大的画家吗？他的一幅画可以卖这么多钱，他难道不是有钱人吗？"父亲告诉他："凡·高就住在这里，他和我们一样是穷人，甚至他连老婆都娶不到啊！"

又过了两年，爸爸带着他去了童话大师安徒生在丹麦的故居。他的故居摇摇欲坠，墙壁斑驳。小布拉格问父亲："安徒生的生活不是很美好吗？他不是王子吗？他那么了解公主和皇宫的生活，他的宫殿在哪里呀？"父亲说："安徒生是个鞋匠的儿子，他以前就住在这个残破的阁楼里，你说的皇宫只在他的童话故事里才会出现。"

这一天是他人生的转折点，他突然明白了，不是有钱有地位的人才会出人头地，他不再自卑，还说出了很有名的一句话："**上帝没有看轻卑微**。"他继续阅读，继续写作，参加工作后由于肤色，遭受了重重的压力、阻碍，被人瞧不起、不信任，常被别人说一个黑人的脑袋怎么可能会写出优美的文章？一切都太难了。但在他奋斗了20年之后，他终于成为美国历史上第一位获得普利策新闻奖的黑人记者，成为被历史记住的人。

布拉格的父亲做了很好的示范，他先是带孩子参观他所崇拜的人的故居，了解他们真实的人生，然后鼓励孩子追求梦想，在潜移默化中打消孩子的自卑心理。列夫·托尔斯泰说："理想是指路明灯。没有理想，就没有坚定的方向；没有方向，就没有生活。"即使是很有学识的人，有理想和没有理想，有明确的理想和有模糊的理想的人相比，最后的结果都截然不同。

据说哈佛大学做过一个实验，在某一年毕业时，学校采集了应届毕业生的人生理想。结果显示：27%的人没有理想，60%的人理想模糊，10%的人有清晰但比较小的理想，3%的人有清晰而远大的理想。

连续跟踪调查25年后，哈佛校方再次对这群学生进行了回访。同样在哈佛生活了四年，在智商、学习能力差不多的情况下，会有什么差别呢？结果让人大跌眼镜，这25年间，3%有清晰而远大理想的人，他们目标坚定只专注一个方向努力，已经成为这个行业的翘楚；10%的人，他们的小理想不断实现，成为各个领域中的专业人士，大多生活在社会的中上层；60%的人，他们不断更换行业和目标，安稳地生活与工作，但都没有什么特别的成就，几乎都生活在社会的中下层；剩下27%的人，他们的生活没有理想，没有目标，过得很不如意，并且常常抱怨社会，抱怨他人，抱怨这个“不肯给他们机会”的世界。

其实，他们最初的差别仅仅是：有人有理想，有人没理想。有人理想远大，有人理想很小。25年后，很小的差别形成了巨大的鸿沟。

我的梦想萌芽到确定人生使命

理想的萌芽是在我八岁上一年级时，我被老师选中代表学校去参加全市的表演比赛，我要自己单独登台讲一段故事。我很兴奋，老师选中我代表她看好我，回家后我问妈妈：“我想去表演，可我能行吗？”印象中非常清楚，八姐听了很开心地看着我认真地说：“女儿你一定行，我相信我的女儿是与众不同的。”我受到了鼓舞，每天练习唱歌跳舞，以及最重要的单独表演“讲故事”。

到了比赛那天，我在幕布后面候场，歪头看到下面坐满了各学校的老师、学生和家长，密密麻麻的人群，还有家长扎马凳坐在走道里。我是舞蹈团的领舞，又要单独表演节目，突然感觉好紧张，有点害怕，于是我闭着眼睛回想妈妈看着我的眼神，跟我说：“女儿你一定行！”我心里默念：我一定行，我一定行，我一定行！就这样给自己加油打气，还真的很管用，我硬着头皮上，整个表演非常顺利。记得我单独讲故事的时候，八姐就在下面看着我，还做手势给我提示，眉飞色舞的，敢情比我演的还好呢。

那天我得了全市个人表演第一名，回家后所有人都夸我：“小小年纪口才好，反应快，情绪又到位，长大可以做律师呀！”我脱口而出：“妈妈我要做主持人！”八姐鼓励我说：“好，女儿，太好了，我相信你一定行！”难能可贵的是，八姐并没有把我这小孩子的理想当成一时兴起，在我后来的成长过程中可以证明，经常会听到八姐给我讲关于主持人的故事，比如前面写过的杨澜的故事来教育我做我的典范，最重要的是会和我一起看节目，探讨各知名主持人的风格和反应，我该怎么学习，就这样一直熏陶着我，也正是这些持续不断的鼓励更坚定我想做的事。

我认为，人们努力奋斗的生活应该追求三个层次：

第一是温饱问题，为了吃饭、为了基本的生活需求；

第二是追求更富裕的物质生活，也就是大部分人都在争取的成功、财富自由；

第三是使命，是决定要奉献投身在某件事情上、某个领域里，也就是终极层次——社会价值感。在这个世界上，我的存在对于世界、对别人来说意味着什么，我的存在是否能为人们带来价值，有多少人可以因为我而使生命变得更美好。我为世界、为社会、为人们奉献了什么，**以后当人们想起我的时候，我会被人们记住的是什么？**这第三个层次，是我会终其一生追求的事情。

很幸运，我还在年轻时就发现了我的人生使命。随着自己慢慢长大，我发现很多痛心的事实，例如未成年人犯罪，肇事逃逸、奸淫、偷盗，甚至事后还洋洋得意，丝毫不认为是错的；一部分90后、00后不读书就进入社会，用身体换取物质；或为了“爆红”“暴富”，做毁“三观”的事情，进行恶俗内容的直播、故意泄露不良视频炒作等。看到这些社会新闻，想到刻在我心里的这句**“为中华之崛起而读**

书”，真是讽刺，心痛至极！21世纪的中国是发展最快、最伟大的国家，21世纪是中国的世纪！可是，如果真正的文化不被重视，一些年轻人不知天高地厚，以笑贫不笑娼的方式继续生活下去的话，中华民族怎么继续兴旺？若少年软弱，国家怎么强？若少年颓废，国家怎么旺？若少年空虚，国家怎么醒过来？

我该做点什么？即使我只是十四亿分之一，哪怕只能影响一个人，也是有价值的。年轻人都怕听大道理，不爱被说教，我想到我是在“听故事”中长大的，成长过程中我出现过各种状况，叛逆或贪玩，沮丧或迷茫，都是八姐在一个一个故事中把道理教给我。我知道故事的力量，我决定用这种有趣的潜移默化的力量来改变人们，改变世界！

我在喜马拉雅App上面做了自己的原创节目，叫“**思思故事汇**”，现在我们国家的“90后”有1.9亿人，“00后”有1.4亿人，梁启超说：“今日之责任，不在他人，而全在我少年！”我的使命是希望“**用故事带领中国3.3亿新生代成为荣耀家族的人**”。我希望用每一集的小故事，讲出背后人生的真谛和现实意义，我要成为青年典范，把正确的、积极的价值观传递出去，让每一个人在故事中受教育，都成为荣耀家族的人，为祖国做贡献的人！

我要献身给这个伟大的理想，否则我的生命就是毫无意义的。

八姐＆思媛支招：

1. 当孩子提出他天马行空的梦想时，家长要怎么做？

（1）鼓励他“真的吗，我觉得很棒！”给他信心，千万不要说：“别想没用的，先把考试考好。”

（2）和他一起查资料，了解这个领域，培养他的专注能力，让孩子懂得更多、更感兴趣，进一步确定自己的理想。

（3）鼓励孩子的好奇心，保护他的好奇心，保持对新鲜事物的热情，鼓励他提问并寻找答案。

八姐诗词分享

清平乐·村居

辛弃疾

茅檐低小，溪上青青草。醉里吴音相媚好，白发谁家翁媪？
大儿锄豆溪东，中儿正织鸡笼。最喜小儿亡赖，溪头卧剥莲蓬。

译文：草屋的茅檐又低又小，溪边长满了翠绿的小草。吴地的口音听起来很有醉意，温柔又美好，那满头白发的是谁家的公婆父老？大儿子在溪东边的豆田锄草，二儿子正在家里编织鸡笼。最喜欢的顽皮的小儿子，他正横卧在溪头草丛，剥着刚摘下的莲蓬。

写这首词时，辛弃疾正处在失意的时候，这时的他仕途不顺，在政治斗争中遭到排挤和打击，他很爱国，坚持抗金的主张，已经40多岁但一直没有得到重用。被贬之后居住环境也不好，生活看不到希望，如果是其他人，可能理想早就破灭了，但是他仍然保持着一颗忧国忧民的赤子之心。

辛弃疾令人欣赏的地方就在于即使现状窘迫，他仍然能看到生活的美好。这首词描绘的就是一幅很恬静的乡村画面：一户农家的大儿子、二儿子在做着各自的活儿，而小儿子——他这里说小儿子是“亡赖”，这里不是贬义词，而是爱称，正窝在那里面剥莲藕，多可爱！身处不好的境遇当中，仍然能保持对生活的热情，仍然有一双发现美的眼睛，愿意发现生活的美好，这种乐观精神我很喜欢，也为之赞叹不已，所以分享给大家这首诗。

余光中给女儿的信

余光中，文学家、诗人、散文家，代表作《乡愁》《听听那冷雨》《白玉苦瓜》等。被文学界评价为：余光中右手写诗，左手写散文，成就之高，一时无两。我挑选这封信分享给大家是因为：大多数父母都望子成龙，希望孩子获得成功，关于孩子的“梦想”，余光中给出了很好的解读，关于“该如何，不该如何”，这位父亲也给出了极为精炼的答案，可谓字字珠玑。在这封信里，每一段话都是一个完整的思想，可以用来启发孩子。

写给未来的孩子的诗（节选）

孩子，
我希望你自始至终都是一个理想主义者。
你可以是农民，可以是工程师，
可以是演员，可以是流浪汉，
但你必须是个理想主义者。
……
理想会使人出众。
孩子，不要为自己的外形担忧。
理想纯洁你的气质，
而最美貌的女人也会因为庸俗而令人生厌。
通向理想的途径往往不尽如人意，
而你亦会为此受尽磨难。
但是，我的孩子，
你尽管去争取，
理想主义者的结局悲壮而绝不可怜。
……
不要为蝇头小利放弃自己的理想，
不要为某种潮流而改换自己的信念。
物质世界的外表太过繁复，
你要懂得如何去拒绝虚荣的诱惑。
理想不是实惠的东西，

它往往不能带给你尘世的享受。

因此你必须习惯无人欣赏，

学会精神享受，

学会与他人不同。

要爱自己和爱他人，

要懂自己和懂他人。

你的心要和溪水般柔软，

你的眼波要像春天般明媚。

你要会流泪，

会孤身一人在黑暗中听伤感的音乐。

你要懂得欣赏悲剧，

悲剧能丰富你的心灵。

第八章

德行先行

在接人待物、慈善爱心、日常细节中，
让你我和孩子做立德的人。

曹八姐是我的“德商教练”

总有些事情微小而美好，我11岁时做过一件让我难忘的事，一直想知道这个故事后来的发展走向，然而这终究是一个谜。

那时我是个小学生，每天早上要从家里出发，步行30分钟到达学校。在这半小时的路上，有好几段不同的风景。刚开始两边是玉米地，春天种下，夏天变成绿油油的玉米秆，到了秋天高过人了，金黄的穗子垂下来就可以收割了，冬天时，玉米秆子全部都变黄干枯，农民把玉米秆架成一摞一摞堆得高高的，拉回家做柴火。路过玉米地，再接着往前走是长长的马路，两边是两排柳树，春天会有白白的柳絮落下。夏天时，我喜欢踩着柳树枝的影子走路。再往前走，就来到了一个桥洞和铁路边，那时常被大人警告，走到铁路边一定要小心，要等火车过了才能走，每一年在那儿都要死不少人呢。每次过铁路的时候我们都小心翼翼，那时候脑子里一直有一个谜，火车那么长，到跟前时通常都开得很慢，怎么会撞到人呢？再说明明能看到火车司机就在第一节车厢，他能看到人们，他不会马上刹车吗，就眼睁睁地撞上去吗？真是童年天真的猜想呀！过了铁路，是一条让我害怕的泥泞小路，我称为“蚯蚓路”。那条路上都是松松的泥土，只要你看到有孔的地方，常常会有蚯蚓冒出来。我还听小朋友说，蚯蚓有很多条命，即使你踩到它，它被拦腰截断了，过几天依然会长出新的身体来！这是真的吗？也太神奇了吧？我很好奇，想看它，可又害怕它，所以总是警惕地绕着走。穿过这条心惊胆战的蚯蚓路就到学校了，走到学校门口通常我都会下意识地握一握兜里的两枚硬币。两块钱，那是这一天的午饭钱。

那段时间我正经历一个很大的诱惑，我家对面开了一间炸串店，五毛钱一串鸡架，一串上面三块骨头。天哪！真的没再吃过那么好吃的味道了，甜甜辣辣的酱汁，炸得酥松香脆，连骨头都入味的很，实在美味极了！有好几次我都敌不过馋虫的诱惑，把买午饭的钱先拿出一半，早上就去吃他家的炸串。

一天早上我拿着两块钱，吃完妈妈做的早餐，扎着两个小辫儿，高兴地去上学了，我确实很高兴，因为这一天我忍住了早上就用两块钱去买炸串的欲望。

走着走着，就在快走到那排柳树下时，我远远地看到有两个人坐在地上。准确地说是一对母女，母亲包着头巾，脸红红的，皮肤被风吹得干裂，嘴唇白白的，看起来很渴，好像还有血丝渗出来。她身上的衣服特别脏，用农村的话说就是已经打铁了，黑得发亮。身边坐着一个小女孩儿，年纪和我相仿，女孩儿的头发更长，油油地贴在脸上，目光呆滞地靠在母亲的身上，指甲里都是黑色的泥土，有一只脚趾从鞋里露出来。走近才看到母亲的怀里还抱着一个孩子，只用几块脏的布裹着，她们面前放一块纸，上面有着扭扭歪歪红色的字，现在想来有可能是用血写成的吧。我忘记了她们具体是什么原因流落街头，有可能是身在异乡没有钱买车票回不去，也有可能孩子得了病，想要筹钱给孩子治病吧。

应该很少有人会去跟乞讨的人聊天吧，当时的我看到那个小女孩的眼神里面充满了迷茫和无助，看看她，再看看我自己衣着整洁地去上学，总感觉想和她说点什么，或许她需要帮助呢？我走近了，问小女孩“你几岁了，你叫什么”，她回答了我，之后又说了几句什么我已经不记得了，只记得后来我把两块钱都拿出来给了她，她们都很意外。离开后，我走了几步又转回来，做了一件我终生难忘的事情，我从书包里拿出笔和纸，给小女孩留了一个纸条，上面写着“长大以后，继续把爱传下去”。然后我就像英雄一样，头也不回潇洒地走了。

你可能觉得这是电影的情节或是我杜撰出来的，然而千真万确，这就是我的经历。正如开头所说，我一直都想知道事情的后续，这张纸条是否我刚走就被风吹散了？还是她们一直留着呢？或是一天后丢了，一年后才丢？这张纸条有没有对她的人生产生什么影响呢？我想这个谜底我永远也解不开了。

那天中午我饿不饿已经记不清了，然而这件事情带给我的自豪感，以及帮助了别人之后的那种快乐，让我一直记到现在。那天回家后，我把这件事情跟八姐说了，她很惊喜，把我好好地表扬了一番，说我做得好，晚餐还加了鸡腿。

为什么我会这么做？后来我慢慢想起来，是因为我身边有这样的榜样，对，就是曹八姐。我们家里常常会做一大桌子菜，八姐总是会拿去给邻居吃，对于我问“这是给谁”的问题，她会说隔壁家谁谁谁今天自己在家，正好多做了就给人家捎带一份，或是会请邻居来家里面吃饭，她常说没什么麻烦，不过是多添一双筷子的事儿。

孩子在6岁以前，全身是一个巨大的眼睛，看到听到身边大人做的事，自然会进入自己的潜意识。母亲是孩子的第一位老师，在行为、言语、思想上都时刻影响着孩子。在这些事情上，我的母亲给我树立了榜样，潜移默化植入到我大脑当中一个观念：多了就要给出去，这何尝不是一种美德呢。

关于金钱

每到换季时，就觉得自己没一件能穿的衣服，好像去年这个时候的自己是裸奔过来的。这是女人共同的心声，我的衣柜里永远少一件衣服。当我刚开始自己挣钱那会儿，看见喜欢的衣服就买，不论质量，只看样子和凭着喜好。这导致我的衣柜泛滥，很多衣服还没有机会拆掉标签。

有一次八姐来到我住的地方，看见我那满柜子的衣服，她评价道："你这一柜子都是垃圾。"接着她说了一句话，这句话一直影响着我的消费观，一直到现在买东西的时候我都会用它来衡量。她说："当你买一件东西的时候，如果它除了便宜没有其他优点，那就不要凑合买，但如果有一件东西除了贵以外，其他方面都非常优质，那就买。"然后八姐郑重其事地，把我所有的衣服一件一件拿出来，跟我说这件衣服不上档次，那件衣服不显气质，这件穿不了多久，都是破烂，没有几件能留下来的。经过几年时间的验证，事实真是如此，最后能被我一直留住的，都是有质量和经典的好东西。

在花钱方面，花该花的就不要吝啬委屈，钱是赚出来的，不是省出来的，为了省钱买一堆破烂最后丢掉，其实是在浪费钱。

娱乐圈的蝴蝶效应

学到就要教人，赚到就要给人。你永远不知道，你种下一个善良的因，会结出什么样的果。

在演艺圈就有这样一个蝴蝶效应，2017年大热电影《我不是药神》轰动全国。医药问题引起全民讨论热潮，连国务院都下发文件，十几种抗癌药开始降价，这无疑造福了一大批病人。

《我不是药神》的导演是宁浩，宁浩是怎么崭露头角的呢？

十多年前，宁浩参加了一个新人比赛，在这个比赛之后，他接受了一个人的赞助，用只有300万元的成本拍一部电影。对于现在动辄上亿元的投资来说，这个预算太少了，然而结果却是，电影口碑节节高升，最终取得了接近十倍的回报，票房成绩近3 000万元，成为2006年当年的黑马，这部电影就是《疯狂的石头》。投资人正是自掏腰包的刘德华，刘德华的人品口碑，在业界只要接触过的人都竖起大拇指。张卫健说过，在他穷困潦倒快还不起房贷，银行跟他说下个月再还不了就要宣告破产了的时候，是刘德华出手给他还了贷款，为他接新戏，才让张卫健挺过来，后来迎来事业的巅峰。

刘德华常说的一句话就是“**学到就要教出去，赚到就要给出去**”，愿意分享，而不是自己一个人独大，愿意把机会给年轻人，扶持后来者，出发点是为了整个行业做得更好，这是美德。

因“鹅”而出的美德

历史上有两段关于鹅的故事很有意思。

说到鹅，你会想到什么？我一年级学的第一首诗就是骆宾王的《咏鹅》：鹅鹅鹅，曲项向天歌。白毛浮绿水，红掌拨清波。骆宾王才华横溢，这首诗是他的成名作，他还因此被大家称为神童。他7岁的时候在溪边玩耍，看到鹅后，身旁的大人知道他有才华，就让他即兴作诗，于是写了这首流传千古的《咏鹅》。

骆宾王生活在武则天的时代，当时武则天执政时，有个叫李敬业的要伐武起义，这人身边有一位同僚，就是骆宾王。骆宾王当时写了一篇檄文声讨武则天，这篇文章在民间大为流传，传到了武则天的殿上。武则天让太监读，身边的人都战战兢兢不敢读，谁敢出声啊，看看里面写的，说武则天“杀姊屠兄，弑君鸩母……人神之所同嫉，天地之所不容……一抔之土未干，六尺之孤何托……请看今日之域中，竟是谁家之天下！”赤裸裸地骂武则天杀姐妹兄长，连自己的儿子和母亲也不放过。看看这天下，现在谁是主人了，有没有王法了！在小心翼翼地读完之后，所有人都伏跪在地上，等待着皇上发威，看看如何处置这些乱臣贼子。没想到武则天听完之后拍手称快，大笑几声还连鼓了好几下掌，然后说：“这篇文章铿锵有力，言辞犀利，节奏紧凑，如此这般有才之人竟然流落在外，实在是宰相的罪过啊！”什么？老虎今天不发威？竟然还赞赏骂自己的人？真是有生之年“活久见”（流行语，意思是活得久了才能看到的景象）系列。

其实，了解武则天的人就不奇怪了，这是她人生中很典型的一段美谈。武则天惜才爱才是出了名的，即使你是敌人，我也肯定你的才华，肯定你而后再打败你，何等的君子气魄。

唯才是举是美德，武则天在这一点上，让人叹服。

另一个故事的主角，是我们从小就在影视剧中认识的那位脸黑黑的、额头上有一个月牙儿的包拯。包拯铁面无私，正直公正，被老百姓称为青天大老爷。有他在就没有冤屈，有他在就有公道在。包青天断案的时候，不止审人，曾经还审过一只鹅呢！你没看错，就是“曲项向天歌”的鹅。

话说有一次包大人路过乡间，发现有两队人正在争执，一队人是当地乡绅大户，一队人是种地农民，辩论原因是在争抢这只鹅到底是谁家的。公说公有理，婆说婆有理，都言之凿凿的样子，一时还真定不下来。包大人想了想，竟然语出惊人地说：“你们都回去吧，今天不审人了，我今天审这只鹅。”大家都惊呆了，到底葫芦里卖的是什么药？说话间包拯就把鹅带回了衙门，没人知道为什么，怎么审。第二天就升堂了，这两队人都来到衙门里，对簿公堂。包大人这次不走寻常路地在大堂上喂着鹅，还咿咿呀呀地说起谜语来，众人在旁是面面相觑哑口无言。就这样打了一会儿哑谜，包大人说：“我知道了，鹅的主人是种地农民张三家的。”

大家很不解，都问大人你是怎么知道的，你怎么能判断呢？这时包大人拿来一张纸，这只鹅就在纸上拉起粪便来。谜底终于揭晓了，原来包大人是依靠粪便颜色来判断的！包大人说：“李四家在城里，鹅吃的必然是稻谷，拉的屎应该是黄色。而张三家在乡下，鹅放养在田野，吃的是青草和沙石，这只鹅刚才拉的屎是青绿色，还有小沙石，显然是张三家的。”众人哗然，农民张三家直叩头喊感谢青天大老爷，而乡绅大户李四呢，只得沉默不再申辩。

包大人不愧是青天大老爷，在这个案子中可以看出，他从不畏惧强权，不按身份地位评判，事情发生时只追求道义公正，当官有这等贤德，实为美德呀！千百年过去，武则天和包拯的这两则故事依然被人们记住，是他们的美德使他们名垂青史。

感情是个闭环

我有一位女性朋友，漂亮，情商高，很多男生喜欢她，但她还没决定要跟谁发展成为稳定的关系，于是她周旋于每一个人的关系之中，享受着每一个人追她的感觉。今天可能是男一号送花，明天男二号送表，后天男三号送包，无聊时有人请吃饭，回家有车送，甚至收下了男生送的名牌包包礼物，拿去卖二手换现金。

女孩子可以享受单身，那种享受是建立在尊重自己和他人独立人格的基础上，洁身自爱，享受自由并绽放自己的魅力，而不是享受在这种被追求被包围的感觉当中，任意消费别人的感情，只为自己快乐有面子，我认为这是很不可取的。拥有这样的品性，就没有理由要求你未来的另一半对你忠诚坚贞，对家庭一心一意。

在我心中，爱情、婚姻和家庭是至高无上的，神圣的，纯粹的。你可能会觉得那是因为你还没有成家，真的成家了，你就知道柴米油盐的生活不容易，不是镜花水月的感情那么简单。那为什么不能简单一点呢？最开始就抱着复杂的心态对待感情，是不会拥有纯净真切的生活。真诚就像一台复印机，你对它按下的按钮是真诚，它也必然回馈你真诚；你对它按下敷衍，它也必然敷衍你。

八姐＆思媛小思考：

1. 父母是原件，孩子是复印件，八姐给我的美德的遗传对你有什么启发呢？

2. 上面的故事对于身处职场的人也同样受用，你有什么启发呢？

3. 美德体现在大事上，也彰显在细节处，对你有什么启发？

八姐诗词分享

临江仙·送钱穆父

苏　轼

一别都门三改火，天涯踏尽红尘。依然一笑作春温，无波真古井，有节是秋筠。

惆怅孤帆连夜发，送行淡月微云。尊前不用翠眉颦，人生如逆旅，我亦是行人。

译文：

自从我们在京城分别一晃又三年过去了，远涉天涯你奔走辗转在人间。相逢一笑时依然像春天般的温暖。你心如古井水不起波澜，高风亮节像秋天的竹竿。我心情惆怅，因为要跟你连夜分别。送行之时，云色微茫月儿淡淡。不要端着酒杯愁眉不展了，人生在世就是一趟艰难的旅程，你我都是那匆匆过客。

读了这首词，我很感动，想到词里分别的情景，甚至有点要落泪。

这是苏轼写给他好朋友钱穆父的词，一别都门，我们一晃三年不见了，朋友因为做官，天涯海角地行走，从这边到那边，但是你仍旧没有改你的气节，还是那么高风亮节。虽然我们分别这么久，但我们的友情不减，我看到你笑的时候像春天般的温暖。

苏轼这是惜故友，称赞自己的朋友，但是马上话锋一转，心情惆怅，他们刚见面了却马上要连夜出发，当夜又要分别了。在送行的晚宴上，歌女皱着眉头，苏轼说不要皱着眉头，人生如逆旅，就像一趟旅程，我们都是过客。

读到这里我也想到，我自己也是一直在外乡，从北方到杭州，我亦是行人，这首词说到了我心里，所以这首词让我很感动。

所有诗人中，我最喜欢苏轼，他一生66年中总共创作了近万篇作品。他是文学与艺术两栖的天才与全才。在诗歌领域，他和他的弟子黄庭坚并称“苏黄”，被认为是宋代诗歌最高成就的代表；在词方面，他和南宋辛弃疾并称“苏辛”，被认为是豪放派的开创者；在散文方面，他和他的老师欧阳修并称“欧苏”，是宋代散文最高成就的代表；在书法上，苏、黄、米、蔡北宋四大书法家他排第一；在绘画方面，他和表哥文同被认为是北宋湖州竹派的代表人物；在哲学方面，他是北宋蜀学的代表人物；在史学方面，他也颇有见地。

在以上任何一个领域达到顶尖，是多少人穷其一生都无法达到，有少部分名人是兼而有之，但苏轼是各个领域的全才。如果苏轼生活在现代，我一定会爱上这位大才子，哈哈！

席慕蓉给女儿的信

席慕蓉，当代画家、诗人、散文家。台湾师范大学美术系毕业，1966年在比利时布鲁塞尔皇家艺术学院完成进修，获得比利时皇家金牌奖、布鲁塞尔市政府金牌奖等多项奖项。代表作《七里香》《无怨的青春》等。我挑选这封信分享给大家是因为：这其实是席慕蓉的女儿写给妈妈的一首诗，看看稚嫩的孩子写的话语，可爱又那么贴近生活，平凡的感动让人泪目，席慕蓉有感而发写下这些文字，是细腻的甜甜的母女之间的爱。

我的女儿

我女儿刚送来一首诗，我念给你听，题目是《妈妈的手》

婴孩时——

妈妈的手是冲牛奶的健将，

我总喊：“奶，奶。”

少年时——

妈妈的手是制便当的巧手，

我总喊:“妈，中午的饭盒带什么?”
青年时——
妈妈的手是找东西的魔术师，
我总喊:“妈，我东西不见啦!”
新娘时——
妈妈的手是奇妙的化妆师，
我总喊:“妈，帮我搭口红。”
中年时——
妈妈的手是轻松的手，
我总喊:“妈，您不要太累了!”
老年时——
妈妈的手是我思想的对象，
我总喊:“谢谢妈妈那双大而平凡的手。”
然后，我的手也将成为另一个孩子思想的对象。

念着念着，只觉哽咽。母女一场，因缘也只在五十年内吧!其间并无可以书之于史，勒之于铭的大事，只是细细琐琐的俗事俗务。但是，俗事也是可以入诗的，俗务也是可以萦人心胸，久而芬芳的。

世路险艰，人生实难，安家置产，也无非等于衔草于老树之巅，结巢于风雨之际。如果真有可得意的，大概止于看见小儿女的成长如小雏鸟张目振翅，渐渐地能跟我们一起盘桓上下，并且渐渐地既能出人青云，亦能纵身人世。所谓得意事，大约如此吧!

第九章

情绪小怪兽

掌控自己的情绪，就能掌控自己的人生，
掌控别人的情绪，就能掌控别人的人生，面对孩子的情绪，
拒绝“惯着、哄着”，要孩子从小学做情绪的主人。

曹八姐是我的灭火器

一个人在事业中，若能有“走到哪里，客户就跟随到哪里”的魅力，那真的是莫大的认可和荣耀了，我的母亲曹八姐就是这样的人。

在八姐开美发院的那些年，很多顾客都说：“只要来过八姐的理发店，都不愿意再去其他家了，因为八姐是周边所有理发店老板当中，最不带有色眼镜的一位。八姐不看你在当地是否有身份地位，是否有钱，或者穿戴如何，她对所有人都一视同仁，不管多忙，不管有多少人排队，她对待每一个顾客都像对待第一位顾客一样。”八姐人品好，大家都敬重她，愿意和她聊天、说心里话。这样的八姐使得顾客都成为她的忠实粉丝，有时赶上八姐不在家，顾客会一直等她。一个月、两个月，头发都长得很长了，也不愿意去其他理发店。

有一年冬天，临近春节时，家家户户、男男女女都出来做新发型，迎接新年。我在外上学，店里只有八姐和一个小工，屋子里在等位的顾客有近十人，在小小的理发店里面，大家都围坐在一起，讨论着过年准备年货，换新发型，或者看着电视节目，笑声满满的气氛。这时，突然有一位女士推开门，怒气冲冲地走进来，寒冬里零下十几摄氏度，连门也顾不得关，站在门口叉着腰就问：“你看你给我做的什么发型，这头发一点都不好看！”八姐看了一眼，赶忙先检查头发，看是否真的是自己把她的头发烫坏了。在确认自己没有犯错误之后，她温和地说，“烫卷发，三分靠烫，七分靠打理，做完发型，头发不可能一直都保持当下的样子，建议你每次洗完头发后，喷点定型喷雾打理一下。”很显然，这位女士没有打理头发的经验，顶着一头的卷发，不梳头也不喷发胶就找来了。八姐依旧很耐心地告诉她打理头发的步骤，可她完全不听，不依不饶的，好像理发店是供她发泄怒气的出口似的，她用食指指着八姐：“这弄的是什么发型？我不满意，不喜欢！”当时屋子里面有一些顾客是认得她的，知道这个人也是有名的胡搅蛮缠，都劝着说，“这头发打理打理就好了，也没有烫坏，发质还是不错的”“是啊，八姐做头发都细心”，但她依旧盛气凌人，有一种“老子来消费，我就是王，你只是给我服务的，没有服务好我不开心”的感觉，完全没有礼貌，更别说人与人之间的尊重了。

也许是受小时候看的电视剧《还珠格格》的影响，全民少女都崇拜小燕子，她总是那么充满正义感，遇到不公平的事就会出头伸张正义。所以在我的心里一直有一个闭环逻辑：遇到坏人就要回击，你不惩治他，他还会去害下一个人，这不是纵容坏人了吗？十几岁的我回家后听说这位顾客这么嚣张，还把八姐气哭了的时候，我就扬言一定要报复她！甚至想立刻冲出家门去找她！

而在我每次怒气上来的时候，八姐总像灭火器一样适时地压制我，面对我阐述的“闭环逻辑”，她也跟我说了一个她的闭环逻辑：“别人做错事→惹你生气→别人不一定因为你生气而改正错误→你更生气→你心情会不好→严重点会气得吃不下睡不着→甚至会气出病来。这就太不值得了！并且，生气是拿她的错误惩罚你自己，可不要做这种糊涂事。”这才是理性的逻辑！我消化了好一会才压住我的年轻气盛，之后渐渐冷静下来，人在情绪下会做出的事情往往都是负面的，若把情绪的野兽放出来后果难以预测，八姐总能在关键时刻做对的事情，我看到她的豁达同时也制止了我，这种能快速转换情绪的能力，价值千金。

生气，是拿别人的错误惩罚自己。这句话是出自谁，有两派意见，有人认为是爱迪生，有人认为是诗人康德。

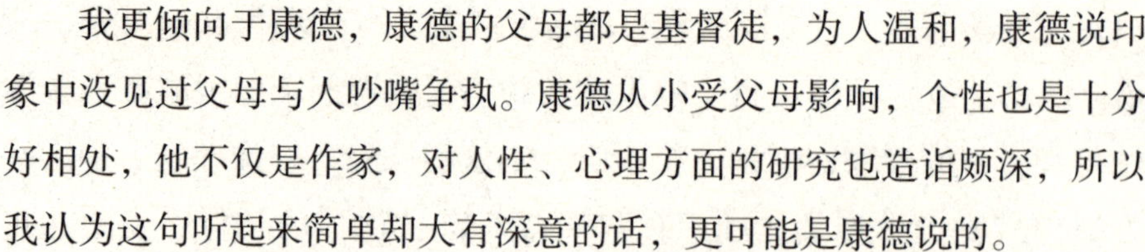

我更倾向于康德，康德的父母都是基督徒，为人温和，康德说印象中没见过父母与人吵嘴争执。康德从小受父母影响，个性也是十分好相处，他不仅是作家，对人性、心理方面的研究也造诣颇深，所以我认为这句听起来简单却大有深意的话，更可能是康德说的。

王小波说过一句很扎心的话，**“一切痛苦，本质上都是对自己的无能的愤怒”**。古往今来，有很多哲学家都曾经提出过对于愤怒的看法，在哲学家的眼中，这是一种限制人类发展且最没有效用的情绪。所以我们在愤怒的同时，应该在此基础上，首先学会自己思考。人究竟因何而愤怒？如果进行一定的思考之后，就会发现当时我愤怒一部分原因是来自对生活的不满意，对自己的不满意，我不希望妈妈那么辛苦，我希望自己有能力让她可以不工作享清福，我受够了她那么忙碌，自己抚养我长大，我渴望快速改变生活现状。愤怒的所有原因其实都可以归到自我身上，那么，自己对自己的这种情绪就更是没有必要了。

丹顶鹤事件

小学时，我十来岁的样子，当时我们住在西柳一个学校院里，我很喜欢和邻居家的孩子一起玩，院子里有假山、草坪、花园等很多景观，尤其是还有两只彩色的假的丹顶鹤。丹顶鹤的腿是一根很细的铁丝，上半身身体是空的，只是装饰并没有承重能力。我和那个孩子就喜欢爬丹顶鹤，总想着骑在它身上。现在想想好后怕，幸亏它很高，我们没有成功，那么细的腿，如果一下子压垮了丹顶鹤，铁棍很容易扎到身上，后果将不堪设想。

记得某天黄昏，夕阳是金色的，洒在花坛里，五颜六色的花好像镀上了金粉，好美，我和那个孩子又活络起来了。一会在草坪上狂奔，一会儿采一朵花，一会儿爬丹顶鹤。学校的管理员是位老大爷，看见我们两个破坏公物，追着我们满操场地跑，想逮住我们两个捣蛋鬼。我俩看有人追更兴奋了，嗷嗷地跑，撒野地跑，绕着大花园跑，就是抓不到我们，哈哈哈。大爷累得气喘吁吁，大喊“我告诉你妈！”后来他在台阶上坐了好大一会儿就回去了。虽然在大爷面前捣蛋威风得很，但那天晚上回家前还真是把我吓坏了，我猜大爷肯定告诉八姐了，我把老人家气成这样，回家免不了一顿胖揍，八姐会扒了我的皮吧！回家后，我翻箱倒柜把冬天的棉袄都翻出来穿在身上，我想着今天是闯了大祸了，妈妈肯定会打我的，我还贼机灵，把毛衣穿在夏天衣服的里面，防疼的，不让我妈看出来。

那天晚上我真是惊恐万分，心情好紧张，不敢看八姐，怕目光相撞她就会问我这件事。但出乎我意料的是，她并没有打我。八姐先是告诉我那么做很危险，丹顶鹤的腿会伤到我，并且以后不许踩草坪和摘花朵，花儿也只有一次生命，要让它开得灿烂。接着，八姐告诉我不能那样对待学校的大爷，他年纪大了，几圈跑下来吃不消的。最后，她要求我明天必须要跟他道歉。

现在想想，那时候八姐这种一连串的话语以及处理的方式真的是太有智慧了。长大后我问过八姐为什么没打我，她说：“当时我在想，你踩草坪和对待大爷的方式是不对，我要告诉你正确的做法。但是，孩子淘气一些怕什么呀？淘气至少证明孩子是健康活泼的，童年不就是要放开在天地间玩耍吗？跑跑闹闹，这是孩子的朝气，我不希望你放学只是在写作业，上补习班，预习功课这一套流程。德性应该是第一位的。我常记得李清照这个人，她是千古第一才女，大家闺秀，但是你知道吗？她还喜欢喝酒呢。尚在少女时代时，有一次在家附近玩耍，当时有一幕她日后回忆写的是‘**常记溪亭日暮，沉醉不知归路**’，她形容自己都玩到太阳下山了，玩得入迷了，以至于都忘记了回家的路，这种少女时代的记忆真美。你玩得那么开心让我想到李清照，这多可爱啊！”

这就是看书的智慧，曹八姐看书，在书中读到了这样的情节和故事，并且记住，然后转化成生活的智慧，实际用到我的身上。这不是一般人能做到的。有些孩子在小时候很淘气，让父母头疼得很，觉得这孩子“三天不打就上房揭瓦”，提起孩子，嘴边的话就是“一提起这孩子，我就气不打一处来”，然而有智慧的父母会把孩子的淘气和自己的生气转换成生活的小情趣，还能在淘气中教育孩子呢。

吓一跳！生气的危害

生气，真的会带来很多负能量。当你生气的时候，你的言语、行动不仅会使事件恶化，更重要的是危及你自己的身体健康。常生气的人：

1. 会加速衰老，尤其是女生，生气是非常影响内分泌的一种情绪，会导致皮肤血液中的氧气减少，毒素增多，产生沉淀，皮肤出现斑点或者皮肤暗黄暗沉。所以女人幸不幸福、快不快乐，从脸上就能看出来。

2. 我们常听说心梗一下子就过去了，一个人处于过度激动的情绪当中，会导致心脏血液流动的速度比平时快很多，心脏的负担大大加重，出现心肌梗塞或者是心绞痛情况。

3. 生气的时候人体的甲状腺所分泌的激素会增加，导致内分泌系统紊乱。如果长期生气又不知道排解，还有可能引发甲亢。

4. 生气还有五大“伤”：伤肺、伤肝、伤肾、伤胃、伤肠！

生气时，人呼吸急促，容易肺胀、气喘咳嗽。处于气愤愁闷状态时，肝气不畅、肾气不畅，易致闭尿或尿失禁。气性大了则茶饭不思没有胃口，生气时肠道在紧缩，还容易造成便秘，导致胃肠消化功能紊乱。

太可怕了，生气竟然有这么多危害，真是太不值得了！

当然，我们说的不生气不是要你凡事都忍着，暗地生闷气，而是要尽量做到不动气，毕竟生活中完全没有可生气的人和事也是不现实的。如何处理，那就要看你怎么对待情绪，管理你的情绪，而不是让情绪操纵你。《三国演义》中的周瑜就气性太大，临死的时候还高喊一声：“既生瑜何生亮！”嫉妒诸葛亮的才华。但其实，周瑜风流倜侻，有谋略，如果当时他能管理好情绪，处理好情绪，也许他的人生又是另一番景象呢。

有一句话说得好，**控制情绪的能力，决定你的生活品质**。我相信很多人都听过这句话，但是很多人都不会运用到生活中，但八姐做到了，她把知识转化成智慧，并运用在对我的教育上，真的值得为她鼓掌喝彩！

李敖和余光中

有人问余光中："李敖天天找你茬，你从不生气也不回应，这是为什么？"

余光中沉吟片刻答："天天骂我，说明他生活不能没有我；而我不搭理，证明我的生活可以没有他。"

六尺巷传奇

这是一段广为流传的佳话，至今在安徽省桐城市的西南一角，还保留着一条巷道，两端立石牌坊，牌坊上刻着"礼让"二字。

这个故事发生在清朝康熙年间。桐城人张英在京城做官，官居文华殿大学士兼礼部尚书，这是相当高的官位了。他在京城，家人在老家桐城修宅子，隔壁邻居是一大户人家——叶府，主人是张英同朝供职的叶侍郎。两家人在修院墙的时候发生争执，都很生气，谁也不肯退后一些，都想多占点地盘。张老夫人写信送给儿子张英，想让儿子出面解决。张英见信却哈哈大笑，回复老夫人四句话："千里家书只为墙，让他三尺又何妨？万里长城今犹在，不见当年秦始皇。"意思是这么大老远您老人家给我写信就为了堵墙？秦始皇倒是厉害呀，他修了万里长城够长了吧，他老人家今儿个也不在了，也享用不到了呀，争这个干什么，让他三尺又能怎样呢？于是，张老夫人令家丁后退三尺筑墙。叶府看了很受感动，命家人也把院墙后移三尺。从此，张、叶两府消除隔阂，成通家之谊。

面对情绪和生气，处理好了就是喜剧，处理不好就是悲剧。希望看到本书的你在生活中时刻都能拥有不生气的智慧。

八姐＆思媛支招：

1. 你过去是否常常为别人的错误生气？那么开始运用八姐的“闭环逻辑”吧，你会发现，真的就像灭火器一样好用。

2. 当你的孩子有情绪时，可以用本章的小故事来影响他。

3. 好的情绪能伴随好运、伴随好的人生，若是爱发怒的朋友，不如就用这句话做手机桌面，或贴在家里醒目的地方提醒自己。

八姐诗词分享

过故人庄

孟浩然

故人具鸡黍，邀我至田家。
绿树村边合，青山郭外斜。
开轩面场圃，把酒话桑麻。
待到重阳日，还来就菊花。

译文：老友备好了饭和烧鸡，邀我到他朴实的田家里做客。村子外边是一圈绿树环抱着，郊外是翠绿的小山包。推开窗户迎面是田地场圃，把酒对饮闲聊着耕作和桑麻。我想等到九月重阳节的那一天，再来一次来品尝菊花酒好啦！

孟浩然是大诗人呀，大家都应该知道他的那一句“春眠不觉晓，处处闻啼鸟”。不仅后人喜欢，诗仙李白也是他的粉丝，李白写过《赠孟浩然》，开头第一句就是：吾爱孟夫子，风流天下闻！如此直白的表白，可见对他是相当喜爱了！

这首算是田园诗里风华绝代又很贴近生活的，为什么这么说呢？他首先写大家聚在一起宰鸡、烹酒，故人来了很是热闹的气氛，很接地气，让我感觉也很熟悉很亲切。小时候我也过着诗里的这种生活，跟孟浩然与老友相聚这天的情景一样，我家里后面也是山，院子里也有树，天气好的时候以及过节的时候，也会邀请亲戚朋友来。家里的男人们在院子里把酒聊天，女人们做面食，聊着、吃着真惬意啊！诗中最后也说“待到重阳日，还来就菊花”。就是说重阳节的时候我还来跟你们一起品尝菊花酒，这是一种约定。我们家里也是这样，都会约定一个日子再相聚。诗中的场景，真是太熟悉太贴近生活了。

想想从小在大山里面长大还真是幸运，有在天地之间生活的感觉，就像这首诗说的“青山郭外斜”，村庄里面树很多，一棵一棵栽种的，画面很美。

分享这首诗，我也想提醒大家，里面提到的“待到重阳日”，重阳节也是老人节，呼吁朋友们离家不是很远的，可以跟长辈，比如爷爷奶奶、姥姥姥爷一起吃顿饭，我想这对老人来说是最好的礼物。

就像周杰伦《外婆》的歌词说的：他要的是陪伴，而不是六百块。陪家里的老人聊聊天，看电视的时候不要玩手机，把它放一边儿吧，让手机也休息一下。希望大家能做个孩子，做个学会陪伴的人，我想这是你在忙碌之余值得珍惜的温情时刻。

第十章

第一位老师

一位好母亲抵得过一百位教师，推动摇篮的手，
就是推动世界的手，你这双手，
决定为你的家族后代增光添彩出怎样的世界？

曹八姐是我的常青藤教授＆镜子＆慈善先锋

前段时间有一则新闻被大家疯狂转发，是一个女生在地铁上拍的一段视频。视频的一开始，一位母亲一直在打她大约四五岁的孩子，用脚去踹孩子，生气地喊："你怎么这么不懂事，怎么这么不听话，为什么不听我的话？"孩子被她踹来踹去哭得很响，看着很是可怜，于是大家在下面纷纷评论说，这是亲妈吗？这该不是人贩子吧？我们要人肉她，一定要惩罚她！每个人都振振有词想要对她进行审判。

后续的视频接着被放了出来，拍视频的女生走上前问这位母亲："你为什么打孩子？他是你的孩子吗？"这位母亲一下就崩溃了，坐在地上大哭起来说："这是我儿子，弄丢了5块钱，我已经没有钱了，这5块钱还是准备我们娘俩晚上吃饭的，现在没饭吃了，我也不知道该怎么办了，我太生气了，儿子丢了5块钱，我让他不要玩钱他非要玩，为什么不听话……"她越说越崩溃，哭肿了眼睛蹲在地上。了解了事情的原委，网友又改了台词，纷纷在底下留言说，"哎，还是有钱好""穷人真不容易""哎，又能怪谁呢？都是贫穷惹的祸"。母亲因为5块钱在地铁站里发疯失控地打孩子，不知道这件事情会不会在他的记忆当中留下印记。只是在看这则新闻的时候，我想到了我还是孩子的时候的一次丢钱的经历。

有一次我丢了100块钱，这是我在学校住宿时的伙食费。发现之后我诚惶诚恐，非常焦虑，因为身边的朋友丢了钱，家长都会责怪他们，甚至还免不了一顿胖揍。我很心疼这100块钱，充满了负罪感，觉得自己闯了大祸，陷入了深深的自责当中。为什么我这么没用？我怎么会把钱丢了呢？于是我在QQ上发了一条信息，说今天我把100块钱丢了，我真是没用，烦死了，心情不好！发完之后我就去上课了。过了一个上午，我同学说："我看到你妈今天给你的留言了，你妈说得好好哦，你妈妈真善良。"我赶忙掏出手机，看了一下我妈妈的回复。妈妈的留言让我如沐春风，被温暖包围着，她说："没事的，也许这100块钱不知道被谁捡到，正好帮助了一个需要帮助的人呢？"我的朋友在下面给我妈妈回复：阿姨，你真是个善良的母亲。

她真的了不起啊，用一句话瞬间把我的失误掩盖了过去。她不埋怨、不抱怨，没有责怪存款不够用，更没有生气我粗心大意，而是想到也许钱会被有需要的人捡到正好帮助了他。这是一种何等的爱，何等的宽容啊！

在这件事情中，我学到了以后如果我的孩子丢钱了，怎么用一句话就能扭转事态的智慧。全世界的最高学府是常青藤联盟八大院校，有哈佛大学、宾夕法尼亚大学、耶鲁大学、普林斯顿大学、哥伦比亚大学、达特茅斯学院、布朗大学及康奈尔大学。都说母亲是孩子最好的老师，在我心里我的母亲不只是老师，她甚至是我的常青藤八大学院的联合教授。她很多的思维和行事方式，不单单是有知识有文化就能做得到的。

母亲理解孩子的心理真的很重要，记得有一个小学男孩自杀的时候在作业本写下了一句话：妈妈我太累了。他的妈妈看到一定很崩溃、很后悔。

在回忆我和妈妈之间的种种时，我无数次觉得，这个要讲，那个要写。父母是原件，孩子是复印件，我很幸运有一位智慧的母亲在紧要关头总能有与众不同的处理方式，那么恰到好处，真的太值得记录下来，比如下面这件事情。

镜子

从11岁开始，在近十年的时间，我一直都生活在一个叫作金矿的四面环山的镇子里，顾名思义，这里的山是国家开采黄金的矿山。这个镇子里面只有两三百户人家，人口不过5 000左右，最常常见面的也就是周围邻居几十户人家，生活圈子里的人都脸熟。

那时候的我每逢周日就喜欢和女同学一起，各自拿着一盆衣服去小溪边洗衣服，我们会在河里洗头发，水很清，甚至可以直接喝，没有任何杂质，刚洗过的衣服都带着清香。在夏日，一个午后就全晾干了。家后面的院子有我妈妈种的黄瓜、葡萄、小西红柿，玩累了，随手就摘来吃。那个时候没有手机，没有电脑，出去玩就真的是在田野间玩，在天地间玩。长大后回忆起来我真幸运我在乡村里长大，那种天地间的快乐无与伦比，是城市花再多钱也得不到的。所以我决定，以后我的孩子在暑假时候一定把他送到山里的亲戚家，让他感受这种田野间的快乐。

那时候，在我这个孩子看来，每一个人都很淳朴、很简单的。然而中学时，有一次周末我去邻居小蕾家，却打破了我的这种想法。小蕾的妈妈很“神奇”，是位不怎么出门却事事都“门清”阿姨。我家做理发店人来人往消息多，所以阿姨一直跟我打听我家来往的顾客的情况。我很诧异，这位阿姨竟然对我们孩子的学习不感兴趣，反而把我当成大人问起大人的事，我倒是很乐意回答，正准备摆出大人的姿势谈事情了，然而她的问题我竟然一个也答不上来。她问我：“你知道××家的那个女的出轨了吗？听说和别人跑了，她老公现在到处找她都找不到呢，她不是经常去你家做头发吗？最近有去吗？你听没听她说什么呀？”这一连串的问题，比王熙凤第一次见林黛玉问得还急呢！我错愕不已，完全愣住了，被打回孩子的原形了，对于这十足的“大人”问题，对于我来说显然是“超纲”了，回答不了。

看我不知道，阿姨马上起劲儿了，一边吃着一颗大苹果，一边眉飞色舞地跟我描述着，小蕾也配合着，现在回忆起来，母女俩真应该去学学说相声呢。她们说这个女人扔下老公和孩子，和某个人私奔了，原来在我们当地已经造成了轰动，只是我们这些孩子不知道。她讲得绘声绘色，越讲越起劲，整整跟我聊了一下午，不止这些，还说了许多其他家庭的情况，有的我不认识，但阿姨依然兴致盎然。

当天晚上回家之后，我迫不及待地问八姐："那位常来的阿姨最近怎么样了？我在小蕾家听她妈妈说，她好像跟别人跑了？"我很八卦地打听着，然而八姐却一点反应都没有，仍在低头听新闻，手里做着她的事。我继续说："这么大的事情你竟然都不知道吗？"终于，八姐慢慢抬起头说："我早就知道了，这有什么好说的。"我说："天哪，这么大的事情你竟然没告诉我。"她很镇定地看着我说："这是很大的事情吗？这与你无关，也与我无关，这是他们家的事，我们闲谈莫论人非，不应该讨论别人的私事，也不应该评价别人。"

"闲谈莫论人非"，你可能会觉得，生活中会说出这样文绉绉的话吗？千真万确，八姐当时就是这样回答的。接着她还说："你阿姨她把我当知心朋友，这件事是跟我说过，我也答应她不会告诉任何人，所以我不会告诉你，而且，**守住别人的秘密就是守住自己的品格**。"八姐这样说完之后，我感到我们之间产生了一种强烈的对比，就好像在照镜子。她是那么淡定，从容有姿态，这个我每天相处的人，我这么熟悉的人，总能有更多的高尚的地方不断被发现，她曾说"**女人应该做一本书，慢慢看，细细品，越到后面越精彩**"。显然她已经是了，而我竟然兴致勃勃地跟别人学来了打听八卦的伎俩。那一刻觉得自己还差得太远了，妈妈在我面前的形象又更高大了起来，让整个屋子有一种蓬荜生辉的感觉，而我自惭形秽。

慈善先锋

2008年5月12日这一天，发生了汶川大地震，我和八姐每天都守在电视机前关注时事动态，看着解放军战士们一天一天救出更多的人而欣慰，看着电视上的伤亡人数一天天增多而难过，看着骨肉分离的悲伤故事而心碎，那段时间每天都要哭好几次，并同时感叹能够在平安的地方生活，没发生这些事情，是真的应该知足和幸运啊！甚至有一天我做梦梦到我们家里地震，妈妈被埋在房屋下，我不顾一切，双手用力地刨房子倒塌后的砖瓦，一双手都是血地惊醒过来。

有一天，地税局工作人员来我们家的美发店收税，交完该交的费用后，他象征性地问了一下："现在汶川地震，你要捐款吗？"问完这一句，还没等我们回答，他马上加了一句："不捐也没事，我们就是问一下，这是自愿的。"说完就准备往外走了。八姐立刻跟话说："捐，当然捐啊！"然后她到钱包里拿钱。地税局的人反而愣住了，用不可思议的眼神看着曹八姐。我清楚地记得那个情景，他们都没想到一个经营着美发生意，剪一次头发只有5块钱的小老板娘竟然愿意给地震灾区的陌生人捐款。八姐捐了30块钱，金额不大，可是据地税局的工作人员说，一般商户只会捐三五块钱，这已经是我们整个镇里个体户捐得最多的了。

捐款之后我们都很高兴，自己好像奉献了一份力量，都说给予比得到更快乐，在这一刻我的确感受到了。

第二天上学的时候，老师号召我们给地震灾区捐款，我趁午休时间飞快地跑回家，和妈妈说这件事情，并且说我要捐得比你多，我要捐50可以吗？八姐毫不犹豫地又给我拿了50块钱，要知道平时我跟她要两块钱的零花钱，她都会考虑一下呢。我拿着这笔巨款飞速地跑回学校交给老师，然后就回到了座位。

第二天上学的时候，学校门口挂了一块大红布，上面写着捐款人的名字和金额，我赫然在列排在第一名！

张思媛——50元！

我好骄傲好自豪，同学们都知道我家里的条件，在班里面算是比较不好的，平时很少买零食，但是我捐款的金额却是最多的，老师表扬了我，我很自豪。回家以后我和八姐都高兴极了，我们甚至想，这个钱也许会到一个小女孩的手里，她会用它买一件新衣服；也许它会到一个小男生的手里，他会用它买一个皮球；也许它会到一个老年人的手里，他会用它买一床新被褥……总之，只要能送到有需要的人手里，我们想想都觉得好开心啊，那种富足喜乐和精神的丰盈，让我们都感到很满足。

在做慈善这件事上，妈妈是我的启蒙老师，是我的榜样。正是她的启发，给我种下了做善事的种子。

这个后妈不一般

别被影视戏剧妖魔化了，今天我要为“后妈”这个角色正名。

你认为一个失去妈妈后性情大变、叛逆的小男孩会和后妈之间发生什么样的故事呢？在被所有人都不看好不喜欢的生活里，他能改变命运成为了不起的人嘛？听起来似乎太难了。

有一位后妈，她用一句话温暖了一个小男孩的世界，改变了他的命运。 这位小男孩是美国著名成人教育之父、人际关系学大师戴尔·卡耐基。

小时候，戴尔·卡耐基的亲生母亲过世，失去了母亲的关爱，和父亲的关系也很一般，他变得很调皮叛逆，在村子里面是出了名的淘气。九岁那年，他父亲迎娶了他的继母进门。他的继母来自一个不错的家庭，受过很好的教育。第一天，他的父亲就向他的继母介绍卡耐基说：“亲爱的，你可要注意，这个孩子是全村最调皮的，说不定明天他就会拿石头打你窗户，你可要小心，别让他做出什么坏事来。”没想到，继母却走到他身边，摸摸他的脸蛋说：“我看你说得不对，他可不是全村最坏的孩子，依我看他是全村最聪明的孩子，只是还没有找到可以把热情释放出来的地方。”在此之前，从来没有人夸过卡耐基聪明，从来没有人看好他。这一句话，让小小的卡耐基感动得眼泪落下来，从此和继母之间建立了良好的关系。

14岁那年，继母送了他一台打字机，并且说：“我相信你会成为一名作家。”当一个人内心感受到爱的时候，才会发生发自内心的、持久性的改变，卡耐基感受到继母的爱，就把自己的热情都放在打字机上。果然，他写的文章越来越好，成年后他创建了成功的“28项黄金法则”，帮助千千万万普通人逆袭成功，他出版了《人性的弱点》一书，自1937年问世以来，至少已被译成近60种文字，全球总销量达九千余万册，成为最持久畅销的人文励志书之一，被称为“出版业的奇迹”。

如果卡耐基的继母也不喜欢他，我想卡耐基不会拥有这样的成功，可能只是拥有一个叛逆的、普通的人生。是继母的力量激发了他的创造力和想象力。果然，孩子的进步源于父母教育方法的进步，同一个孩子，不同的对待就会产生完全不同的结果。

钱学森之母——让儿子成为忠诚于祖国的人

钱学森，他的一生都奉献给了祖国的航天事业，被誉为中国导弹之父，中国航天之父，“中国载人航天奠基人”和“火箭之王”。因为他，中国导弹、原子弹发射的进程，至少向前推进了20年！他为航天事业立下了不朽的功勋！

这样一位能改变一个行业，让整个国家在一个领域提高话语权的人才、伟人，哪个国家不想留住呢？在美国毕业后的钱学森有着丰厚的薪水，可以过着很优质的生活。但他毅然决然决定回国，为了祖国，也为了临行前母亲对他的教诲。

钱学森母亲章兰娟很有智慧，计算能力和记忆力都超强，还有很高的数学天赋，同时，更是一位传统女性，我们来看看她是如何培养儿子的。最主要的一点就是：让钱学森置身于中国传统文化的浓厚氛围中。他的父母认为，任何一个民族的特性和人生观都具体体现在历史中，因此熟读史学的人往往是对祖国感情最深、最忠诚祖国的人。

章兰娟发现儿子天资聪颖，悟性很高，很早就教钱学森识字，据说在钱学森三岁时就已经能背上百首唐诗宋词，并不断地“讲故事”教育孩子，都是关于忠贞爱国的故事，如：岳飞精忠报国，陆游仗剑去国，杜甫忧国忧民，诸葛亮忠于汉业为辅佐蜀国“鞠躬尽瘁，死而后已”等。由于不断的熏陶，在钱学森心里就打下了深深的烙印，内心充满了对中华文化的热爱和自豪，也对先辈们的爱国情怀产生了由衷的崇敬之情！在钱学森从上海交通大学毕业去美国学习，临走前，妈妈给他买了《老子》《庄子》《墨子》《孟子》《论语》等传统文化书籍，要儿子谨记一定带在身边时时阅读，熟读这些书可以加深对祖国传统文化的理解和认识。

这就是母亲的重要性。母亲从小对他的教诲，使他从小在心里种下了爱国的种子，所以他毕业后会选择回国。这不仅改变了钱学森个人的命运，也改变了他们家族的命运，更改变了一个国家的航天事业的命运！

父母是原件，孩子是复印件。

当你沉迷追剧的时候，不要期望孩子主动去写作业；

当你沉迷打牌的时候，不要期望孩子会主动去学习；

当你脏话连篇的时候，不要期望你的孩子是一个有礼貌的孩子。

孩子是模仿他人长大的，他的行为一定会模仿与他最亲近的人。你做什么，他会学什么。真正的陪伴是一起花时间做同一件事情。记得我小时候，当我学新字的时候，我妈妈会放下手里的事和我一起查字典，还会夸我查得快，受到了鼓励的我就对文字很感兴趣，因为在这里我得到了赞赏。同时，一起学习的过程也让我觉得，妈妈是一个爱学习、喜欢接受新事物的好榜样！

所以做好标杆吧，你才是孩子第一位的、最重要的老师！

八姐＆思媛小思考：

1. 上面这几则故事对你有什么启发呢？

2. 你有把孩子全然交给学校教育吗？

记住，对孩子的教育不要只依赖学校、老师，作为父母，你才是孩子的第一个老师，也是最重要的老师。

3. 作为教师的你看了本章的故事，对你在教育学生上有什么启发呢？

八姐诗词分享

冬夜读书示子聿

陆　游

古人学问无遗力，少壮工夫老始成。

纸上得来终觉浅，绝知此事要躬行。

译文：

古人做学问是不遗余力的，往往要到老年才取得成就。从书本上得来的知识，毕竟是不够完善的。如果想要深入理解其中的道理，必须要亲自实践才行。

陆游是特别爱国的一位诗人，他写这首诗的时候，是一个冬日寒冷的夜晚，他还乐此不疲地沉醉在书房。他抱着爱读书、爱学习的情怀，深情地写下这首哲理诗来鼓励儿子。

你看，这首诗开头“古人学问无遗力”，是赞扬古人刻苦的精神，他们的全部精力都用来做学问了，他希望他的儿子也能养成孜孜不倦、持之以恒的学习态度和习惯。你若从少年时就是这种学习状态，一直持续下去，将来必定会有所成就。

后一联“纸上得来终觉浅，绝知此事要躬行”，讲的是你还要学以致用啊，现在很多学校也讲究学问不只在纸上，也要结合实际，就是这个意思。中国人考试很厉害，考国外高校，或者在国外留学的学生考试都很厉害，总能名列前茅。可是实践就会差很多，动手能力很差。所以只有书本知识不行，不能读成书呆子，要学以致用。躬行，就是说把身子都弯下了嘛，自己去体会，亲自去实践，从实际当中产生更多认识。陆游在800多年前就有这种先进的思想传达给儿子，真的很了不起。

黄菡给女儿的信

黄菡，心理学专家，因做客《非诚勿扰》嘉宾主持为大家所熟知。

我挑选这封信分享给大家是因为：本文是黄菡老师写给即将年满18岁的女儿的一封信。面对即将成人的女儿，在充满了爱和疼惜的同时，更多的她想要和自己女儿分享做一个女人的智慧，在当今社会如何独立自强，坚守自己的原则，活出自己独一无二的人生。在这封信里，你能读到黄菡身为“大女人”和“小女人”的智慧。

当你在长大面前踟蹰徘徊（节选）

今年，你十八岁。

你会争辩说，是十七，还有九个月才满十八周岁。

而你，怎么会不愿意被说成是十八岁？何况，十八岁之后你还有另一个挑战。

就像作为一个孩子，作为一个女人也常常会被不严肃甚至轻蔑地对待，你的思想、你的情感、你的选择甚至你的身体。比如，你应该喜爱并擅长清洁、烹调、针线等家务活儿，不然就得有点儿自卑自责；你必须注意穿戴搭配得符合潮流品位，不然就是粗鄙可以被嘲笑指责；体重和胸围必须保持在什么范围……

就像你小学一年级时跟我抱怨，假期里参加了学校的足球兴趣班，不久，老师就劝你退出，原因是班里只有你一个女生，老师带起来实在不方便。所以，你要么永远守门，要么赶紧离开。

就像你这几年的偶尔抱怨，当男同学想要假装成熟世故地结束你们的争论时，他们会轮番使用这样的陈词：好男不跟女斗；跟你们女人说不清，女人都是情绪动物；女人嘛，只要长得漂亮就行，长得不够漂亮就该尽心尽力把自己收拾漂亮。“你只是个女人”这六个字足以否决你方才的处心积虑和别出心裁。

这种不严肃甚至轻蔑，在歧视和打击你的同时，还可能诱发你的压抑和逃避——做女人是有退路的，就在一转念一转身间。

……

但我直觉，唯利是图的商人赚不到最丰厚的利润，以嫁人为己任的女人修不到最幸福的婚姻。有人把女人的职业成就与社会价值当作她们对自己不如意的情感和婚姻生活的替代补偿，这是偏见。

即便被爱令我们有价值感，也只有当我们有价值时才能被爱。若是一个自立尚不能的女人，我们可不可以怀疑，她是把谋生的狩猎或寄居说成了爱情，甚或当成了爱情？

……

长大的路上还有一关。

就像作为一个孩子和女人，作为一个人也常常会被不严肃甚至轻蔑地对待，你的思想、你的情感、你的选择甚至你的身体。比如，你应该在多大年龄结婚、应该跟什么样的人结婚、能不能不结婚、一个孩子都不生或者生上一个足球队，你可不可以不要稳定的收入只要自在地写诗唱歌？你可不可以在温饱或清贫间泰然自若地做一个理想主义者？

你要警惕和反抗这个时代的物质主义的诱导、强势文化的霸权和多数人群对个人意志的镇压和轻蔑。他们会说“你以为你是谁？你以为你能怎么样？你不过尔尔！”他们会在你坚持自己的快乐和幸福时打击你，说你不在意物质就是阿Q精神、自我解嘲、自欺欺人；他们会在你追求高尚和美好的时候打击你，说你的向上向善是矫情虚伪“装”；他们会在你变得丰润坚强的时候打击你，说你清高、不近人情、站着说话不腰疼。

每每有人在我用手机发的微博后面评论道：用的竟然是小米？我能买得起苹果，所以我不在意，如果我真的买不起苹果，我真的不知道还能不能如此不在意。在你长大成人的步履维艰中，在那些打击来临的时候，我不知道你能不能挺得住。

是不是看到了这样不易的前程，你在十八岁面前踟蹰徘徊？

大多数人不缺乏人生道理的教诲，缺乏的是对那些大道理的坚信，总以为自己在成长中可以走捷径。我和你都不属于特别聪颖的人，幸好！那就让我们慢慢来，这过程需要勇敢。如果这是一桩必须自己完成的事，那么就连你在那里独自苦斗，我也只能在一旁默默看着。

我会爱你，我当然希望你是智慧美丽幸运成功的好女孩，但即使你不是，我仍会爱你。这是我们的关系中我唯一能肯定的胜任，也希望这是你在未来不确定的生活中永远能肯定的幸福。

第十一章

女孩初长成

含蓄的中国人对于子女的性教育采取“不提不说不教”，
让孩子顺其自然懂，殊不知这其实是反面教法，
对于美好慎重的“第一次”你可以这样沟通……

曹八姐是我的保护色

在我从婴儿到成年的整个成长过程当中，曹八姐送给过我三句人生锦囊妙计。前面第五章已经讲述过第一句的故事，这一章记录下第二句："玫瑰花的可爱之处不仅在于它的芬芳，还在于她有着保护自己的刺。"

送给我这句话的时候，那年我14岁，开始进入青春期，变得爱美，喜欢追星了，那时候流行超级女声，每一周我们都守在电视前等着看湖南卫视，还偷拿父母的手机给喜欢的歌手发短信支持呢。现在可以爆料了，我差不多十五六岁情窦初开，知道偷偷喜欢班级里的某个男生了。对于身体也有懵懂好奇的意识，一直到初二的生物课上才了解到性知识。面对我的问题，八姐从不会说："小孩子懂什么，长大就明白了，现在好好学习" 这样的话，这是最不可取的沟通方式。殊不知，就是在这种说辞下的孩子最容易好奇，继而过早尝试禁果或者不会判断是非发生危险。八姐在这个时期非常明确地告诉我情况是不对的，什么事情是绝对禁止的，当异性靠近或单独在一起时，做什么事情是要提高警惕的。

关于性，那个学期八姐和我认真谈了一次："第一次一定要慎重，一定要在美好的时刻发生，这个人一定是你以后想起来都不会觉得后悔的人，因为这件事值得你回忆一辈子。" 这件事对于女生来说绝对是人生最重要的事情之一，我很幸运，对这件事很慎重，亦没有遗憾和后悔。拥有这样开明大方的妈妈是我最好的福气，她也曾经历过感情上的欺骗和谎言，按照她的经历，她本应是个抱怨消极的人，但她从不说“世上没一个好男人，小心让男人骗了”这种话。我知道有的朋友在这种言语中长大，不仅不相信男人，还在内心中认为自己就不会拥有幸福的两性关系，甚至性取向模糊，总之对自己的看法很糟糕。可八姐依然告诉我：“爱情很美好，以后你会了解，你也值得拥有最好的幸福，我相信我的女儿一定会很幸福。”长大后，在我了解人性、心理之后对八姐更是佩服得五体投地。也正是因为她的示范，我始终相信爱情，对未来和婚姻都充满期待，不惑、不惧。我们也一致认为结婚是种状态，是愿意选择的一种生活方式，而绝不是因为年龄时间到了就要做的事。

那个学期，她就把这句话贴在了我的文具盒上，她把女孩子比作玫瑰花，女孩子的可爱之处不仅在于长得好看，更重要的是在面对困难挫折，甚至是危险时拥有能够保护自己的力量和睿智。

你知道吗？女性被侵犯的事情每天都在上演，2019年夏天一部印度的电影深得我心，名字叫《一个母亲的复仇》。这是一部有关邪恶、正义和母亲的故事。我特别喜欢这部影片当中的一句话：**神明不会无处不在，所以创造了母亲**。

电影讲述的是一位女大学生和爸爸、继母、妹妹生活在一起，在一次派对中，她被同学绑架到车上，遭到了四个男人的性侵。她的继母很善良，把这个女孩当成自己的女儿一样疼爱，事情发生之后，当她看到了政府的不作为，四个男人竟然被无罪释放，她愤怒到了极点，于是开始了自己一连串的复仇。不要以为这只是一部电影，其实它是根据2012年轰动全世界的“德里公交车轮奸案”改编的。

2012年，23岁的女孩乔蒂和男朋友看完电影回家的时候，上了一辆黑公交车，在车上，她跟男朋友说说笑笑，遭到了车上其他四个男人的嫉妒，于是他们把她的男朋友打晕，强奸了这个女孩。事后两个人被扔在了街头，过了好几个小时，衣不遮体的两人才被当地的居民发现送进了医院。到医院之后，从医20多年的妇科医生说，她从来没有见过这样不堪的身体，整个人已经不成人样，女孩不仅被性侵，她的下体还被施暴者变态地伸入了一个L形的工具，那是公交车上维修器件用的铁棒。其中一个人还把手伸进了女孩的下体，把她的肠子拉了出来，到医院的时候，她体内的肠子只剩下不到百分之五。经过了13天的折磨、抢救、挣扎后，这个女孩还是没能活下来，最终离开了这个世界。

据统计，在印度，60%的儿童都说自己曾经被性侵过，每15分钟就有一个儿童被性侵犯，每22分钟就有一起女性被性侵事件发生，并且在这些事件当中，70%的男性性侵者不会被定罪。

我了解了一下全世界各个国家的性侵犯罪率，很惊讶的是，北欧这个很多人向往、生活质量很高的地方，竟然也是性侵犯罪高发的地区。在瑞典，每四个妇女当中就有一个人曾经是性侵犯罪的受害者，瑞典拥有世界上排名第三的性侵案件犯罪率，第二是美国，第一名是印度。排名前十的国家当中还有一个国家让我很惊讶：法国，城市：巴黎，为什么呢？因为在巴黎每年都有很多花样年纪的女生从世界各地来到这里追梦，她们做演员、做模特，她们年轻、可爱、容易被关注导致巴黎有很多性侵案件发生。

熟人性侵多到你不敢相信

在这里，我首先要给大家敲一个警钟：你以为性侵案件都是发生在陌生的街道或者是恐怖暴力的陌生人之间吗？NO、NO、NO，完全不是，70%以上的性侵案件竟然是熟人作案！我真的不敢相信比例如此之高，据统计，80%受过性侵的女生都表示她认识强奸她的这个人。而60%的性侵案件发生在两个人正在约会的途中。还有一个数据，发生在跟前任配偶和现任男女朋友之间，或者是在婚内也发生性侵的案件，高达30%。有的人会说，啊？婚内，婚内这也算吗？我们已经是合法夫妻了嘛。告诉你，只要是违背女方意愿的，都可以被定性为性侵，而且是不该被容忍的。

看到这些，我彻底惊呆了。另外，曾经有社会组织做过采访调查，每12名接受采访的街头男士里，就曾经有一个人做过符合法律意义上的强奸或是试图强奸的定义行为，但是这些人当中，85%以上的男人竟然认为他的行为不构成性侵和强奸。这让我特别震怒，很多实施性侵的男人，甚至没有意识到自己在做一件违法的事情。而最荒唐的是，男人甚至会解读成，哎呀，女人嘴上说“不”，其实心里是在说“好”，她只是在欲拒还迎，其实她是想要接受的。

呸！真想跟这些男人说，Excuse me? 当一个女人说“不”的时候，没有欲拒还迎！其实她就是在说“不”！女生表示愿意出来约会，不一定代表愿意跟你发生性关系。女生衣着性感，不等于就愿意跟你发生关系。女生醉酒也不等于表示她同意跟你发生关系。除非我们女人直接说了，我同意，否则就是在强奸。

更让我感到伤心跟震惊的是，性侵行为对女性造成的伤害更重于肉体的层面是在精神上。很多女性在遭受性侵之后，周围人反而说她没了贞操，因此受害者会有一种“是我错了吗?”“我不再珍贵了吗?”的想法，真的特别让人心疼。

贞操并不在女性的阴道里，失去贞操的也并不是遭受伤害的女性，而是强奸犯，是实施性侵行为的人！性侵者失去的才是人格、品格、道德上的贞操！

很多生女儿的人，他们花了20多年都在教育自己的宝贝女儿要保护好自己，但是我想生儿子的人，你也应该花时间教育你的儿子，不要伤害女人，因为男人们，你是女人生的，你也会娶女人，而有一天你也有可能会有自己的女儿，不是吗?

被性侵不是你的错

有一个名字叫玛丽的18岁的女孩被强奸了，随后她立刻报了警，警察来了之后给她和亲友及证人录口供录笔录的时候，玛丽因为紧张，警察又反复追问很多细节，她不堪回忆，讲的话不够严谨，就遭到警察更细致的追问，她实在受不了，心想为什么你们不是赶紧去抓坏人，而是一直要来审问我呢，难道这是我的错吗？最后她受不了了说："算了，就当我做了一个梦吧，这不是真的。"她改口说自己只是编造了一个故事，然而事实是什么呢？事实是她真的被强奸了，她被迫说谎是因为她经历了比强奸更可怕的事情，警察的追问和不信任，让她受到了更绝望的精神伤害。这件事后来被一位记者发现，做了详细的报道，还获得了2016年的普利策奖。

在比利时布鲁塞尔的小镇，曾经举办了一个名字叫《这是我的错吗》的展览，它的主题内容就是把那些遭受性侵的女性在遭受性侵时所穿的衣物展示出来，里面有一些运动长衫、运动装、T恤衫、平底鞋，每一件衣物看上去都很普通，跟情欲没有什么关系。所以，不要把那些愚蠢的话还拿出来说，"因为你穿着暴露啊，不勾引你勾引谁呢？"或是"苍蝇不叮无缝的蛋"，等等，简直无知到了极点。

同时我也想跟很多女人说，你知道吗？75%以上的遭受性侵的女性都不会报案，有的怕别人知道自己被性侵之后很丢脸，有的人不相信法律，认为法律不会公平地解决，或者有的人是不想再回想当时案发的一些情节，只想快点过去。更多的女性在事后都一辈子让自己心里面产生一种"我不干净，我不再珍贵了，是我的错吗？"的心理。"为什么别人说是因为我晚上出去才怎样怎样？是因为我的穿着才怎样怎样？"有过这种想法的女性，我想跟你们说："这真的不是你的错！"也警醒所有人，当你身边出现这样的案件之后，我希望你能告诉这个女生，这不是你的错，并且鼓励她勇于站出来发声。

我特别感谢我的母亲，在我十四五岁进入青春期成为少女的时候，她就送给了我这句话：**玫瑰花的可爱之处不仅在于它的芬芳，还在于它有着保护自己的刺**。玫瑰花开得很漂亮，让人喜欢，可是当有人想摘这朵花的时候，你要竖起自己的刺来保护自己。我很感谢这句话，所以我从青春期开始，当我开始有独立的人格，知道自己是一个女孩之后，我就一直很警觉，有意识地保护自己。

女孩们，不要和不熟的朋友太晚还在一起玩，即使再熟的朋友一起出去玩，也不要一个人单独很晚回家。不要喝被陌生人打开的饮料，不要总以为没什么，一旦发生意外，就后悔莫及了。

被性侵后的女人也不要死心，认为自己的人生不会再亮起来了。有一位了不起的人是非常好的典范——美国脱口秀女王奥普拉·温弗瑞。

她是历史上第一位个人资产达到一亿美金的黑人女性，美国总统特朗普在就任前大选的时候也说："她是一个伟大的女性，如果她参与竞争的话，那真的是一个威胁性很高的对手。"奥普拉在几年前把自己主持了25年的访谈节目收官之后，美国群众都力挺她去竞选美国总统。她小的时候就生活在底层的世界，她居住的街道是肮脏的，身边的人都是没有受过教育的下层人，即使是同类人仍然互相瞧不起。全家十几口人挤在一个屋檐下面，她十多岁的时候就长期遭到邻居和哥哥们的性侵，在十四五岁的时候她就生下了一个孩子，这个孩子夭折了。后来，她的父亲把她接到身边，让她读书，每周读一本书，并且一定要写读书笔记，要写下来她学到了什么。就这样，随着阅读的积累，扩展了视野，她又重新站了起来，最后通过知识改变了命运，达到了多少人穷极一生都无法企及的高度，并获得了金球奖的终身成就奖。

前段时间我读了一本书，名字叫作《风雨哈佛路》。女主人公也是处在低谷和不堪的生活当中的一个女孩子，从出生开始，她的父母吸毒。童年时期洗澡的次数屈指可数，她的头发永远凌乱，身上都是臭臭的味道。饿的时候就要到街上翻垃圾筒充饥，就这样，她能活到十多岁真的是奇迹了。十几岁的时候，因为父母吸毒，没有家庭温暖的她选择追逐爱情，她逃家和自己的初恋男友私奔，住汽车旅馆，食不果腹每天流离失所。

慢慢地，她开始思考，到底我要过的是什么样的人生，我要成为一个什么样的人？她跟学校老师讲："我要读书，我有可能考哈佛吗？"老师发现这是一个有梦想的孩子，在老师的帮助下，她通过两年的时间完成了四年的高中课业，在这两年当中，她住的是不同朋友家的地下室，有时甚至躲在大人的衣柜里睡觉，为了不被发现，天不亮就要出门去学校，就这样把书坚持念完了。

我在看这本《风雨哈佛路》的时候，痛哭流涕不下五次，她的人生真的是灰暗的，是在肮脏的大染缸里面被浸泡过的，可是她依然能活出自己人生的光彩，这样的女性是了不起的，我希望所有受过伤的女性也都能够活出这样的人生。我相信世界会一点点变好的，我相信大部分的人都是向着希望去努力的。

小时候看电视，常常能看到妇女儿童被压迫的新闻，甚至我听说有的偏远地区，女人受不了毒打，逃跑被抓回来会被用铁链穿锁骨绑在家里。看到这些，我都暗暗告诉我自己，长大后一定要为社会做些什么，我要帮助他们建学校，不仅仅是国内的偏远山区，还要帮助其他国家不同肤色不同种族的人们，让很多偏远地区的女孩子们能够走进学校，因为只有接受教育，你才有思想，才有武器去跟反面力量对抗。也只有接受教育，很多开明的思想才会被接受。

现在我们国家有中国妇女发展基金会，想要奉献微薄力量，或是身边有被不公平对待的女性，都可以联络这个基金会组织。**推动摇篮的手，就是推动世界的手，保护好女人，世界才会更好**。

八姐＆思媛支招：

1. 你对女儿的性教育，是否太过传统保守？八姐的做法对你有启发吗？

2. 明确告诉女儿任何人想要"脱你的衣服，给你洗澡，或者触摸你"都不可以！

3. 受到伤害要立刻求助，"发声"就是最有力量的证据！

乐嘉《给15岁女儿的信》

乐嘉，中国性格色彩研究中心创办人。“FPA性格色彩”创始人，演讲家和培训导师，曾担任《非诚勿扰》嘉宾导师而被人熟知。

本文摘自《本色》，我挑选这封信分享给大家是因为：这是乐嘉写给15岁女儿的信，15岁的青春少女，对世界很好奇，她们正处于对世界的认知和塑造品格的关键期。作为父亲的一封信，我读后的感觉却像和一位朋友在聊天一样，从学习、生活、爱情、做人等方方面面，聊了很多体己话。

给15岁女儿的信（节选）

那天你回家电话里说快啦，快啦，结果用了超过平时三倍的时间，终于磨蹭到了门口，饭时你满脸甜蜜，攥着手机，左右把玩不肯放手，我知道不管我是否愿意，这一天终于来了。

我问你是否可以把男孩的照片给我看看，你假装不好意思了一下，并未否认，读出我未有丝毫斥责的意思后，扭捏地秀了张合影，我说小伙子长得不错，就是太瘦，你得到鼓励，继续秀了下去，之后你一如既往的顺竿上爬，云云了一番，男孩的爸妈是我的粉丝，问我是否可以签本书送他爹娘，我调侃你，这算是双方家长的定亲信物吗？你避而不答继续问，是否可以安排时间见下男孩，我说刚才为何不让他进来一起吃饭，你说男孩害羞，其实，丫头，你不知爹也害羞，有很多话一直没和你说，今天和你聊聊。

……

我初二那年，印象最深的是我爹也就是你爷爷，语重心长地和我谈过一次话，严肃地告知我，得到人家对我的好，不要认为是应得的，是因为你爹是校长，如果有的人是要通过对你好来拍爹的马屁，如果你小子没有自知之明，不能让自己成绩好起来，不能通过自己得到别人真正的认可，有一天老爹人走茶凉时，你就会受罪了。

当时我听不懂他在说什么，但那次我爹看着我时那忧虑的眼神，我到现在还记得，闺女绕了一圈，现在说我要对你说的话。

我不希望你在外面提老爹，首先是爹知道你这种性格，希望得到别人关注，所以喜欢炫耀，如果你炫耀的是你自己所具备的气质与才华，人家最多觉得你恃才而傲，但如果你只是通过炫耀老爹现有的名气，以达到提升自己的关注度和被认可度，炫耀会让你的大脑短期失去理智，会让你无法判断哪个是真朋友，会让你周围的人被迫引起和你不必要的对比，从而会让你陷入被嫉妒中，会让原本可能和你成为朋友的很多人，因为维护他们的自尊而远离你，会使你放大自我骄傲的感受，而放松自己的努力，会让你有更强烈的欲望去和更多白富美进行无法控制的、毫无意义的攀比，这会让你成为一个轻浮的女孩，会让你更容易被男人的花言巧语所击倒。

……

女儿，为了你能快乐地过你想要的生活，在你现在这个不算很大的年纪，下面这些事，你也许应该知道：

学习成绩

你的学习成绩，我从来没有高期待，只要不太差就好，如果成绩太差，在学校里可能会受到同学和老师的鄙视，我担心你承受不起这样的自卑。

……

我的意思是说，即便你不喜欢，如果你现在不得不学这个事情，至少你不要让你的时间白花，你不喜欢的事情可以不用精通，但是你既然花时间学了，一定要想法今后不要后悔当初学的怎么全都还给老师了，你要让自己的时间不能浪费。

关于阅读

你选择读的书要尽量杂，涉猎尽量广，即便是小说，也有很多种类，这样你对世界的认知会宽广，不会只活在自己以为的那个小小的世界。

我最后悔的是在我年轻的时候，对于自然科学的兴趣太低，以至于现在连母鸡可以自己生蛋也搞不清楚，这事不知道的人很多，但我每次出国时，都会为自己欠缺科学素养而羞愧，没能在这方面做好你的表率，是我的耻辱。

我知道你志比天高，但你要真想超过天，首先你要知道天有多高，多看杂书，会让你逐渐认清天到底有多高。

……

如果你能够坚持一周阅读一本杂书，你毕业的时候，你不需化妆不需服饰，你的美可能还不会让你想要的任何王子匍匐在你的脚下，但你的王子需要做事时一定会选择你，不会选择那个成天只看微博只看网络剧只打游戏的姑娘。

关于业余生活

除了阅读之外，学习音乐、舞蹈、美术是最重要的。声乐和器乐，你喜欢哪个，就努力去学。唯一的要求，前面说过，就是不要变化太多，否则你就是半瓶子醋。让器乐不仅是你未来心情不好时发泄情绪的最佳方式，也是最重要的可以提升你气质的途径。

你不要尝试为了什么加分，比赛得名次而学，那会让你无比痛苦，会让你充满功利心，若是为了喜欢而学，为了热爱而学，你每天都会沐浴在快乐之中。

……

我这次去阿根廷，看到街头跳探戈，非常懊悔年轻时没有勇气学习舞蹈，路上看到好看的女孩想搭讪，没有外语，会跳舞就可以呀，结果啥都不会，只能干瞪眼。你总有一天，在异国他乡，也会在旅途中遇到你喜欢的男孩的。

还有，你学习美术，可以让你对美有自己的鉴赏，能训练自己发现美的眼睛。

以上这些艺术途径，都可以让你找到更广泛的通道，在未来与这个世界上更多的人去共鸣。你如果足够热爱并且有天赋，你的内心会驱使你走向专业道路，如果不是，请放心，我不会给你设定任何目标，你学习一定要考级一定要如何等。

关于恋爱

多数大人对孩子早恋视如洪水猛兽的原因，主要有两个，只要这两个没问题，其实大人们不会这么紧张，这两个秘密我告诉你：

第一，天天你情我爱，影响学习，其实大家都很清楚，根本不会有结果，你想想，大学生谈恋爱500对也成不了1对，何况中学生。影响了学习，最后毕业后找不到工作，影响最大的还是会回到父母头上。

第二，早尝禁果，影响身体，尤其对于女孩！万一怀孕，侬晓得后果哇？会影响以后女孩的生理机能，简单说，以后你想生娃的时候，因为当年太早破了戒，以后真的生起来会很要命的，生出来的还不知道好不好，万一搞个畸形，你咋办。

当然，那些男孩会花言巧语地用各种方式骗女孩，这些招式，你爹以后都会告诉你。总之，情到浓时，大家把持不住，难免偷吃，最后爽的都是男孩，受苦的多是女孩，因为女子25岁以前多数不能理解和享受到性的奥妙。

如果万一你不幸中招，记住，爹不会怪你，爹永远在这。所以，明白了这两点原因，你当理解大人的苦心。

关于做人

即便你前面所有交代的事情都做得很烂，只要这最后一条做到位，你可保安身立命不乱，你可保心正灵清不歪，你会是一个堂堂正正的姑娘，你这辈子活得好不好我不知道，但一定会活得安心舒坦。

……

但你要知道，如果一顿饭的时间，所有人都在听你讲你自己的故事，而没有机会讲别人的故事，这样给人的感受会很不好。

因为人的天性是乐于人们关心和谈论自己，所以你要控制自己总是谈自己的故事，学会关心别人的故事，学会问候别人的近况，学会观察别人的身体，学会体恤别人的心情。

这些看上去很难，其实不难，只需做一个事情，就是减少一半谈论自己。

……

这篇文章，言语可能太重，会有些地方让你承受不了，你也可能看到一半，就想跳过去不看。如果发生这样的情况，记住：我为有你这样的女儿而自豪，我爱你。无论发生什么，我会是你坚强的后盾。

WELCOME TO SIQUIJOR

第十二章

卓越女性

歌德说："伟大的女性，引领我们向前。"
越来越多的女性在各自的领域拥有话语权，
让人无法不重视和钦佩。

曹八姐是我的竞争对手

2016年，“中国诗词大会”火了，全民掀起了背诗热潮，这档节目火遍了全国，也燃烧到了我家里。节目当中有一个环节叫“飞花令”，规则是指定一个字，比如“春”，选手就要说出带“春”字的诗词来，每人一句，对不上来下句的就败下阵来。

看到这个环节我突发奇想，也想考考我那喜欢诗词的母亲曹八姐，于是在家里面我和八姐两个人就常常玩起飞花令，有时候是“春”字，有时候是“山”“大”“花”“水”“月”“夜”等。而我几乎没有赢过，常常败下阵来，每次在我们来来回回多次平局，两个人都在竭尽全力想新词的关键赛点时刻，八姐总能说出我没听过的一些冷门诗词来。这不是一朝一夕的功夫，是长时间日积月累而来的。

我很喜欢一句话：“**没有强劲的竞争对手，你很难有所表现**”，是的，在赛场上，强大的对手会激发你的潜能，让你有超乎寻常的表现；在事业和生活中如果利用好对手，将你们的竞争当成良性竞争，你会变成更好的人。我的妈妈就像是我的竞争对手，每次输了我都不服，但也正是这种不服让我更想学新的诗词，也就更进步了。我得说，她是伟大的女性，一直引领着我向上向前。我的内心有无数个瞬间，觉得她是我的妈妈，我为此感到非常骄傲，这就是其中一个。

说到诗词，由衷地敬佩我这位只有小学三年级学历的妈妈，她完全是靠自发性来学习的。记得她回忆说：“我刚辍学第二天在田里做农活时，迎面看见正放学回家的同学，我当时赶紧低头，觉得很不好意思，不敢看他们。因为他们背着书包，一边跑一边笑着往家里走，而我却在地里面干活。我觉得他们在进步，而我却在退步。我想象他们有可能会像我的堂哥一样，因为有知识，走出大山，拥有更好的生活，可是我却一直在种地，可能会像我的父母一样一直留在这里，心里特别难过。我想学习，可是我不知道怎么开始。就在我低沉的时候，有一天我在广播里面听到了张海迪的故事。她可以算是在我十几岁时第一个给我启发，激励我、引领我向前的名人。我听到张海迪小的时候因患病高位截瘫，只能坐在轮椅上。她特别爱学习，没有办法去学校，她就用轮椅上的镜子的反射来看书，在轮椅上还能修得四国语言，翻译国外名著。我记得当时邓小平也曾经说过：'我们要学习张海迪，做一个有理想、有道德、有文化的人。'现在张海迪是作家，还是国家残联主席呢。"听完之后我震惊了，在这样不利的条件下都能学习，我有手有脚比她灵活，怎么能不学习呢？"

我真要感谢张海迪，给了八姐这么大的激励。她的励志经历让八姐相信，学习这件事情不看环境，不看条件，只要自己想就可以自主学习。

奥普拉带领女性向前

在写这本书的一年前，我读了脱口秀女王奥普拉的书《我坚信》。我对她的最初印象已经是在她做了25年的节目《奥普拉脱口秀》收官之时了。当时，美国民众都力挺她竞选总统，呼声甚高，可见她的威信和地位都极强。我心里想，这个女人是谁啊？

了解之后，我便被"奥普拉效应"震惊到了：奥普拉在节目中随口说一句"最近市场的牛肉不太好"，全美牛肉股价第二天就大跌40%！她在节目里穿过的一条裙子，在随后的一年时间里全美国每5秒就能卖出一件！她提到的任何书籍、衣服、食物，都会在节目播出之后立刻狂销大卖！她的节目持续了25年，邀请过3万个嘉宾，拥有累计超过百万的现场观众，电视观众遍布世界近150个国家。她拿过

48座艾美奖，金球奖终身成就奖，才华与商业头脑兼备使她成为美国第一位黑人亿万富翁。

她是黑人，妇女，非婚生子女，南方人，出身贫寒，9到14岁长期遭受性侵，14岁生下的孩子不久便夭折；青春期抽烟、喝酒、吸毒，她的生命在肮脏的大染缸里浸泡过。她在节目中大胆袒露经历，并呼吁女性敢于发声，说出真相，真相是你最有力的武器。上至达官显贵，下至难民贫民，她总能说出每个人的心声，她身上所具有的复杂的多重性，使她成为不同种族、不同群体的人们的偶像和楷模。

奥普拉是一个懂说话技巧的人，她非常会问正确的问题，从而得到正确的答案。“会问问题”就会处理各种关系。

昨晚重温了奥普拉采访迈克尔·杰克逊那一期节目，奥普拉“礼貌不失关心的夺命追问”可以在13分钟之内让迈克尔·杰克逊说出从没说过的秘密和伤痛……这一期节目中的迈克尔·杰克逊让人心疼，访问中他展露的真实一面不是巨星，只是一个没有感受过爱的12岁男孩。现在的我也在做节目，采访很多嘉宾，奥普拉是引领我的前辈，她是标杆、是榜样，有这样的人在默默指引你，你会知道怎么做是对的。

在奥普拉的书里我得到很多，比如“战胜讨好”这件事，你会问自己真正的意愿是什么吗？你会听内心深处的声音吗？这点我深有体会，人活在社会中，充满了交际、来往、麻烦、拜托和人情。以前有人需要我帮忙的时候，我几乎都会答应，根本不想自己能不能做到，也几乎不会说NO。不帮忙怕别人觉得我冷漠？狠心？原来不只是我，远在美国的奥普拉也有过这种体会。后来我明白了，我坚信我是一个善良、正直、热心的人，我的本质是这样的，那么我并不需要通过任何动作或帮别人什么来证明我的本质，我只要问我自己真正的意愿是什么？我开心否？对自己好点，把自己放在第一位，当你不再需要别人认可自己，就认为自己强大了，才是真的强大。

我只是被她引领的亿万人之一，如果让我只能用一句话总结这本书和她，那就是“**我的最高成就是，从来没有关闭我的心门，即使是在我人生最黑暗的时刻，我都保持着坚贞、充满希望、愿意看到人性的闪光点**”。

金球奖终身成就奖，艾美奖，全民拥护都不是她视为的最高成就。能作为她的最高成就的，就是上面这句话所体现出的人生的精神。被人性侵犯，14岁怀孕，在谎言和背叛下成长，还能依然保持对生活的热情，是非常了不起的。正是在她的这种思想的带领下，一批又一批的女性向前，敢于直面生活的阴暗面。

比终身成就奖更惊艳的是奥普拉在金球奖颁奖礼上的获奖感言，你真该听听她在台上慷慨激昂的演讲，她说：“在很长一段时间里，即使有女性敢于说出真相，指控那些掌握权力的男性，她们的声音也没人倾听，没人相信。然而这样的日子已经到头了，这样的日子已经到头了！”奥普拉的演讲激动人心，充满力量，散发着女性的光辉，让我几度热泪盈眶，这次演讲也无疑向全世界打响了“me too”运动。

奥普拉配得上“伟大”二字，她是太多人心中的希望和亮光，她的存在让太多人的生命变得更美好，历史会记住这位伟大的女性！

孝庄，带领一个王朝向前

说到能够影响一个国家的女人，古今中外有名的有吕雉、慈禧、武则天、特蕾莎修女、马拉拉、维多利亚女王、伊丽莎白女王，还有与彼得大帝齐名的叶卡捷琳娜女皇等。

然而有这样一个女人，她在历史上绝对是一颗璀璨的钻石。如果没有她，皇室在清朝入关特别困难的情况下不会团结一致；如果没有她，就不会有康熙王朝；如果没有她，就不会有后来的康乾盛世，是她奠定了这一切的基础。九岁时，我在老师家书房里看的第一本书的主人公就是她，我妈妈给我讲的第一个智慧典范也是她，她的身影在现代影视剧里也随处可见，可以说我是读着她的故事长大的。她就是有名的贤后——博尔济吉特氏，孝庄文皇后。

孝庄30多岁风华正茂之时，她的丈夫皇太极去世，并没有留下遗嘱。你可以想象当时的场面有多混乱，有权力的人都虎视眈眈地盯着这把龙椅。孝庄联合多尔衮等诸多大臣，运用自己的智慧和谋略平衡内外，最后把自己6岁的儿子福临扶上了皇位。福临长大后，因为种种原因决意出家，不过官方记载是病逝，真相如何，这件事至今仍是谜团，看来又是一个“有生之年系列”（流行语：形容某事神秘，感叹希望有生之年能知道真相）了。这时候的孝庄完全有权力和智慧可以独揽大权，但是她没有。据说有位名叫周南的江南秀才甚至亲往京城上书请孝庄垂帘，她依然没有。而是独具慧眼地挑选自己8岁的孙儿玄烨继位，并全力以赴辅佐他，也就是后来的康熙大帝。

记得在看《康熙王朝》的时候，有好几个情节让我印象深刻。孝庄没有垂帘听政也没有在前厅出现，但她却是权力和智慧的中心。康熙在20岁左右时，被三藩叛乱搅得焦头烂额，这时他还没有成熟的决断力，甚至差一点写退位书要让位了，是孝庄在他心灰意冷的时候力挽狂澜，慷慨激昂地从国家、百姓的角度给他鼓励，让他重新振作起来。接着孝庄做了一件很关键的事情，在紧要关头正确识人用人，推荐了图海出征，最终帮助康熙平定了三藩。

我可以想象在康熙整个成长过程中，从8岁登基到20几岁完全可以独理朝政，是在孝庄每日的谆谆教诲中，桩桩件件出谋划策中，这样一路相伴过来的，孝庄是他真正的智慧靠山。

康熙在位62年，是清朝在位时间最长的皇帝，他8岁登基14岁亲政，一生中智擒鳌拜，剿撤三藩，南收台湾，北拒沙俄，订《尼布楚条约》，西征蒙古，兴修水利，治理黄河，鼓励垦荒，薄赋轻税，爱民如子。说他是“千古一帝”一点不为过，而培养这样一位君主，孝庄起着决定性的作用！晚年的孝庄身体不好，康熙亲自伺候祖母，可以说是“亲尝汤药，昼夜不离左右”，为了给祖母积福，康熙甚至想大赦天下犯人，在向天祈福的时候，祈求宁愿把自己的寿命过渡给祖母。孝庄过世后，康熙一边哭一边回忆祖母孝庄的恩情："忆自弱龄，早失怙恃，趋承祖母膝下，三十余年，设无祖母太皇太后，断不能有今日成立，罔极之恩，毕生难报……"

雍正帝更评价孝庄：统两朝之养孝，极三世之尊亲。

清朝全盛时期，军备充足，经济繁荣，版图辽阔，两岸得以统一。离不开孝庄前期的铺垫带领，可敬的孝庄，了不起的孝庄，向你致敬!

伟大的女性引领我们向前，每当我读到这样的女性故事的时候，我的心中总是燃起一股火焰，我期待自己成为这样的人，我也期待听到这样故事的你、看到这本书的你也能成为这样的女性。并非拯救国家、拯救民族、带领人类走向新的高度才是圆满。这些女性有一个共同的特质，就是在面对人生的低谷时，面对重重困难挑战时，仍然充满希望，仍然愿意勇敢向前一步。

我期待你也拥有这样的勇气和智慧，只要拥有，就是带领自己已经向前迈进一步。

八姐＆思媛支招：

1. 本章三位女性的故事对你有什么启发呢?

2. 没有强大的竞争对手，你很难有所表现。运用竞争的正面力量吧，它会激励你超越以往的记录，成为更好的人。

3. 从你做起，成为带领你家族向前的女人吧!

八姐诗词分享

点绛唇·蹴罢秋千

李清照

蹴罢秋千，起来慵整纤纤手。露浓花瘦，薄汗轻衣透。

见客入来，袜刬金钗溜。和羞走，倚门回首，却把青梅嗅。

译文：

荡罢秋千起身，懒得揉搓细嫩的手。在她身旁，瘦瘦的花枝上挂着晶莹的露珠，她身上的涔涔香汗渗透着薄薄的罗衣。

突然进来一位客人，她慌得顾不上穿鞋，只穿着袜子抽身就走，连头上的金钗也滑落下来。她含羞跑开，倚靠门回头看，又闻了一阵青梅的花香。

这首词明艳活泼，很有少女情怀。我想象着当时还是小女孩的李清照是多么的可爱，在家里玩秋千玩得尽兴，玩得累了，手上的灰尘懒得拍了，身上的薄衫也湿透了。这个时候突然看到家里有客人，她慌得顾不上穿鞋，连头上的金钗也滑落下来了，含羞着就跑开了。重点是她说自己跑开的时候，还“和羞走”，就是她很害羞地走。我在猜想，突然进来的这个人应该是位翩翩美少年吧。

她还很调皮，走到门边的时候，她倚门回头看了一眼，我想她是想再看一眼那个翩翩美少年。

“倚门回首，却把青梅嗅”，多有意境啊，她回头倚在门边的时候，正好闻到了青梅的香味。这也是一首我非常喜欢的李清照的词，送给大家。

我希望所有的女生都能够永远快乐，无论什么年龄，什么境遇，都要保持少女心。如果你正有烦心事，不妨读读这首词吧，它会帮你找到少女时的快乐。女生是永远需要被疼爱的。

杨澜《写给女儿的十四条》

杨澜，主持人、媒体人、传媒企业家、慈善家，阳光媒体集团主席和阳光文化基金会主席。

杨澜是中国智慧女性的典范，我挑选这封信分享给大家是因为：这是一位对外成功、对内智慧的母亲，我认为杨澜很会富养女儿。富养不是纯粹的物质，而是高贵精神的养成，母亲杨澜在生活方方面面，给女儿这14条宝贵建议可以说是巨细无遗，不仅是女儿，我想不管是谁看到这封信，能够做到这些，都会变成一个更好的人。

写给女儿的十四条（节选）

一、养成看书的习惯

在与别人交往的过程中，谈吐与修养是最能征服别人的。喜欢看书的女孩，她一定是沉静且有着很好的心态，一定是出口成章且优雅知性的女人。

二、要试着发现生活里的美

不要总提醒着自己遇到的不幸，要知道在这个世界上有着很多人比你还不幸，只要能够抬头看到阳光就是幸运的，一个人把自己标榜成什么样，她就只能生活在自己给自己设下的心牢里，只有积极向上的情操才会让生活变得美好，相信明天一定比今天会好，只要你努力了，社会一定是公平的，不要抱怨生活，否则只能证明你自己没有真正地去努力。

三、跟有思想的优秀人交朋友

要开始有目的性地去选择朋友，社会中的人脉非常的重要，不要轻易地交朋友，但是想交朋友，你就要对他们付出真诚，你对别人好与不好，别人也都清楚地看得到。用自己的真诚与那些有思想的优秀人交朋友吧！

四、远离泡沫偶像剧

电视里的白马王子与灰姑娘都是生活里的男孩或女孩向往的，它并不是真的存在的，女孩子不应该再沉溺于这种造假的童话氛围里了，让它们直接影响自己的人生观与价值观，像一夜暴富或是一夜间一贫如洗在生活里或许会有，爱情与亲情也没有影片里的那样决绝与残忍。

五、离开了任何一个男人，你都会活得很好

感情的事情不是谁能把握得了的，为什么要让一个男人把自己陷

入不愉快的心情中呢？一个不懂得欣赏你的男人，没有资格让你为他难过悲伤，每一个女孩都是美丽的，她在等待着一个懂她的男人出现，某个男人的离开，只能说那个懂你的男人还没有出现，男人不是女孩生活的全部。曾经我也以为我离开了他我不能活了，后来我问自己一百遍：离开了他，我还能不能活？结果有一百二十遍回答是：我会活得很好。女孩们千万不要践踏了自己，不要以为委曲求全就能换来一个男人的爱情，爱情是美丽的，女孩子也是美丽的，不容任何一个男人亵渎！离开那个不懂欣赏你的男人，这就是最华丽的转身，虽然心有不甘，但是痛苦的折磨反而让自己没有精力去经营你的工作或学习。

六、有着理财的动机，学习投资经营

女孩到了二十几岁，就要开始学会理财了，不管现在你的收入有多少，都要为你的明天打算着，聪明的女人应该知道如何花钱，其实这也是一门艺术。

七、爱情跟婚姻是可以共同拥有的

女孩到了二十几岁，就要面临着婚姻的压力了，有人会说爱情跟婚姻是两码事，男人娶的女人是能一起过日子的，并不一定就是自己真正深爱的，女人嫁的男人是能给自己提供一个温暖且安逸的家，但并不定就是自己真正爱的。面对这些言论，好像很多人是为了结婚而结婚的，在家庭与社会的压力下，为了结婚而结婚了。有些人结婚也是有目的性的，可能是为了让自己有个地方停留，也可能是为了以后的事业有所帮助，也有可能是自己能从对方身上得到什么。问一下那些甜蜜中的新婚者，就会知道有时候爱情与婚姻是可以共同拥有的，所谓的婚姻是爱情的坟墓，只能说双方不懂得如何去经营爱情，相信当两个人决定结婚前，双方一定是对对方有感觉的，只是婚后的日子让爱情变平淡了。这仅仅只是因为在婚姻以后，男人与女人都放下了爱情中的浪漫，投入到了工作中去。那些没结婚的女孩，千万不要为了某些目的而去结婚，结婚是非常单纯的事情，别搞得那么复杂，相

信每个女孩都是渴望着爱情的。当女孩遇到自己深爱的那个人时，就会发现，想跟他在一起，可能无所谓贫富，无所谓生死。女孩不要为了结婚而结婚，也不要为了想得到某种生活而结婚。

八、就让青春放肆一些，笑容灿烂一些

女孩到了二十几岁后，就是正值青春年华，有着大把的青春可以放肆地绽放。女孩子可以在适当的时候倔强一些，可以在适当的时候骄傲一些，可以让那些美丽的嘴角微微地牵动着。二十几岁的女孩是最美的，可以肆意地笑，可以倔强地哭。二十几岁的女孩不要怕输，青春才刚刚开始，我们有着输的资本，我们可以重新开始自己的追求。二十几岁的女孩要做最真的自己，最美的年华留给灿烂的微笑，让爱情都鲜明地呈现，要敢爱敢恨，敢于追求。女孩到了二十几岁后，就是一朵盛开的最美丽的花，女孩的一季花期一定要记得只开给自己看，千万不要为了别人让自己的花期接受不必要的摧残。二十几岁的女孩是一杯清茶，其中的清秀一定要留给懂得品尝的人，别让那些没有品位的人践踏了你的清纯气息。二十几岁的女孩是片蔚蓝色的天空，它可以是悲伤的，也可以是宽敞的，但，请记住，它一定是有追求的。

第十三章

从0到1

看一个人如何，看他业余时间在做什么，选另一半亦如是。人从出生到离开世界的全部业余时间若用来专研一件事，完全可以有所建树，成为专家，不信你看……

曹八姐是我的时间规划师＆自由女神

你珍惜时间吗？你认为“时间”是上帝给人类的，没有为什么就应该得到的，很平常的存在吗？我见过一位老先生对于时间极其的崇敬，他为自己做了一个沙漏，里面是满满的碎钻，他说要时刻提醒自己，时间比钻石还珍贵！

在八姐开理发店的日子里，我在家常同她一起闲坐着，有好多次都是我在看电视，一转头却发现八姐在读古诗词。我说：“你真的是太厉害了，抽出时间就学习，你真能静下心来。”想想看，大多数服务行业的人员在闲暇时间都会抽空休息补觉、追剧或是聊天吃东西。但八姐都是在读古诗词，业余的碎片时间她都用来读书。所以在那段时间她的进步非常快，几乎每天都能背一首古诗词，一年下来背了300多首。当我们在看“中国诗词大会”这样的节目的时候，大部分的题她都是信手拈来，随时就可以答出来。

有一次我们全家去西湖坐船游玩，亲戚朋友好开心，都发朋友圈说：“啊，好美啊，好漂亮啊，和家人出来玩真开心，哈哈哈。”八姐却写道：“水急客舟疾，山花拂面香”，“欲把西湖比西子，淡妆浓抹总相宜”，再配上有意境的风景照。这些细节都让她与众不同，业余时间的充分利用，长期的阅读，也让她的容颜显得不一样，别人看到她都会说她有气质，有内涵，我想这就是“腹有诗书气自华”吧。

有时我会说时间不够用，今天要做这个做那个，感觉都没有做完呢。八姐会告诉我，时间也是有刻度的，你可以把时间分成一份一份，你可以规定自己这两个小时做什么，做完之后你要达到的结果是什么？要完成什么？要得到什么？现在我的时间分配得很好，早上6点起床，我规定自己在6点到7点之间看新闻，7点到9点之间吃早饭、做运动；9点到下午1点之间，用来集中精力高密度地写作。用了这个方法之后，效率提高不止一两倍。所以说，事情是可以高效完成的，只要你用正确的方法。

业余时间，我在家里面最喜欢做的事情就是阅读和看电影。若是有一连几天的空档，我就会选择去没有去过的地方旅行。我的母亲曹八姐从来不会觉得把钱攒着存起来就一定是好的，关于我出去看世界这件事情，她从来都是支持的，只要保障安全。

我喜欢一个人去很多小众的地方，探索不一样的世界。我爬过雪山，攀过高峰；玩过潜水，深入海底，还曾在一个不为人知的小岛上待过一个月的时间。在那里，每天的日子就是在海边和一群渔民家的孩子一起放风筝，看日落，跟他们出海学捕鱼，回来了在海边玩沙滩排球，玩累了，太阳也落山了，点一杯当地的冷饮来喝，躺在海边听海浪，甚是惬意。

出去旅行这件事情不仅是见世面，还会让你对世界有更多的包容心，在香格里拉高原的当地人家里，他们竟然没有一面镜子，那里的女生一辈子都不会照镜子，她不在意自己的容颜，所以会有可爱的高原红。他们也没有厕所，以天为盖地为席，人有三急这件事情就只能在天地间解决了。你可以不理解，但请允许它存在，他们的确很快乐，很简单，这就是他们世世代代的生活方式。当你看遍了不同人的生活方式之后，就会更有包容心，更能理解万事万物，也能活得、想得更通透。没有什么事是绝对的，没有一定的对错，凡事都是相对的，可能爱因斯坦阐述“相对论”的时候也这么想吧。

我和八姐彼此离不开，互相依赖，到现在我都喜欢和她一起吃，一起睡。但同时她又不会把我绑在身边，也不会把自己的希望就寄托在孩子身上，她给我完全的自由。当我想一个人独处的时候，她完全理解，同时她也会有自己精彩的生活圈，我们彼此相爱，又都是单独的个体，这真是完美的母女关系。

业余时间造就你正在用的汉语拼音

人的差异在于业余时间，这句话是爱因斯坦说的。你相信吗，这位世界上独一无二的爱因斯坦说出的这句话直接影响到了我和你，直接影响你正在看的这本书，正在阅读的这些文字。因为爱因斯坦的这句话，间接产生了我们现在使用的汉语拼音。

我国有一位经济学家，名字叫周有光，在他被派到美国纽约工作时，经朋友介绍，很幸运地有机会同这位世界上最聪明的大脑——爱因斯坦先生直接聊天。他们两位在一起，一位是物理学家，一位是经济学家，对彼此的专业都不甚了解，于是他们就聊一些关于天气或新闻等生活当中的事情。

爱因斯坦就是爱因斯坦，即使闲聊，他也能说出含金量十足的话，并且一下子被周有光敏锐地捕捉到。爱因斯坦说："人的差异在于业余时间。哪怕你只活到六十岁，除去吃饭、睡觉、工作，你也有很多的业余时间，如果能好好利用这些时间，是完全可以在一门学科上有所建树、把业余变为专业的。"周有光马上受到了启发，他想他业余时间喜欢做什么呢？50岁前，他一直是银行家和经济学教授。想了想，他发现自己内心深处还有着对文字的喜爱，他非常喜欢研究文字。这时正逢中华人民共和国刚成立，全国有几十种方言，文字是有了，但怎么样系统地教给下一代，还没有具体统一的方法。于是，50岁的他华丽转身，开始利用自己的业余时间钻研起来，他提出了汉语拼音口语化、拉丁化的基本原则，用26个拉丁字母作为注音的基础。后来国家把他调到首都主持大局，做拼音的主编，在他的带领下，汉字的拼音终于被研发出来。此刻你键盘上、手机上能用拼音打字都要感谢他，他也被称为"中国汉语拼音之父"。

这就是业余时间的力量。充分利用它，我们甚至能把业余爱好变成专业特长。谁能想到，一位经济学家的后半生会在语言文字上面有这么大的一番造诣，为中华民族的文化传承做了这么大的贡献。周老先生很长寿，在世112岁，于2017年1月去世，在此感谢周老先生，向您致敬！

业余时间挤出的著作《明朝那些事儿》

我说过喜欢读历史，读史使人明智，鉴以往而知未来。

有段时间我迷上了《明朝那些事儿》，全书共7册合计96万多字，我用了三个星期全部读完。这个过程中常常拿起书来一看就是三四个小时，有时睡前想看一下，结果一看入了迷，又到凌晨三四点，真是“误入明朝深处，沉醉不知归路”呀。

《明朝那些事儿》从朱元璋出生说起，不咬文嚼字，都是大白话，作者脑洞大开，会结合现代的生活中的很多事情用古事今说的方式来讲述，幽默风趣得很。即使你是完全不懂历史的人，读起来仍然毫不费劲，还会让你喜欢上历史。

我曾经问过一位作家朋友，现在书卖多少本就可以称作畅销书作家呢？她说三五万本就不错了，现在很少人买书了。在现在这个很多人都选择用手机、平板看书的电子互联网时代，《明朝那些事儿》一共销量过五百万册，为近30年来最畅销的史学读本，可以说是当今时代的爆款。

很多人觉得这样一部书的作者一定是大文人，大历史学家。然而我发现它的作者，笔名叫“当年明月”，原名石悦，他竟然是个年轻的公务员。他出身于普通干部家庭，参加工作后做了一名普通的公务员，每天按部就班，准时领薪水，过着成家立业的平淡日子，领导也曾评价过他“一般”。他从5岁开始就跟着父亲一起读《三国志》《上下五千年》《史记》等著作一直到长大。参加工作之后，在业余时间他仍继续读书，读着读着他就发现，流传下来的历史典籍都是很生硬的文言文，没有点专业知识还真读不懂，枯燥乏味，这种书除非学术研究，大众是很难读懂的！如果大家能读到一些有趣儿的关于历史的书，就再好不过了。思来想去，好吧，既然没有那我就自己写吧！

抱着这样的初心，他就开始了，他用每天下班回家后的4—6个小时的时间来写作。从朱元璋出生开始，写整个明朝近300年间的故事。我粗略计算，如果按他晚7点吃完晚饭开始写，写到凌晨1点，每天如此不间断的话，他必须舍弃掉唱歌、看电影、聚会等更多的消遣活动时间。我可以想象，写这本书几乎占据了他全部的业余时间。夜晚来临，他脱去公务员的外衣，坐在电脑前化身历史的巨人，大量查资料，整理资料，消化归纳，再用自己的方式写出来。

他全身心地把业余时间都投入在这本书上。果然，用心浇灌，理想就会开花结果。这本书开始连载仅仅几个月点击率就破百万。他接着用四年的业余时间，完成了《明朝那些事儿》这部作品。

所以说，人的差异在于业余时间，**看一个人的未来如何，看他现在把业余时间用来做什么上面**。我希望看到这句话的你也开始警觉起来，可能不知道哪一天你会明白为什么无法拥有美好生活的原因，那些被忽视了、被玩弄、被浪费掉的业余时间，是让你陷入了糟糕人生的关键。所以从现在起，也请好好地规划一下自己的业余时间吧，努力用你的业余时间去做一些有意义的事情。如果你想要学钢琴，那么就开始；如果你想要去学舞蹈，那就去学吧；如果你想要学书法，那就去练。任何你想要钻研的学科都可以去，做一些有意义的、让自己感到更充实的事情吧。

八姐＆思媛支招：

1. 现在请思考：你每天可以拨出的碎片时间有多少？我想至少有一两个小时吧，那么就列出在业余时间你最想投入的事情或爱好吧，并且在这件事情上制定不少于一年的计划。

2. 制定计划时，要考虑到实际的可行性，并细化到每天投入多少分钟，每周投入多少小时，每月结束时有怎样的进度。

3. 温馨提示：在选择配偶时，观察他的业余时间做什么，这一点尤其可以帮助你了解一个人。

八姐诗词分享

青玉案 · 元夕

辛弃疾

东风夜放花千树，更吹落、星如雨，宝马雕车香满路。凤箫声动，玉壶光转，一夜鱼龙舞。

蛾儿雪柳黄金缕，笑语盈盈暗香去。众里寻他千百度，蓦然回首，那人却在、灯火阑珊处。

译文：像东风吹开千树繁花一样，烟火纷纷、又像是空中的星被吹得乱落如雨。宝马、雕车满路芳香。悠扬的凤箫声四处回荡，玉壶般的明月渐渐西斜，一夜鱼龙灯飞舞笑语喧哗。美人头上都戴着亮丽的饰物，笑语盈盈地随人群走过，身上香气飘洒。我在人群中寻找她千百回，猛然一回头，她却在，却在灯火零落之处不经意间发现了她。

这首词的最后一句话，我相信就算你不背古诗词，不喜欢文学，你也一定听过，因为这句诗实在是太有名了。据说百度这家公司的名字就来源于这句诗词。当时在讨论的时候说到“哎，大家要搜索东西，都不知道去哪里搜索，真是众里寻他千百度，那不然我们就叫‘百度’吧”。

这首词，我认为它是形容元宵节最美的诗。

第一句“东风夜放花千树，更吹落、星如雨”，烟花纷纷，如星雨般漫天飘洒下来；接下来“宝马雕车香满路”，达官显贵骑着珍贵的名马、乘坐着华丽的香车来了，这里是视觉加嗅觉的描写，首先一眼望去满眼的火树银花，像星星下雨一样光辉灿烂，又因为是富人们宝马、雕车走过，满载着名贵的物品，可真是扑面而来的贵气、香气呀！

辛弃疾妙笔生花，我喜欢他对声音细节的描写，“凤箫声动，玉壶光转”，有箫声，有玉壶，美妙的场景、动听的音乐都融合在一起，元宵节的气氛一下子烘托出来了。“一夜鱼龙舞”，节日里就像鱼龙一样的彩灯啊，随风飘转；“蛾儿雪柳黄金缕，笑语盈盈暗香去”，形容的是这些穿戴打扮特别好看的女孩子，带着她的香气，笑盈盈地说着、走着。

突然，这时作者发现其中一个美妙的女子走远了。他当即形容“众里寻他千百度，蓦然回首，那人却在、灯火阑珊处”。

这首描写元宵节的词可以说是巅峰之作。在古代，元宵节是一个很容易发生爱情故事的节日。我们看这首词写得美极了，爱意满满，充满和气的感觉，可其实，当时作者的心情是有点忧伤的。

那时候国家不太平，日渐衰败，又有强敌压境，辛弃疾心系国家安危，心中有很多的惆怅。那时的他还没有得到重用，受冷落，一腔抱负也无法施展，很是忧国忧民。直到后来，辛弃疾才受到重用，而且成为文韬武略兼备的不可多得的人才。

同时，我喜欢这首词还因为，“众里寻他千百度，蓦然回首，那人却在、灯火阑珊处”这一句被后人赋予了更深层次的意义。

王国维在《人间词话》中云：古今之成大事业、大学问者，必经过三种之境界：“昨夜西风凋碧树。独上高楼，望尽天涯路。”此第一境界也。“衣带渐宽终不悔，为伊消得人憔悴。”此第二境界也。“众里寻他千百度，蓦然回首，那人却在、灯火阑珊处。”此第三境界也。

托马斯·杰斐逊给女儿的信（节选）

托马斯·杰斐逊，美国第3任总统，也是美国《独立宣言》的主要起草人，美国开国元勋之一，与乔治·华盛顿、本杰明·富兰克林并称为美利坚开国三杰。我挑选这封信分享给大家是因为：这封信是托马斯・杰斐逊在休养期间写给女儿的，即使在休息，他仍然能够居安思危。他劝勉女儿要勤劳，充分利用现在青少年时期多汲取知识。正如他所说“一生的命运全取决于是否充分利用了青少年时光”。少年们，不断充实自己成为更好的人，努力追随心中的梦吧。

亲爱的佩茜：

真高兴，一到法国就收到你的来信，了解到你的健康状况，以及你在忙些什么，我几乎一直在路上，因此未能及时回复，安排这次旅行是希望本地富含矿物质的温泉，能让我的手腕痊愈，此外还有一些其他安排：教学，娱乐，从巴黎的繁忙中偷得半日闲，迄今为止非常愉快，很高兴得知你在忙些新的事情，音乐和绘画的进展也相当不错。

你知道曾经有段时间我深感焦虑，你对自己的安排没有我期望的那么紧凑，你曾答应我会更加勤勉上心，我坚信你会说到做到，我十分关心你未来的幸福，而唯一能带给你幸福的就是养成勤勉刻苦的习惯，当然品行端正始终是必要条件，会破坏人类幸福的坏疽中，唯有懒惰最具腐蚀性。

它貌似悄无声息，实则危害极大，假如身心俱怠，我们的存在就变成一种负担，周围的一切都显得可憎，甚至包括最亲近之人，懒惰带来无聊，无聊之余最终郁结成疾，勤劳之人从不会患上瘾症，锻炼和劳作令我们处事井然有序，身体健康，心情愉悦，朋友们也因此觉得我们可亲可敬。

这种勤劳的习惯只可能从小培养，假如幼时缺乏培养，将来也不可能养成，因此**我们一生的命运全取决于是否充分利用了青少年时光**。

……

要帮助自己克服惰性有不少方法，音乐，绘画，书籍，发明和锻炼，还有一些别的方式也十分有效，可以做做针线活，也可以学学家政。

后者在此地不太现实，但前者完全可行，在美国乡村有很多时候女人们无所寄托，只能做针线活来打发时间，比如在沉闷糟糕的天气里，身处一群无聊的人之间，看书似乎无力，离开又显得冒犯，绅士淑女们也不能打牌（这种陋习都甩给了流氓无赖），针线活在此时就显得相当可贵，而且作为家里的女主人，假如自己都不知道干活，又怎么去督导仆人们呢？

亲爱的，你恳请我发给你的信写长些，我会照办，前提是你要时常阅读，把信中的谆谆教诲付诸实践，这些箴言，基于我的亲身经历，基于我对你未来生活的判断，更基于我对你最深的爱，这就是为什么我希望你能出类拔萃，我对你的期望的确比较高，但并非超出你能力所及呀。

你唯一缺的就是勤奋和毅力，在这个世界上真正能主宰我悲喜的只有你，我很快就要退休，不再担任公职，之后便期待你姐姐和你能让我安享平静满足的暮年，在我的壮年，人生打击接踵而来，导致此刻除了你们俩我一无所有，我对你的品格和热诚毫不怀疑，但你非得付出巨大的努力不可，而时间已经不多了。

所以勤奋起来吧，我的孩子，没有什么是信念和劳作不能克服的，只要想着这一点，你就会成为我期望中的样子。

又及：你问我是否希望你与修道院院长同桌就餐？是的，我希望。就这样去请求院长的准许吧，并捎去我的敬意、赞美和感谢，感谢他对你的照顾。

亲爱的佩茜，继续给我温暖的爱吧，就像我给予你的那样。

深爱你的托马斯·杰斐逊

普罗旺斯，艾克斯

1787年3月28日

第十四章

沙发型人格

与人相处，让人舒服的程度决定你的高度。
像沙发一样，任何人靠近都装得下。
像一杯水一样，任何事物都容得下。

曹八姐是我的马尔代夫

马尔代夫是地名，怎么我的母亲曹八姐在这里成了旅游度假地呢？因为和曹八姐在一起的每一天就像度假一样心情好，我喜欢她对每个人都面带微笑。每次迎面走来熟人，她总是离大老远就没有理由地露出婴儿般的灿烂的笑容。在琐碎的生活中，只有明智的人才会一直这样笑靥如花。她就是一个随时让身边的人感觉舒服的人，大多数人第一次见她的感受都是“真实，舒服，好相处”。

记得我们的邻居中有一位“怪人”，他不和任何人交流，大概是有心理障碍吧，身边也没有朋友，是个特立独行的人。只是偶尔地路过我家，八姐朝他微笑了几次，久而久之，我的母亲成为他唯一可以倾诉的对象。慢慢的，我们知道了他的身世，他是个身价不菲的可怜人。有一次我问他：“你怎么会和我妈妈说这些呢？”他只淡淡地回了句：“你母亲这个人实在啊，可以信任。”八姐就是这样的人，她会对别人的处境感同身受，并且会守住别人的秘密，她认为**守住别人的秘密就是守住自己的品格**。

良人如玉，让人舒服的人就好像一块温润的美玉，她们的魅力来自丰富、内敛、温情、善良、由内而外散发出的一种高贵。八姐是我待人接物的榜样，此时的我多么希望每个孩子都如我一样幸运，最好的教育都是从父母身上得到的。

有人认为，高情商的人就是隐藏自己真实的情绪，控制自己。其实，高情商不是善于掩饰自己的情绪，而是善于管理自己的情绪。真正高情商的人通常会直面自己的情绪，体会和调节，来达到控制情绪的目的。

说话让别人舒服，就是要处处为他人着想，那岂不是委屈了自己，这样不累吗？关于这个问题，我们来看看在娱乐圈出了名的人缘好的何炅是怎么回答的，他说："我不但可以弄好我自己，我还可以让你开心，我也没有为难自己，我不辛苦。而且在整个过程中，我自己很习惯，甚至很享受。"每年何炅过生日时，在他的微博下面都会有上百位明星一起留言，从一线大牌到各界巨星，从当红花旦到流量小生，齐刷刷的祝福留言刷不到底。

智商高，主要是让自己高兴；情商高，主要是让别人高兴；智商高情商也高，就是自己高兴了还让别人也特高兴。高度不够，看到的都是问题；高度够了，看到的都是如何解决问题的方法。

让别人舒服，就会有更多人愿意靠近你，更多贵人出现，更多机会愿意介绍给你，你的位置也会越来越高。我认为，与人相处让人舒服不妨做到以下几点：

说

英国二战时期有一个故事，当时的英国国王爱德华到伦敦的贫民窟进行视察，国王驾到，所有村民出来迎接，他走到一个东倒西歪摇摇欲坠的房子门口，门口站着一位衣衫褴褛的老太太，国王说："请问我可以进来吗？"这一瞬间被拍了下来，成为记录一个时代的历史名片。他的这一句话温暖了所有人，让人们感受到了他对每一个独立人格的尊重，对底层人的尊重。真正的贵族不是趾高气昂，而恰恰是懂得尊重别人的。

语言是一种工具，看你如何用，有智慧的人把语言用成寒冬中的暖炉，让靠近的人感到舒服。

听

"做官要学曾国藩，从商要学胡雪岩"。胡雪岩从跑腿的学徒伙计到首富，用了30年。

其实胡雪岩的方法也很简单，他会说话，但他更会听话。和他交流过的人说，胡雪岩面对任何人时，不管对方讲得如何，即使言语无味，他总能很有耐心地两眼注视着对方，好像听得极感兴趣。同时，他也是真的在听，合适的时候补充一两语，更让讲者觉得被重视、很舒服，有相谈甚欢的感觉，自然觉得投机而成至交。

约翰·麦斯威尔是国际领导力专家，曾受邀到白宫做领导力培训。我曾有幸在现场听过他三天的演讲，他分享过一个小故事是这样的："当我和克林顿总统讲话的时候，我感到无比地舒适，我讲话的时候他会用温柔善意的眼神看着我，甚至他伸手拿水杯的时候眼睛还在看着我，从头到尾没有把目光从我身上移开，这样的感觉让人不自觉想把知道的、想说的全部倾诉给他，他真的是一位非常好的倾听者。"

"倾听"是人与人之间沟通的主要武器，每个人都渴望被重视，每个人都会想"我对你来说重要吗"？认真耐心的倾听会让讲述者需要被重视的心理得到满足，只有先成为一个成功的倾听者，才会建立和对方的亲和共识，才有机会结交更多的人脉。

赞美

赞美，我指的是发自内心的赞美，是真的觉得对方好的地方去赞美，不是因为对方的地位和你想达成的某些事去奉承。**不要吝啬赞美，诚心实意的赞美能浇灌出芬芳的花朵**。

有一件事情我一想起来就觉得很尴尬。有一次和朋友去见一位重要的合伙人，对方脸色黑青，我还在想她是不是最近遭遇什么事情影响了心情，或者身体不舒服，脸上明显可见一块块黑斑。还来不及阻拦，我的朋友张口就夸赞对方："哇，姐，你最近气色很好啊，皮肤这么好，太漂亮了！"我一脸问号，当时很想钻进地缝里，看得出对方的脸更黑了，这明显不是她想听到的恭维话。说真的，她的皮肤真的不好。果不其然，对方沉着脸说："没有吧，最近皮肤很不好我知道的，说吧，你们什么事，开始吧……"哦，我感觉到她很不舒服了，这真是一个糟糕的开场白。

关于赞美，我有两个建议：

1. 当你夸赞别人的时候一定要真诚，夸赞你认为的对方的闪光点。是真是假，你的眼神、你的表达对方是能感受到的。并且在赞美人的时候，最好不要超过三句。

2. 尽量赞美细节。

“你的眼睛真迷人”，会比“你真漂亮”更让女生开心；“你鞋子和领带颜色搭配得真好，好有品位”，会比“你今天看起来不错”更让男士舒服；“今天开会您的表现太棒了，尤其是您说的×××这句话给我很大启发”，会比“今天听您一席话我真是受益匪浅”更让老板有成就感。试想，如果老板突然反问你一句：“哦？是吗？哪一点让你受益匪浅呢？”若一时答不出来，你就难堪了。

所以说赞美要建立在真诚和细节上，让人听着更舒服。

发心

你是否有过这样的时刻，风尘仆仆地忙碌了一天，进入深夜后才结束一天的行程，此时突然下起了大雨，你拖着行李，好不容易找到一家旅馆。身上已经湿了大半，鞋子黏黏的，进去之后却发现没有空房间，你可能要面临露宿街头的境遇，对于已经很疲惫的你，此时心情是不是更加烦躁了呢？

这是真实的故事：一对老夫妻狼狈地走进一家旅馆，“没有房间”的坏消息让他们更添加精疲力竭，他们正准备转身离去时，前台小伙子对他们说：“我们其实还有一个小房间，但是很简陋，算不上客房，如果你们不嫌弃的话可以在那休息。”这对夫妻就入住了，第二天退房时发现这个前台小伙子趴在柜台上睡觉，叫醒他付钱时，小伙子竟然说不收钱，这是为什么？原来，这对夫妻入住的房间是他的房间，他说：“你们没有住酒店的房间，所以不应该收你的钱。”这对夫妻又惊讶又感动地说：“小伙子，你是我见过最好的酒店经营人，你的善心和服务品质会让你有更好的机会大展宏图的。”小伙子笑笑没说什么。

送走这对老夫妻后，转身继续投入到自己的工作中。

过了段时间，他收到一个信封，里面是一张单程的去纽约的机票，还有这对夫妻写的话，对他的友善表达感谢，并且邀请他去纽约。小伙子按照信上的地址来到了纽约市中心一座金碧辉煌的大楼，接待他的是那位深夜来访的老先生，原来他是一位亿万富翁，他买下了这座大楼建成了酒店。他对小伙子说："记得吗？我说过，你会得到报答，如果可以，我希望你来这里做经理。"小伙子简直不敢相信："你一定是在开玩笑吧！"老先生说不是在开玩笑。

这位老人的名字叫威廉姆·华尔道夫，这座辉煌的建筑是最早的华尔道夫酒店，这位前台小伙子叫乔治·波特，他是华尔道夫的第一任经理，现在隶属于希尔顿集团，他是酒店服务业五星标准的创立者。他好像天生就知道顾客想要什么，在他的经营下，华尔道夫成为全球最大的酒店，在电影《闻香识女人》中，华尔道夫酒店被称作"一切文明的焦点"。电影《了不起的盖茨比》也在这里取景，各国元首、总统、公爵是这里的常客，很多人称华尔道夫酒店就是一个小联合国。

李嘉诚请吃饭

我看过一篇万通地产的董事长冯仑先生写的文章《李嘉诚请吃饭》，内容颠覆了我对商业大佬的想象。

早年间的冯仑、马云、牛根生都是李嘉诚创办的长江商学院的学生，那时的他们还没有如今在商界的显赫地位，而李嘉诚此时已经是华人首富了。这样一位首富级别的人物，要请大家吃饭，在吃饭前大家心里难免都会有情景假想，明天我一定要西装革履的，要符合国际的标准礼仪，皮鞋要擦得锃亮的，还要喷上最好的香水，还要想几个好问题，多跟李嘉诚请教。

结果没想到，第二天的情景让所有人都大跌眼镜，事实跟大家想象的完全不一样。事实是，当这些学生到达饭店，一出电梯，发现70

多岁的李嘉诚竟然站在电梯门口一一迎接大家，他亲自跟每一个人握手，发名片，同时让大家去抓阄，每个人抽一个数字，这个数字决定你坐在哪一个桌的哪一个位子上。大家不用担心抢位置的问题了，这多让人感到公平舒服啊。

入座之后，冯仑发现自己特别幸运地跟李嘉诚坐在了同一桌上。他心想："我可要好好地跟他聊一聊。"没想到的是，饭吃到第15分钟的时候，剧情再次反转，李嘉诚竟然起身去了另外一桌。原来他在来之前就已经想好了，一共四桌同学，一个小时的吃饭时间，每一桌可以停留15分钟。也就是说，能够保证跟每一桌的每一个人都有一分钟的交流时间，都能够面对面地聊几句话。你看，没有任何厚此薄彼，没有地位之分，每个人都被照顾到了。临走的时候他站起来跟大家道别，连在墙角的服务员他也一一握手表示感谢。最后亲自把所有人送上车，尽完地主之谊后才离开。

很多人想象中的首富出现，不应该是一群记者、六个保镖、八个助理、九个保姆般地，所有人跟着他前呼后拥的吗？但李嘉诚没有，他仍然是如此的谦逊礼貌，也正是因为这样，他才能坐到这个位置。

李嘉诚在创业的时候就是一个穷小子，他之所以能够做到这样的高度，是因为他从最开始就拥有这样的态度，从最开始就让身边所有的人都感到舒服，大家才愿意跟他在一起，靠近他、愿意跟他合作。他做生意，总是抱着多让顾客受益，让合作者得到更多的心态，曾听一位商人朋友讲过，李嘉诚每次和人合作都只要求分到利益的三成或四成，让对方拿七成、拿六成，正是因为这种"愿意让别人赚钱"的心，所以每个人都愿意跟他做生意。

让别人舒服不是世故，而是一种本事，这是成功人的特质。

李嘉诚能获得现在的地位，不仅仅是因为他的实业，他的财产，更重要的是他的软实力，也就是他的人格魅力。他最值得敬佩的一个特质就是"与人相处让别人舒服"。

八姐&思媛小思考：

1. 在过往的人生历程当中，你是不是也给别人带去过不舒服？是不是也批评、挑剔、埋怨过别人？

2. 我分享了可以从说、听、赞美、发心等方面让人舒服的方法，对你有启发吗？从现在开始在与人相处上你准备做出哪些改变，让人更舒服、更愿意靠近你呢？

3. 在与人相处的言谈举止上，你准备如何做一个更好的榜样来影响孩子？

八姐诗词分享

邯郸冬至夜思家

白居易

邯郸驿里逢冬至，抱膝灯前影伴身。
想得家中夜深坐，还应说着远行人。

译文：

我住在邯郸客栈的时候，正好是农历冬至，这天晚上我抱着双膝坐在灯前，只有影子与我相伴。我相信家中的亲人今天会相聚到深夜，还应该谈论着我这个出门在外的人吧。

白居易在中国诗人当中绝对是民族骄傲，在日本，有相当长的一段时间里，特别是在平安时期，日本人简直就是把白居易当成了神一样崇拜。日本有一本当时编撰的书叫《千载佳句》，顾名思义，里面是文人们总结收集的近千年来的名言佳句，其中白居易一个人的诗句就占了60%。平安时期，有一位天皇还把白居易的诗集当成宝贝，放在自己枕头下面，每天都要拿来读。据说在民间，日本人还建起了

"白乐天神社"，大家把他当成神明一样来敬拜，在日本可以说没有作家不读白居易。

写这首诗的时候正赶上冬至，白居易正好在外做官。白居易生活的唐朝对冬至是很重视的，这个节日在当时就像现在中秋节一样，有全家团聚的习俗。连朝廷都要放假，可见是有多注重这个节日啊。在这个团聚的节日，白居易却没有在家，到了夜晚还一个人。第二句写的"抱膝灯前影伴身"，他自己一个人在那儿抱着膝盖，只有影子伴随他，多孤单呐。他想着家里人应该都在团聚呢，还应该挂念着、说着他这个在外的远行人吧。

这种心情我很理解，有一年中秋节，我也是一个人在外跟朋友一起过。吃饭时我就在想象家人一起吃饭的场景，想着大家会不会想我、谈论起我呢？白居易不愧是诗人，短短四句诗，就能把这种心情描写得淋漓尽致。

马克·吐温给女儿的信（节选）

马克·吐温，美国批判现实主义文学奠基人。著作有《百万英镑》《汤姆索亚历险记》等，美国评论家称他是独一无二的，无法相比的，是"美国文学中的林肯"。马克·吐温一生热爱孩子，尤其最爱女儿苏西，不幸的是，女儿苏西24岁时因脑膜炎去世，给他带来了沉痛打击。我挑选这封信分享给大家是因为：教育孩子本不该那么严肃，应该也是件好玩的事。在这封信里面我看到了他身为父亲调皮的一面，这是他写的最可爱、最让人忍俊不禁的一封信。马克·吐温假扮圣诞老人来逗女儿开心，期待圣诞节的到来，期待全家团圆。在生活当中，我喜欢节日有仪式感，生活也需要仪式感的装扮，愿人人都拥有生活当中的小情趣。

亲爱的苏西·克莱门斯：

我收到并阅读了由你和妹妹口述，妈妈和保姆笔录的所有信件，还读了你们这些小家伙亲手写给我的那些，因为尽管你们还不会拼写大人词汇表里的任何单词，却使用了所有国度的儿童之间通用的语言，无论这国度是在地球上，还是在群星闪烁的天空中。就像我所在的月亮国度，子民们全都是儿童，也都只使用这种语言，所以我能毫不费力地读懂你和妹妹那些扭扭歪歪奇形怪状的符号，但是由你们口述而让妈妈和保姆写下来的那些信，我却完全没有弄懂，因为我不是美国人，还不能毫无障碍地理解英文书信，你会发现对于你和妹妹亲手定制的礼物我都照办无误，半夜里，你们睡得正熟时，我爬进烟囱亲自送来礼物，我还亲亲你们两个。

……

今早9:00我会到你家厨房门外询问，但是任何人都不许看到我，我也不会跟任何人说话，只有你例外，厨房门铃响时，得把乔治的眼睛蒙上，让他去开门，然后就得让他回到餐厅或藏到装瓷器的壁橱里和厨师一起，你得告诉乔治，让他踮起脚尖不能说话，否则总有一天他会死去，然后，你得去游戏房，站到凳子上或者保姆床上，把耳朵贴在通往厨房的通话管上，我一对通话管吹口哨，你就应当答应对着通话管喊，欢迎你，圣诞老人。

然后我会问你们是不是预订了一个行李箱，假如你说是，我会问你想要什么颜色的，妈妈会帮你说出一种漂亮的颜色，然后你得详细讲讲，希望箱子里装些什么，每一样都要讲清楚，然后我会跟你说圣诞快乐，我的小苏西·克莱门斯，你应当说再见可爱的圣诞老人，太谢谢您了。

然后你得去图书室，让乔治关上所有通往客厅的房间门，人人都得保持安静，就一小会儿，我会回到月亮上去，拿你们订的那些东西，假如那确实是你们想要的箱子的话，几分钟后，就会从客厅壁炉的烟囱下来，因为你知道我拿着这样一个箱子，可没法从育儿室的烟囱下来。

大家可以随便说话，只要一听到我在门厅的脚步声，你就提醒大家安静下来，直到我爬上烟囱离开，也许你压根儿听不到我的脚步声，但你可以时不时跑过去，透过餐厅的门缝悄悄看，慢慢地就能看到你想要的东西就在钢琴下面，因为我会放在那儿，要是我不小心把雪花带进了客厅，你得让乔治扫进壁炉，因为我可没时间干这个，不准乔治用扫帚，只能用抹布，否则总有一天他会死去，你得留心乔治，别让他磕着碰着，要是大理石地板染上了点我靴子的颜色，可别让乔治擦掉，要一直留着，作为对我来访的纪念，只要你看到它或者展示给别人看都能想起来，要当一个好孩子，要是你想淘气了，或者有别人指着可爱的圣诞老人在地板上留的鞋印，你会说什么呢，亲爱的小宝贝？

先写到这儿了，再过几分钟我就会降落到地球上，按响厨房门铃啦。

爱你们的圣诞老人，也有人叫我“月亮上的老人”

1875年圣诞节早晨

第十五章

真长大了

离开学校，变成大人好像就是一下子的事，
但没有一节课教我们如何变成大人，
怎么做更好的大人。

曹八姐是我的垃圾筒

上学时，寝室有一位女生室友，可以说整整三年，每一个周六周日的早上，我都是被她的电话声音吵醒的。其他所有人的手机都保持静音，只有她一个人设置铃声模式，不晓得她的耳朵是怎么了，这三年当中我内心的OS就是：蛮想给她挂一个耳科去看看。

对我们住校生来说，每个周六就是大闹天宫的日子，我一定要睡到自然醒，吃得饱饱的，穿得美美的，要么宅一天，要么逛一天，彻底自由地做自己的主人。可我很少有睡到自然醒的时候，每周六周日早上她的电话铃声都会响起，然后就会听到她在被窝里面肆无忌惮地煲电话粥，时不时发出假装娇羞实则老练的笑声。当时年少的我，是相当地看不惯她，我给八姐发短信说这个人有多讨厌，太自私，只以自己为中心，不考虑别人的感受，真没法忍受了，太烦了。

过了几分钟八姐给我回复了一句话“当忙于完善自己，而无暇对他人吹毛求疵”。我的怒气依旧高涨，完全没有因为这句话而降下来一点点，她又发来一句："现在你成人了，学校也是一个社会小圈子的缩影，挑别人的瑕疵并不会解决问题，也不会让事情变得更好，与其把时间和注意力放在别人的缺点上，不如把这些精力放在自己身上，思考一下自己怎么做会成为更好的人。”那天下午我都在思考这句话，是啊，我干嘛因为别人的错误不放过自己呢？好吧，我开始试着对她视而不见，转移焦点，重拾起我爱看书的爱好，我成了寝室里、班级里藏书最多的人。我的衣柜里、零食柜里都是书。有流行小说，有名著、历史、科普。大家也都在传阅我的书。

那学期的期中考试，我的政治和地理两门课程考了满分，其他成绩也不错，因此我和另外两位同学作为班代表去参加各年级之间的知识竞赛。坐在赛场上，面前放着自己班级的标签，责任感油然而生，我想今天拼了！一定要眼疾手快，为班级多得分。当问到理科题目的时候，我只能故作淡定，期待我的队友答得上来，文科的题都在我的射程范围之内。谁也没想到的是，最后竟然有一个拓展知识环节，大家都露出不太有把握的表情，班里的好学生都只了解书本知识。

我还记得很清楚，第一个问题是：人体最大的器官是什么？

我眼前一亮，迅速按下抢答铃回答："皮肤。"

回答正确，得一分！

第二个问题："现任联合国秘书长是谁？"

我马上就摁下抢答铃回答："潘基文！"

第三个问题："今年的亚运会在哪个国家的哪个城市举行？"

我再次以"迅雷不及掩耳盗铃响叮当之势"摁下抢答铃并回答："卡塔尔的多哈市！"

我连续回答完这三个问题，连加三分，之后，我看到和我们一起PK的高年级、低年级组许多同学都为我鼓掌，很不可思议地看着我。也因为这三道题的得分，我把我们班的比分从落后一分提高到了领先两分，最后夺得了这次比赛的冠军。

至今我还记得那天走下赛场时的情形，跟看到电影高潮情节一样的激动，我的脸红红的，手和脚都在抖，很多同学纷纷走过来对我说："你知道的可真多呀，这些都是从哪儿知道的？"老师也夸赞我说："我们班的张思媛同学知识宽度很广，懂得很多，连政治题、医学题和时事政治的题目都全部答出来了。"

这一直是我记忆当中非常自豪的一件事情，这要归功于谁呢？当然要归功于八姐那句"当忙于完善自己，而无暇对他人吹毛求疵"了。当然，也归功于我平时不断阅读不同领域的书籍，直到现在我仍然保持这样的习惯，每天了解时事新闻等新鲜资讯，时不时阅读不同领域的书，涉及心理、艺术、音乐、建筑等不同的题材，扩宽自己的知识宽度。

现在，长久的读书和积累让我成为家族中、朋友中、同学中第一个写书出书的人，也让我在不同场合和不同人聊天时都不会感到知识匮乏。所以，请不断完善自己吧，当你在和别人聊天时对方向你露出“这你也知道”的赞许目光时，你会无比自豪的。

董卿——美人并非一蹴而就

中学时，有一天和妈妈一起在家里看董卿主持的节目，那时她已经是央视的当家花旦，主持一姐，许多大热的节目都是她来主持。

我们一边看，曹八姐就一边给我讲了一个关于她的故事，让我印象极为深刻，她说：“你知道吗？董卿的爸爸对她可严厉了，董卿在高中三年中，寒暑假都要出去打工。每次她放假，她爸爸就会打电话给自己做生意的朋友‘需要小工吗？我女儿放假了，不要钱’。高一那年暑假，董卿就去了她爸爸朋友开的酒店打工，做保洁员，酒店里一个走廊有20多个房间，她一个上午要把所有房间的床单换好。”我一边听着一边心里惊讶，想着酒店里的床的样子，床品很沉，有时被子都抱不动，更何况床垫了。

八姐接着说：“那时候她才知道原来床单这么难换，席梦思的床垫好大，一个人根本搬不动，才刚换完一个，已经累得筋疲力尽满身大汗了，午饭时间都赶不上。第一天结束回家，董卿就跟爸爸说想放弃了，可是她爸爸告诉她坚持一下，再坚持一下，就坚持了一整个暑假。”听完之后我觉得特别不可思议，看着电视里端庄的她，纤纤玉手的她，不敢相信她的父亲对她原来这样严厉。我忍不住在想，是不是名人成名之前都需要付出这样的努力和代价呢？我发现公众舆论对她的评价都非常好，有智慧，有内涵，有涵养，更是古典美的代表。到底她是怎么做到的呢？我开始越来越多地关注起她来。

不关注不知道，一了解吓一跳，她的爸爸跟郎朗的爸爸差不多，对自己的孩子都格外严厉！董卿的父母都是复旦大学毕业，作为恢复高考后第一代参加高考、靠知识改变命运的人，他们深深懂得“努力拼搏奋斗”的含义，这也成了董卿成年之前的“噩梦”。她的爸爸不允许她多照镜子，说有那个时间还不如多读书，马铃薯再怎么照镜子也是土豆。业余时间没有任何活动，她跟其他的同学都不一样，大家出去玩儿，她则留在家里面背古诗词和写作，被父亲要求学这个学那个。当别人嬉戏时她在学习；别人玩耍时她在奋斗；别人睡觉时她在前进；任何时刻，她都在完善自己！

大学毕业后她在浙江电视台工作，因为人手不够，她又学起了新东西，除主持之外，她还要兼职编导、剪辑多个角色。在浙江电视台的出色工作得到了回报，中央电视台对她抛出了橄榄枝。

来到中央电视台，她才发现在首都这座人人向往的城市里不缺机会，也最不缺人才。不管你是谁，到这里都要从头开始。虽然被中央电视台聘用，但是董卿的工作地点却不在广电大楼，而是在北京的郊区，她主持的也是很偏门的西北频道的一档节目。她开始学习新的东西，学习少数民族的风土、人情、文化，查资料，背资料，什么都要从头学。机会真的是留给已经准备好了的人，因为长时间以来的积累，不同技能的学习拓展，她终于被调到了综艺频道。

她自己说从此她便开启了飞人模式，一年365天，要录超过130台的节目，每年有500多个小时在飞机、汽车和酒店里面度过。拼搏数年，董卿于2005年站上了春晚的舞台，此后整整主持13年，从未缺席。

然而在她事业如日中天的时候，她说："主持人的定义应该是有涵养、有内容，当我觉得我已经在原地踏步时，那我必须要走下这个山头，再重新开始学习，如果不读书就像没有吃饱饭一样。"于是她做了一个让大家都震惊的决定：暂停工作，到国外留学进修！在国外的日子里，她规定自己手机不准带进卧室，每天睡觉前的最后一件事情是必须阅读一个小时。

两年后，当她再回来的时候，出现在了“中国诗词大会”的舞台上，她不是参赛者，不是评委，可她对诗词的了解不比任何专业人士少。紧接着她又以制作人的身份制作了“朗读者”这档节目，在豆瓣这个犀利挑剔的平台上，评价达到9.5分。

董卿的存在真正地让我相信“若有诗书藏在心，岁月从不败美人”。看到董卿，我发现人的容貌30岁以前是父母给的，30岁以后就体现在你的内涵上了。董卿的美是全民都爱的美，我想这就是“书中自有颜如玉”吧，真正的美人有闻过书香的鼻，吟过唐诗的嘴，看过字画的眼。

董卿的美是高级美，也是因为她一直走在不断完善自己的道路上。所以请不断完善自己吧，永远不要放自己一马！

沃尔玛创始人——不要让瑕疵影响你的一生

对待瑕疵的态度会改变你的命运，你相信吗？

有一个年轻的小伙子，家境贫寒，他的父亲是一名普通的油漆工，靠着微薄的收入养活全家。这个小伙子很努力，高中毕业后以很好的成绩考进了密苏里大学。密苏里大学哥伦比亚分校是美国老牌百强名校，美国杜鲁门总统创建的公共事务管理学院就在这所学校，全州有超过1/3的国会议员和政府职员都毕业于该校，好莱坞巨星布拉德·皮特也毕业这所学校。

然而问题来了，因为家庭条件的关系，他很有可能会面临交不起学费而辍学的境遇。在高中毕业的这个暑假，他决定外出打工，像父亲一样给别人刷油漆，做零工，希望能够赚取学费。他到处打听，终于知道有一户人家有一栋新搬的大房子正需要雇人刷油漆，而且待遇颇丰。他去面试，尽管主人是一个很挑剔的人，但因为他认真的态度，最后被留了下来。

他刷了整整一个暑假，眼看着丰厚的薪水就要到手了，学费有了着落，还可能会有一些富余的生活费，他特别开心。就在他完工的这天晚上，他靠在墙上正在休息，憧憬着即将到来的美好的大学生活，突然一阵急促的敲门声把他拉回了现实。他一扑腾赶忙起身去开门，没成想在他起身的时候绊倒了地上的扫把，而扫把倾斜滑到了旁边的墙壁上。那是他今天刚刚刷完的最后一面墙壁，但马上就擦出了很长的一条印痕，就好像一张白纸上面被黑色的笔画了几道。

面对自己一个夏天夜以继日的工作，和未来上大学学费的这份希望，他没有气愤这突如其来的敲门声，是谁这个时候来添乱！也没有责怪自己不小心碰到了扫把，弄花了墙壁。他看了看这面墙，只停顿了几秒，便决定把这一面重新刷一遍。第二天他来做最后的检查，他走到远处，看着整个房子，怎么看都觉得重新刷过的这一面墙的颜色和其他的颜色不一样，似乎更深一些。按理说只有一面墙不一样，很多人都会忽略不计的，世上这么多树叶还没有完全一样的两片呢。可是他没有，他想了又想反复观察，最后做了一个大胆的决定，他重新买油漆，要把整个房子重新再刷一遍！要保证每一块墙壁的颜色都是一样的！

又过了些时日，最后完工的时候，就连这位挑剔的主人都对他的工作非常满意。给了他工资，可是除去他重新买油漆的钱已经所剩无几了，根本不够交学费。而在这个过程当中，房屋主人的女儿知道了这件事情，又把这件事情告诉了自己的父亲。房屋主人听后非常感动，对这位年轻人大为赞赏！并且愿意赞助他上大学的所有学费。

大学毕业后，他娶了屋主的女儿为妻，并向岳父借了2万块钱创业，十多年以后他创办的企业成为世界500强，也是世界第一大零售超市，他就是沃尔玛的创始人萨姆·沃尔顿。

在这个故事里，突然而来的敲门声让他匆忙起身被扫把绊倒，扫把碰到墙壁弄坏了他的工作成果。他没有抱怨来敲门的人，没有抱怨自己的不小心，更没有抱怨这根扫把不合时宜地出现在那里把墙壁弄花，而是选择自己重新再来，再完善一点，再努力一点。

是他对自己和事物的高标准要求，促成了他的成功，所以说，人生和做事都不怕有瑕疵，重要的是你面对瑕疵的态度。

八姐＆思媛小思考：

1. 这几段精彩故事哪一个对你最有启发呢？在同样情况下你学会做同样的反应和决定吗？

2. 在哪些方面你决定完善自己？是性格？是学钢琴？是健身？你决定什么时候开始呢？

八姐分享诗词

秋凉晚步

杨万里

秋气堪悲未必然，轻寒正是可人天。
绿池落尽红蕖却，荷叶犹开最小钱。

译文：

人们以为秋气使人悲哀，其实未必是这样，轻微地有一点寒意不正是气候宜人的季节吗？绿色池塘里的红色荷花虽然都落尽了，但荷叶还有新长出来的如铜钱那么圆的小叶片。

当我去西湖的时候，我发现不只是我，很多人有一个心态，就是普遍喜欢夏天荷花盛开的时候，人家就很高兴要去西湖拍照。到秋天就不去了，很多人说秋天荷花都落了，去有什么好看的呀？

其实以前偶尔我也会有这样的心情，但读过这首诗之后就不一样了，现在去的话，虽然荷花没有了，就像诗里说的“荷叶犹开最小钱”，你看新发出的荷叶，嫩嫩的，小小的，像小钱那么大，而且现在轻寒正是可人的天，不冷不热的，天气正好。

这首诗让人觉得能够发现生活当中别人不易发现的美，就会觉得好开心、好满足。

港剧常说一句话："做人呐，最重要的就是开心。"杨万里有一双发现生活之美的眼睛，在别人认为不美的地方善于发现，这样的心态不仅会让自己过得快乐，也会传染给别人，至少就传染给我了，我再去西湖就不会纠结一定是夏天了，我愿意在任何时刻去欣赏美。

杨万里没有李白、杜甫那么高的名气，可是我想热爱山水的人或是想发现别样美的人可以多了解他的诗，他擅长描写自然景观，一生游遍祖国大好河山，在当年也是个"驴友"呢。

大家小学都会背的一首诗《小池》：泉眼无声惜细流，树阴照水爱晴柔。小荷才露尖尖角，早有蜻蜓立上头。这首诗也是杨万里写的，它很浅显，好懂。小荷才露尖尖角，才刚刚的发芽，但是就有蜻蜓已经立在它上面了，又押韵，又好读。

杨万里和陆游、尤袤、范成大四人并称"南宋四大家"，而且非常高产，他一生写过两万多首诗，令人敬佩！

吉姆·罗杰斯给女儿的信（节选）

吉姆·罗杰斯，量子基金创始人，奥地利股市之父，华尔街的风云人物，国际投资家，是美国证券界最成功的人之一。他毕业于耶鲁大学和牛津大学，1980年，37岁的罗杰斯从量子基金退出，他为自己积累了数千万美元的巨大财富。随后开始了自己的投资事业。已经成为全世界最伟大的投资家之一。我挑选这封信分享给大家是因为：罗杰斯在37岁年纪轻轻时便获得巨额财富，实现财务自由并退出公司。这封给女儿的信，他写得极其详尽，我挑选了他分享给女儿在人生过程当中12条准则中的8条准则，每一条都是他在创造自己财富过程当中所累积的智慧，我相信记住任何一条，对你的生活都会有极大的改变。

你们的父亲是位投资家，也是个勤奋的人，尽其所能地学习新知识来赚钱，所以才能在37岁时退休。我想告诉你们我从这些经验中所学到的东西。我是一个乡下来的孩子。我五岁时就在棒球场捡空可乐瓶去换钱，这是我第一份赚钱的工作；六岁时就在球场中有自己的摊子。最后到了华尔街，在这里我有了最佳的赚钱机会。一旦赚够足以让我退休的财富，就不再需要工作，可以随心所欲地环游世界。还是个孩子的时候，我就喜欢找事做，而且大多做得相当成功。但现在，这世界上能带给我最大快乐的是我的家庭。为了你们两个，我要与你们分享下面这些应该知道的重要事情，希望你们也能靠自己过上幸福的生活。

一、不要让别人影响你

善用自己的智慧。你的生活是你自己的，不是别人的。你们必须靠自己研究，尽可能学习面对挑战的本事，自行判断信息的真伪并为自己做决定。过去，我在几个重要的投资决策上，曾经听从别人劝告而忽略自己内心的决定。奇怪得很，每次这样的投资都失败，每一次都让我损失惨重。于是我不再让别人影响我，并根据自己所下的决定采取行动。年过30，我终于了解这才是最佳的投资之道。我用中国给你们举个例子。过去人家都说那不是一个值得投资的国家，但我听从自己的直觉，尽可能地研读所有找得到的有关中国各种局势的文件，也实地拜访了好些地方，做自己的研究，大胆地投资中国。从那时开始，中国的成长已远远超越美国和世界上绝大部分的国家。

做你自己：成功永远降临在那些大胆冒险、敢走别人不走的路的人身上。但你一定一定要记得，在做你认为是对的事情之前，要尽自己所能地先做好功课。找出任何可以到手的资料，仔细研究，彻底分析，直到完全确定你的想法是正确的。绝对不要在还没这么做之前采取任何行动。你会发现，那些不成功的人通常是没花时间研究就贸然涉入一个他们不了解的行业。更糟的是，他们拒绝学习，结果赔上了宝贵的时间与金钱。

二、专注于你所热爱的

年龄和你想做什么事无关，在我开始第一项事业时，我是个6岁的企业家。你们或许会觉得太早了点吧，其实年龄与你想开始做什么事并不相干。当你发现有一件事是你感兴趣的，别让年龄牵绊你，去做就是了。全心投入你最有热情的东西：该怎么做才会成功呢？答案非常简单：做你热爱的事。我在投资方面会成功，因为那是我最喜欢做的事。假如你喜欢烧菜，就去开一间你自己的餐馆；假如你擅长跳舞，就去学跳舞。想成功最快的方法，是做你喜欢做的事，然后全力以赴。

三、将世界纳入你的眼界

尽信书不如无书，走出去看看这世界。不要只做个观光客。你们要去到不同的人居住的环境，亲眼见识他们怎么生活，跟他们一样地过日子。

了解金砖四国的重要性：巴西、俄罗斯、印度和中国这四个国家的经济成长充满投资机会。周游列国的经验，使我看好巴西和中国，觉得它们是多头市场。看淡俄罗斯，觉得它是空头市场，对印度则抱持怀疑的态度。

保持开放的心，做个世界公民：要成为世界公民，第一步是敞开你的心胸，永远不要拒绝第一眼看上去和你不一样的人。持续不断地探索这个世界。你要自己去观看、嗅闻、触摸、聆听和品尝你能接触到的所有东西。亲自去环游世界，和不同的人交流。直到你至少满28岁，对自己和世界有更多认识之前不要结婚。

四、研读哲学，学会思考

“每个人都必须独立思考，不可依赖别人。”这是我从自己的经验中学到的教训。思考有两种方法：一种方法是从观察中得到结论，另一种方法是从逻辑中找出真相。

前面的叫做归纳法（induction，从某个特定的结论开始导出比较一般性的看法），后面的则是演绎法（deduction，从一般的证据开始导出某个特定真相）。这两个方法并没有哪种比较好，重点在于训练自己可以应用这两种逻辑方法，使你能有一个平衡的思考方式。

五、学习历史

你需要建立宏观的世界观，就要研读历史，从宏观的角度观看世界发生了什么事。你会发现今日为真的事，10年、20年以后并非如此。哪本历史书会告诉我们真相？历史是多面的，有研究经济和政治领域的历史，也有从美国观点、欧洲视野，各种亚洲、非洲和南美洲的角度检视与了解的历史。历史会让你知道什么是驱动市场的力量：要找出是什么驱动市场，要学习如何分析趋势，回顾历史正是一个好方法。更棒的是，它还教你如何预测未来的变化。日光之下无新事：我特别希望你记住：历史通常会自我重复——至少马克·吐温是这么说的。人性不会改变。但是要记住历史脉络各有不同，不要期待事情会完全相同。通则是：以前发生过的事，以后也还会再发生。每当某个人宣称某样东西是“前所未见的创新”时，我会留意市场是否过热了，然后通常就当机立断抽出我的资金。当你听到人们宣称“这次不一样”时，要深表怀疑。

六、这是中国的世纪

中文会是下一个世界语言。世界上任何地方的任何人，我所能给予他们的最佳忠告可能是：让你的孩子和孙子学中文。在他们的时代，中文和英文会是全世界最重要的两种语言。注意世界正在发生的重大改变：我们回顾历史时，会发现西班牙主宰着16世纪，之后两百年法国是最繁荣的国家，英国在19世纪大放光彩，而20世纪是美国的世纪。现在21世纪是属于中国的了。中国是一个伟大国家的再现。

七、认识真正的自己

你需要知道你是谁：你需要了解周遭的情况、世界和历史，但是更重要的，你需要了解作为一个个体，你是谁。在镜子里好好地端详一下自己，问是什么驱动着你？了解你的弱点和察觉你的错误，在危机到来时就不会灭顶。

不要惊慌，学习心理学。要在投资上成功，除了哲学和历史，你需要学习心理学。情绪会驱使股票市场走向某一个方向。当大众对某则新闻过度反应时，他们要不然是高价买入，要不然就是在不对的时机卖空。很多时候，投资者的心理会加速市场的走向。当你了解心理学后，对自己会有更深的认识。在大部分时候，短期交易的价格是受到人的心理所驱动，而中期和长期的投资，基本因素的影响大于心理因素。

八、面对未来

假如能读到未来的报纸，每个人都可以成为百万富翁：看得见未来的人可以累积财富。在1990年环游世界后，我写了一本旅游札记。最近有个记者告诉我他看了这本书后，非常惊讶我所预言的都发生了，例如民族主义的兴盛和好战的伊斯兰。他不能了解为什么我可以看见未来，但我所做的其实就是“看新闻”。

女性时代即将来临。在亚洲有个重要的改变：女性的兴起。传统上亚洲人比较歧视女性，对待女性和对待男性不同，不论表现得如何出色，女性在这个社会中都得不到相同的机会。但所有这些就要改变了。很快地，亚洲的男子会有寻找配偶的大难题。很多年前，欧洲也发生同样的问题。结果是男方得付一大笔聘金才能娶到太太，女人变得非常重要和有权利。在不久的将来，亚洲也会一样。

……

很多人试着为别人而活——为他们的孩子、他们的配偶、他们的父母，或者他们的朋友，但那种生活无法为自我成长和进步留下任何空间。我不要你为我而活，我鼓励你过自己想要的生活，那是因为我爱你。

第十六章

杀人的坏习惯

美德大多存在于良好的生活习惯中，
成功教育孩子从好习惯开始培养。

曹八姐是我的道德尺子＆婆媳关系标杆

节约公共资源是美德

上大学的时候，我曾经做过一件别人都不太理解、认为没必要，但却是我很骄傲的事情。

那时候我们住在学校，每一层楼有一个公用水房供大家一起洗漱用，每天早晚里面都会挤满了洗头发、洗脚、洗衣服的同学，很是热闹，高峰期绝对要百米冲刺去占地方。有一天，我发现水房有一个水龙头是关不严拧不紧的，我以为大概第二天就好了，没想到第三天第四天依旧如此，晚上一直往下滴水。我心里想这一晚上要白白流掉多少水呢？电视新闻里看过，不是还有很多地方是吃不起水，甚至都没有多余的水用来洗脸的吗？我和寝室里的同学们说了这件事，感觉太浪费了，室友都很不解，想说这关我们什么事。晚上我一直在思考这件事情，睡觉的时候想着走廊那一头水房里这个水龙头还在往下滴水的画面，觉得很浪费。

第二天我跑到学校一角，那是一个黑板，大家可以尽情在上面留言，也可以提建议。我选了一只红色的粉笔在上面写着：二号楼女生宿舍四楼的水房有一只水龙头坏了，一直滴水很浪费，请学校尽快修好！！！不知道能不能被人看到，会不会引起重视，我还拿红色的笔把所有的字又加粗了一遍，并且又在后面多写了几个感叹号。

当天晚上我迫不及待地跑到那个走廊的水房，一看，我高兴坏了，竟然真的被修好了，短短一天时间它就被修好了！我开心激动极了，这一晚上可以少流多少水呀！可以节约多少水呀！这一晚上节约的水都够缺水地区人家一天做饭用了。

资源是全人类的，我们任何人都没有理由和资格可以浪费公共资源。这件事情做成之后，我内心里特别的骄傲，甚至隐隐觉得自己是无名英雄呢。

我把这件事情告诉了八姐，她说："女儿你做得对，我为你骄傲。"

其实我会这样做都是受她的影响，孩子是不会主动这样做的，一定是成长过程中有过这样的习惯，我想起在家里我妈妈要求我用洗脸水冲厕所二次利用，用淘米水浇花二次利用，刷牙和洗手在揉搓手的时候都要关掉水龙头，不能让水白白流出。吃饭擦嘴时注意用纸不能浪费。

节约是好习惯，更是美德。

儿童不是用规则可以教得好的，规则总是会被他们忘掉的。但习惯一旦培养成功之后，便不用借助记忆，自然而然地就能发生作用了。在很多这样的细节上，我的母亲曹八姐都是我的道德标尺，她是我的标准，让我知道怎么做。

不占小便宜是美德

在城市的角落里你总能看到一些小商贩在卖东西，他们推着小车，有卖水果的，有卖小吃的。在我10岁左右，有一次我和妈妈在路边买橘子，是我特别喜欢吃的那种冬天才有的砂糖橘。所有的商贩都一起喊着："走过路过不要错过，先尝后买，不甜不要钱。"

记得那次我和八姐在买橘子，已经给完钱之后，我看到她从我们准备带走的橘子当中，拿了一个出来放回商贩的车上。我问这是为什么，妈妈说刚刚我尝过人家一个，所以再还给人家一个。我从来没听说过这种概念，大多数人都会觉得这是应该的，有些顾客会在买的时候多吃几个，觉得这样好像就赚到了，而实际上其实这也真的没有什么，商家也是默认的。可八姐会觉得："不要多吃那一个橘子，既然已经付钱买了，就应还给人家一个吧，这也没什么，对我来说只是少吃一个橘子，对他来说却是养家的生意，小本生意也不容易，人人都多吃好几个利润就更小了，让人家赚点钱没什么。”

几句平凡的话让我对我的母亲肃然起敬，不占别人一丝一毫便宜，这是好习惯，愿意让利给别人，这更是美德不是吗？

为对方考虑是美德

现在大家消费都习惯于用手机支付，转钱也都是转到手机里很方便。但你知道吗，有一个细节，就是当你转给别人钱的时候，别人再提到银行账户时是有手续费的。比如说你用支付宝转给对方500元，其实你的朋友在提现的时候要被系统扣除千分之一的手续费。我曾经听我朋友提起过，生意上的往来需要转账，别人本来是麻烦我的朋友，可是所有人都会忽略手续费的事，一次提现手续费几块钱，也不好意思提。一年下来，他自己支付的提现手续费竟然有9 000多元！

我很不喜欢给别人添麻烦的人，所以我转账时，都会多转几块钱做手续费，几块钱而已，不要让帮助自己的朋友承担。这种贴心也会让对方对你另眼相看。为对方考虑、不麻烦别人是好习惯，也是美德。

加加林为什么是第一个上太空的人

1961年4月12日上午，加加林驾驶“东方”1号飞船完成了世界上首次载人太空飞行，成为首次登上太空的人。可是你知道吗？本来世界首位宇航员安排的不是加加林，而是邦达·连科。这中间有什么故事导致后来换了人选？

因为一个习惯。

就在飞船即将升空的前一天，邦达·连科在充满纯氧的船舱接受训练，结束时他随手将擦拭传感器的酒精棉团扔到一块电极板上，顿时引发大火。邦达·连科被烧伤，送进医院后不治身亡。

当时，苏联方面召开紧急会议，重新研究登空人选。我们熟知的加加林原来被安排为三号人选，也就是“板凳”队员，还在排队候补呢。为什么最后却成为世界上第一位登上太空的宇航员呢？

也是因为一个习惯。

在研究二号季托夫和三号加加林到底选择谁时，大家意见分歧，争执不下。飞船总设计师科罗廖夫最后决定加加林升空，理由是参加训练的20多个宇航员每次进入飞船训练，只有加加林不怕麻烦，脱下靴子，只穿袜子进入舱内。对于一个工程师来讲，看到人们珍惜自己的成果是一件非常开心的事情。

习惯形成性格，性格决定命运。

邦达·连科因棉团失手引起大火导致人生失败，加加林因不怕脱鞋的麻烦取得人生辉煌。是好习惯让加加林成为人类历史上第一位登上太空的人，成为永载史册的人。

可见，成功需要养成严谨的习惯，这将使你受益无穷。

曹八姐是完美婆媳关系的标杆

“美德大多存在于良好的生活习惯中”，我妈总是把这句话挂在嘴边。节约是好习惯，也是美德；不占人便宜是好习惯，也是美德；对长辈说话礼貌尽晚辈孝道是好习惯，更是美德。

有人说久病床前无孝子，长辈病得时间久了，再孝顺的孩子也没了耐心，会觉得累。但也有例外。在孝顺父母这一方面，我的母亲和我的姥姥都是很好的典范。

八姐说她记得小的时候，我姥姥的婆婆生病，身体一直不好，长年卧病在床，到晚年甚至已经吃不下饭。那个时候，我的姥姥一直在家里面照顾她，伺候她，她吃不下饭的时候还亲自喂她，一日三餐，给她换被褥洗衣服，让她尽可能舒服一些，再舒服一些，我的姥姥对待婆婆就像对待自己的妈妈一样，这是美德。而我也听我的奶奶说过，自己的儿子能够娶到我妈妈做老婆也是烧了高香了。

和八姐一起生活，时刻能看到感受到她的好习惯，东西永远整齐，水槽里永远不会有没洗的碗，地板永远是干净的。我从没见过我妈妈和奶奶之间有过争吵，他们的关系甚至比我奶奶和她自己儿子的关系还要好。不管逢年过节的问好，还是一日三餐，嘘寒问暖，两人之间从没有任何嫌隙，不会让做丈夫、做儿子的这个人在中间有一丝丝的为难。

我一直很自豪，我们家族中的女人之间有着完美的婆媳关系，并且我也坚信，受妈妈的影响，在我的婚姻中和婆婆的关系也会像和自己妈妈的关系一样好。

八姐＆思媛小思考：

1. 在本章中我们讲述了关于节约公用资源的小故事，对你是否也有启发呢？

2. 美德常见于生活小事中，拥有好习惯也是一种美德，从今天开始你准备在哪方面让自己拥有好习惯呢？

3. 相信你也看到了，习惯会产生的结果甚至会影响一个人的事业和人生高度，你对习惯开始重视了吗？

八姐诗词分享

赠刘景文

苏　轼

荷尽已无擎雨盖，菊残犹有傲霜枝。
一年好景君须记，正是橙黄橘绿时。

译文：

荷花凋谢连那擎雨的荷叶也枯萎了，只有那开败了菊花的花枝还傲寒斗霜。一年中最好的景致你一定要记住，最美的景色是在秋末初冬橙黄橘绿的时节啊。

这首诗说的是，苏轼在杭州做知府的时候认识了刘景文，两人相互欣赏，其实这时候刘景文官场不如意，心情有些烦闷。苏轼作这首诗来鼓励他，形容刘景文品德高尚，“一年好景君须记，正是橙黄橘绿时”，表面上写的是当前的景致，实则暗喻一个人在一生中遇到挫折困难，看似要败落了，其实也正是好时候，所谓跌到最低谷就会反弹吧，劝解朋友一定要振作起来，坚持下去，就一定会达到成功的彼岸。

我记得唐朝诗人李白也是这样，他用“桃花潭水三千尺，不及王伦送我情”来歌颂汪伦。杜甫也写过《忆李白》《梦李白》歌颂李白，他们珍惜友谊，勉励落魄的友人，在捧人的同时其实反而把自己也抬高了，很多流传下来的名句描写的都是朋友之间的互相勉励和赞扬。

这首诗的诗眼就是“橙黄橘绿”四个字，它描写秋末冬初的景色，代表着人生的多彩多色。俗话说“下等人人踩人，上等人人捧人”，现如今很多竞争对手之间相互买水军、爆黑料攻击，这种恶性竞争让人惋惜，我喜欢读诗词，也正是喜欢文人的气节，这种英雄惜英雄，彼此激励的精神难能可贵，值得我们传承下去。

奥巴马给女儿的信（节选）

贝拉克·侯赛因·奥巴马，以优等生身份从哈佛法学院毕业，美国民主党籍政治家，美国第44任总统，为美国历史上第一位非裔美国人总统。

我挑选这封信分享给大家是因为：这封信写于奥巴马刚刚结束两年的竞选周期、即将就任美国总统的前几天。两年当中，妻子和两个女儿一路相伴。在这封信当中可以看到，这位父亲无论在外面身居什么地位，面对自己的孩子，他仍然能像对待同辈人一样，和她们沟通，把自己看到的、心里想的、以后要做的事和对孩子的期许都恳切地写下来。

亲爱的玛丽亚和莎莎：

……

我明白这两年我错过的太多了，今天我要再次向你们说说为何我决定带领我们一家走上这趟旅程。

当我还年轻的时候，我认为生活就该绕着我转：我如何在这世上得心应手，建功立业，得到我所想要的。后来，你们俩进入了我的世界，带来的种种好奇、淘气和微笑，总能填满我的心，照亮我的生活。突然之间，我为自己谱写的伟大计划显得不再那么重要了。我很快发现，我在你们生命中看到的快乐，就是我自己生命中最大的快乐。而我也同时领悟到，如果我不能确保你们此生能够拥有追求幸福和自我实现的一切机会，我自己的生命也不可能产生多大价值。总之，我的女儿，这就是我竞选总统的原因：我要让你们俩和这个国家的每一个孩子，都能拥有我想要给他们的东西。

我要让所有儿童都能够在发掘他们潜能的学校就读，这些学校要能挑战他们，激励他们，并灌输他们对身处的这个世界的好奇心；我要他们有机会上大学，哪怕他们的父母并不富有，而且，我要他们能找到好的工作；让他们有时间陪孩子，并享有带着尊严退休的工作。

……

这正是我在你们这种年纪时，外婆想要教给我的功课，她把独立宣言开头几行念给我听，告诉我有一些男女为了争取平等挺身而出游行抗议，因为他们认为两个世纪前白纸黑字记录下来的这些句子，不应只是空话。

她让我了解到，美国之所以伟大，不是因为它完美，而是因为我们可以不断让它变得更好，而让它如何变得更好的未竟工作，就落在我们每个人的身上。这才是我们交给孩子们的责任，每过一代，美国就会更接近我们的理想。

我希望你们俩都愿意接下这个工作，看到不对的事要想尽办法改正，努力帮助别人获得你们有过的机会。这并非只缘国家给了我们一家这么多，你们也当有所回馈，而是由于你们对自己负有义务。因为，唯有当你把你的马车套在更大的东西上时，你才会明白自己真正的潜能到底有多大。

这些是我想要让你们得到的东西：在一个梦想不受限制、无事不能成就的世界中长大，长成具有慈悲心、坚持理想，并能帮助打造这样一个世界的女性。我要努力使每个孩子都有和你们一样的机会，去学习、梦想、成长、发展。这就是我带领我们一家展开这趟大冒险的原因。

我深以你俩为荣，你们永远不会明白我有多爱你们，在我们准备一起在白宫开始新生活之际，我没有一天不为你们的忍耐、沉稳、明理和幽默而心存感激。

爱你们的爸爸

第十七章

重来的勇气

你会培养自己和孩子的“逆商”吗？在小挫折、大挑战面前通常你是如何应对的？逆商是拥有跌倒谷底依然站起来的勇气和智慧。司马迁、李宁、褚时健、史玉柱、马云无一不是超高逆商的代表。

曹八姐是我的强心剂

“还记得年少时的梦吗，像朵永远不凋零的花。”中学毕业时，语文老师写在同学录上送给我的这句话一直让我记忆深刻，我也一直算是一个敢追梦的女孩。

第一次出门我选择了大上海，记得临走前，闺蜜送了我一盒糖，她好像仙女似地知道前面路不好走，塞到我手里告诉我，在外面一定要坚强，这盒糖你一年只能吃三颗，你只有三次机会，必须是在你难过到极点觉得快撑不下去的时候才能吃一颗。面对这可爱的少女约定，我说:“好的记住了。”但其实心里在倔强地想:“哼哼，我一定一年都不会吃一颗的，没什么能让我撑不下去。”

到上海的廉价航班落地时已经是半夜，打车到市区的旅馆160多块，花了我一半的家产，兜里就剩一百多块了。第二天睡醒时的天下着绵绵细雨，我第一次感受梅雨季的上海，被子潮潮的、黏腻的，很不舒服，我恍惚了一会才记起现在我是在完全陌生城市里的一间小旅馆的床上。那天我出去找了一天的工作无功而返，在回程的地铁上仅有的一百块钱被偷了，回到旅馆，面对老板要房费的我只能慌张地、脸红地说请他再宽限几天，大概看得出我是刚毕业来找工作的，老板温和地答应了。

回到房间的我没有钱吃饭，没有钱充电话费，也不敢多打电话，看着五六平方米的小房间，梅雨的味道充斥鼻腔，眼泪“唰”地就出来了，我双手捂着脸，一边哭一边问自己“为什么要把自己放在这种境遇”，“要坚持，以后这都是我的经历和笑谈”。千真万确，当时我真的这么想，一边哭一边给自己加油打气。那天晚上我吃了一颗糖，吃的时候我想起我的母亲曹八姐说的一句话“女儿，生活越艰难，我们就要越坚强”。这句话给我打了一剂强心针，让我振作了许多，之后便昏昏沉沉地就睡着了。

现在的我依然生活在上海，不同的是，我的居住环境、社会身份、经济能力都上了好几个台阶。有时我会路过曾经住过的那家小旅馆，想想那时候的自己很可爱，有句心灵鸡汤这时候听着很受用：“将来的你，一定会感谢曾经努力拼搏的自己。”

一边美发一边吊盐水

看威尔·史密斯的电影《当幸福来敲门》时哭了又哭，这是根据真人故事改编的电影。

电影的主人公做生意失败，和老婆离婚，带着儿子又开始了独自创业的艰辛过程。他每天提着两包行李，换不同的地方住，有时和儿子睡在公交站，有时住在教堂里。最心酸的一次，他们住在地铁站的厕所里，一整晚他都倚着门，为了不让人进来上厕所而打扰到儿子睡觉，那一刻，屏幕前这个身高快1米9的男人，流下了生活所迫的辛酸眼泪。

但他没有一天放弃，没有一天不努力，即使这样挫败，他仍旧不断找新的机会和希望，最终在别人都不看好的情况下通过坚持努力，得到了去大公司工作的机会，从此命运改变，过上了好的生活。看这部电影的过程当中，我哭了好几次，我比其他观众更感同身受一些。从小到大我和八姐一起搬过太多次的家，从一个城市到另一个城市，重新开始好几回。

刚和梁爸爸生活没多久，他便身体不好，八姐不离不弃，一直照顾他的生活起居。印象最深刻的是，妈妈的双手经常在理发和扎针之间来回切换。常常理发店的工作做到一半，梁爸爸感觉身体不好，就要立刻打车去医院挂急诊。需要输液的次数越来越多，家里距离医院近一个小时的车程，那时理发店一天的收入也只有200块左右，一去医院理发店就要关门一天，这样不定时跑医院的成本太高了，后来就决定在家里面自己打针。就这样，八姐在家里面硬着头皮学扎针。这还真是个技术活，你要捏着针筒对准血管，噌地一下扎进去，梁爸爸也不容易，每天被试扎好几次，手背都快扎成了蜂窝煤。

长大后才能体会到，那时候生活经济问题、我上学的问题，以及自己丈夫身体状况的压力，对于八姐一个女人来说，这担子实在是太重了。我常说我永远没有资格在她面前谈吃苦，我从来没有体会过整个家庭的重担压在我一个人身上的感觉。那时我的妈妈真的很辛苦，尤其是精神上的压力，总是绷着一根弦，在我和梁爸爸时不时就开火的关系之间做调和。曾几次，我和妈妈痛苦到想离开，最后每次我们娘俩都因为更恐惧“搬家，从头再来”而继续留下。

现在云淡风轻过后，我回想那些年，格外心疼八姐，她说：“那时候多亏一些话语给我力量，比如**‘生活越艰难，我就要越坚强’，‘人生就是在希望和等待中度过’**，等等。”八姐在我成长过程中帮助我把负面词语从生命当中拿掉，替换成有正能量的词语，这是一种价值千金的能力，就好像即将升空的热气球，只有把拽着它的石头都扔掉，才能越飞越高。

我疼她，敬她，爱她，这位了不起的母亲！

像猪一样的坚强

2008年“5·12”汶川大地震，8级地震导致直接经济损失8 452.15亿元，69 227人遇难，374 643人受伤，17 923人失踪。

还记得当时被大肆报道的那头猪吗？被困196小时的60岁的老太太王有群，是汶川大地震中被埋时间最长的获救者。然而有一头猪，它被困36天，靠吃木炭和雨水为生，被抢救出来时竟然还活着！这36天它从300斤瘦身到100斤。救出后还流了泪，大家给它取名“猪坚强”！

建川博物馆馆长樊建川先生用3 008元将这头猪买下来，安置在建川博物馆内，又花一万块盖了独栋别墅“猪坚强之家”供它居住。现在，“猪坚强”已经12岁，体重400多斤了。它生活在博物馆里，饲养员王福清专门照顾它。最初“猪坚强”每天要吃七顿饭，为了补充营养还吃鱼肝油。在精心照料下，“猪坚强”成长迅速，最胖的时候走路都走不动，体重压得猪蹄都裂开了。于是王福清停止给它喂饲料，改成玉米、豆类和白菜萝卜这样的“健康食品”，还督促它锻炼，于是它的体重渐渐恢复正常了。“猪坚强”生活很规律，吃饭、睡觉、散步。每天下午3点多，王福清来给“猪坚强”喂吃的、给它洗个澡，散步。

常常会有慕名而来的游客探望它，我就是其中一个。猪坚强一点都不怕生，身上超级干净，完全没有味道，毛发梳理得整齐。我走进它时，它淡定自如得很，可以说是非常有明星范了，任凭你抚摸拍照，它悠哉悠哉地吃着食物，很配合，我猜它都会找镜头了呢。

每年的5月12日，“猪坚强”的老主人万兴明就会来看望它，而“猪坚强”也会表现得很兴奋。

2011年，“猪坚强”有后代了，6只小猪出生了，出于纪念和保护它的目的，有关部门指定“猪坚强”的后代不做食用猪肉，可以免于被宰、被红烧、被清蒸的命运，实在是太励志了！凭一己之力改变了猪家的命运。

朋友们，可一定要比猪坚强啊！哈哈哈！

风雨哈佛路

有一位学者说：“人若没有好的家庭环境，则很难展开正常的生活。”我认同，又不完全认同，如果你正在看这本书，我想拿掉这种认为不可能的思想，跟你从另一个角度聊聊这个概念。

我自己就是典型的在逆境中长大，何时软弱就何时刚强的人，我还要跟你分享另一个女生——《风雨哈佛路》的作者莉丝·默里。

这本书我是在一个周四的晚上，两杯柠檬水加半盒纸巾一口气用六小时读完的，其中热泪盈眶不下20次，落下眼泪不下10次，情绪失控不下六次，我深深沉浸在她——一个跟我有点像的女孩的故事里。我沉迷于她对细节的描写，仿佛身临其境，我就在她的屋子里，在她的床边，看她争吵、看她逃跑、看她哭泣、看她居无定所、看她颠沛流离、看她爱了又爱。我也看了2003年根据这本书改编的同名电影《风雨哈佛路》，电影还获得了第55届艾美奖的三项提名。我固执地坚持看完原著再看电影。

电影不错，豆瓣评分8.1，只是"一千个读者就有一千个哈姆雷特"，我始终对最后的画面耿耿于怀。想象中的最后一个画面应该是，她紧张地在门口踱着步、搓着手、咬着嘴唇等待快递员骑着车过来送信，而她也意识到那是来自哈佛的信，是新世界的信……

哈佛大学的平均录取率为5%，是全世界最优秀的学生中的5%啊！这个贫民窟女孩，生活远比你想象的糟糕一万倍……父母吸毒，从小看父母给自己注射毒品，她吃垃圾，不洗澡，却在街头流浪的日子里两年读完四年制的高中，获《纽约日报》一等奖学金，白宫计划榜样奖；脱口秀女王奥普拉为其颁发"无所畏惧奖"；克林顿总统接见她，并授予其"美国当代杰出女性"荣誉称号。她通过自己的努力，实现了人生从绝望低谷到凌云高峰的逆袭。

谁的人生没遭受过苦难，在那些黑暗的、没有出路的时候，在那些冰天雪地、想要逃离的日子里，在那些歇斯底里绝望的瞬间里，我一直相信，自己的生活之外，还有一个光鲜亮丽的世界，我会拥有。不管在哪里，身处何境。我永远向着阳光祈盼着。

想唱歌的人总能找到歌唱。

我们可以选择努力，为自己创造一种生活，这种生活绝对不会被我的过去所束缚。

“生活越艰难，我就要越坚强。”这句话不仅曾经点亮过我和曹八姐的生命，也对我们身边的朋友有着非凡的意义。在八姐经营理发店时，她已经不止一次通过自己的劝慰，让怒气冲冲或心情沮丧来做头发消费的顾客走的时候带着满脸笑容。她总是通过不同的话语给予这些顾客力量，有的可能并不熟，有的却已经成为朋友，八姐总是在看到他们心情不好的时候、低落的时候，就用听到的话，学到的话，鼓励自己也鼓励对方。

你知道吗？愿意鼓励别人，给别人带来力量，也是一种美德。感谢我的母亲曹八姐为我的生命带来这么多的力量。

八姐＆思媛支招：

1. 推荐你看《风雨哈佛路》这本书，尤其推荐给少女、青年女孩或原生家庭糟糕的人，你会获得无限的力量和希望。

2. 如果你也想一睹“猪坚强”本猪的风采，就快去成都建川博物馆吧，猪坚强年纪也不小啦，抓紧时间啦！

3. “生活越艰难，我就越坚强”，这是一个价值千金的信念，让它深深植入你的脑海吧。这条信念会帮助你日后不管处在什么境遇，都能拥有反败为胜、再登巅峰的勇气和智慧。

八姐诗词分享

竹　石

郑板桥

咬定青山不放松，立根原在破岩中。
千磨万击还坚劲，任尔东西南北风。

译文：

竹子抓住青山一点也不放松，它的根牢牢地扎在岩石缝中。经历无数磨难和打击身骨仍坚劲，任凭你刮酷暑的东南风，还是严冬的西北风。

这首诗表面看是写竹，其实是写人，它的意境是像题画一样，赞美竹子的坚定，实则是借竹子这个意象形容自己面对艰难困苦而宁折不弯的性格。“千磨万击还坚劲”就是他形容自己的性格，面对千难万苦，像竹子一样，宁折不弯、绝不屈服、不为五斗米折腰的这种文人的气节，是特别值得欣赏的。

郑板桥笔下的竹子，其实就是他性格的真实写照，他很坚毅，是一位两袖清风的好官。

不管是写它也好，画它也好，文人一直以来都很喜欢竹子，竹子常常能表现一个人的高风亮节和傲骨。人可以没有这个傲气，但是一定要有傲骨。

苏轼也说过“宁可食无肉，不可居无竹”，可见竹子对文人有多么的重要。

这首诗送给喜欢竹子的你。

第十八章

时间颗粒感

珍视时间，把多少时间长度算为一个单位，
就是你的时间颗粒感。“一天、五个小时、十分钟？”
时间颗粒感越小的人越成功，
他们更重视每一分钟的安排和效率。

曹八姐是我的日不落

“还记得年少时的梦吗？像朵永远不凋零的花，陪我经过那风吹雨打，看世事无常，看沧桑变化。”这首老歌这么多年了依然被大家喜欢，它唱出了很多人的心声。

中学时，我有过两位语文老师，老李和小李。我很喜欢老李，他讲课文讲到动情处会闭上眼睛，陶醉其中，看得出他是一位酷爱文学的老师。他性格温和，没发过火，也不易生气，就是一位憨厚的大家长。不过据说如果他真的生气起来，那才叫平地一声雷呢，黑板都能扎出洞来。

小李老师叫李健，是老李的女儿。那时她大学刚毕业没几年，20几岁，白白净净，戴着黑框眼镜，甚是可爱的样子。她性格依旧温和，是个邻家大姐姐。毕业的时候，我请李健老师为我写一张同学录。她在上面为我写的就是这句话，“还记得年少时的梦吗？像朵永远不凋零的花”，她很认真地告诉我，她看得出我是一个有梦想，也有勇气敢于追梦的女孩，希望我一定要记住心中的梦想，一定要勇敢去追。

她的字很大，飞扬在那页纸上格外醒目，“梦想”两个字格外耀眼，在毕业季的夏日里闪闪发光。我想我从那里看到的是希望，是更多的可能性，是更好的未来。

对于追梦这回事儿，我常常看到人们是两个极端，有一方阵营的人穷其一生都在追逐梦想，而有的人正如富兰克林的那句话“有的人25岁就死了，只是到75岁才埋葬”，他们心中也许有梦，可是从不追梦，不敢走出舒适圈，也不想改变现状。

我的母亲曹八姐是属于一直在追梦的人。就在前年，她已经48岁。有一天我回到家里，发现家里多了笔墨纸砚，可谓是毛笔、宣纸、砚台一应俱全。我好奇地问这是要做什么，八姐说她小时候一直喜欢书法，但是没有条件学，最近越来越觉得这事儿不能等了，就利用空闲时间自己练习一下吧。我打开看，宣纸已经被她写满了好几张，上面全是大写的一，一横一横的，这是在练横平竖直呢。就像牙牙学语的小孩子从头开始一样，人生到这个年纪，依然有从零开始的勇气和好奇心是极难得的。我心中有无数个瞬间，觉得她是我的妈妈，我为此感到非常骄傲，这就是其中一个。

你看她真的像日不落一样，已经年近50，很多人都说这个年纪都黄昏了，半截身子进了土，年过半百，还学什么呀？在家等着抱孙子，退休颐养天年喽。但她的太阳永远不落，永远在升起的路上，她不仅在业余时间背诗词、阅读书籍，现在又练起了新技能——书法。这无疑激励到了我，八姐一直在进步，而我常常因为工作忙就忘记了阅读，我坐下来细想了一下，觉得很惭愧。于是当天我就决定我要捡起阅读的习惯，工作忙不是借口，从那一天开始我给自己规定，一周读一本书。我涉猎历史、文学、科技、商业、物理、科学、心理等好几个领域，只要是我感兴趣的，我都去读，并且从书中提取这个行业领域的精髓，让它成为自己大脑知识库的一部分。

罗曼·罗兰说过：**“多读些书吧，因为书、知识是唯一的美容佳品。”**书是女人气质的时装，读书这件事不分年龄。对于任何人来说都是，你可以在家里每个角落放几本书，让书成为你随时可以拿到的物品。记住，只要你想读书，眼下就是黄金时间。

齐白石半路出家学画画

走在路上常常能看到小孩子的书包大大的，由父母或者外婆辈的老人帮拿着。每到节假日，我常常感叹小学生甚至是幼儿园的孩子比

我还忙呢，他们一刻不得闲儿，奥数、英语、钢琴，样样都要学。

有一句已经被说烂了的话“不要让孩子输在起跑线上”，不管什么特长爱好，一定要从小抓起。起跑线重要，但人生是场长跑，后来者居上的故事也不少。

齐白石先生可以说是大器晚成的代名词，2018年，齐白石的作品《山水十二条屏》以9.315亿元成交（约合1.41亿美元），刷新了全球中国艺术品的拍卖纪录，成为首件进入1亿美元俱乐部的中国艺术品。毕加索看到齐白石的画感叹说："齐白石真是了不起的中国画家，中国画师多神奇呀，齐白石用水墨画的鱼儿没有上色，却使人看到长河与游鱼。”这样一位巨匠，代表中国绘画艺术巅峰水平的齐白石先生，竟然是半路出家的。在他25岁以前，他一直在做一名普通的木匠。25岁那年，一位画家看到了他在木头上面画的花草，顿觉惊艳，决定教他画画。

按照现代很多人的思想，25岁已经大学毕业参加工作了，就算学习什么，也只是业余爱好了，很难成为专业的。很多家长不仅在孩子幼儿园的时候开始培养孩子的学习特长，更是在娘胎里就进行胎教，开始熏陶了。所以，真的难以想象，这位25岁才开始学习画画的齐白石日后会有这么大的作为。

你以为他一开始画就一举成名，流芳千古了吗？不仅没有，这期间还经历了一个简直太太太漫长的过程。他坚持不懈，每天要进行十多个小时的练习。可即使是这样，他已经画了快40年了，一直到60岁，都没有名气，也没有被人所赏识。又过了几年，他遇到了徐悲鸿，徐悲鸿看了齐白石的画，对自己的学生说："齐白石可以做你们的老师，也可以做我的老师。”对他的画大力赞赏推崇，这才使他被世人所熟知。

这里有一个小传说跟大家分享。话说齐白石先生曾经遇到一位算命先生，说他75岁有一劫，齐老先生听了就信了，心想这可怎么办，不想经历一劫呀。怎么办呢？他也真够机智，在75岁的时候，齐老特意将年龄对外加了两岁改为77岁。因此，如果你看到他的画上出现75岁和76岁的印章，那就是赝品啦。

据说齐白石在85岁那年的一天上午，他写了四幅条幅，并在上方题辞："昨日大风，心绪不安，不曾作画，今朝特此补充之，不教一日闲过也。"齐白石在说昨天天气刮了大风，心情也不是很好，所以没有画画，今天要把昨天没有画的时间给补上，不能让一天是闲着的。他珍惜每一刻时光的心情可见一斑。

年龄不是限制，你自己才是限制你自己的根本原因。

你热爱生命吗？如果是的，那么别浪费时间，因为时间是组成生命的材料。

吴承恩年近80岁完稿《西游记》

有这样一位出生在500多年前的充满正义感的愤青，他从小就喜欢读神仙鬼怪之类的小说和野史，非常享受让自己遨游在光怪陆离的神话世界里。在他的人生历程中，先后经历了明代弘治、正德、嘉靖、隆庆、万历五朝皇帝。

嘉靖年间他做了官，且是个爱民的好官。当时正逢他执政的地方遭遇百年未有的大旱，他为了解决百姓的温饱问题日夜奔波。当时的贪官来视察，仅仅由于他没有及时迎接、奉上厚礼惹得贪官不高兴，便以莫须有的罪名把他抓起来关入大牢。

当地的百姓知道他是位好官，联名请命才把他救了出来。这时明朝已经开始进入晚期，政治衰败，贪官污吏和奸臣佞臣当道，这次牢狱之灾让他产生了一个念头，他决定远离仕途，专心创作文学作品，想要把当代的这些丑恶事实描述在神话故事里，用一个个神话人物来映射当时的恶势力。

这一年他已经50多岁，是两鬓开始变白的中老年人了，这一写就是几十年的时间，一直写到了去世前几年。这部作品被称为中国四大名著之一，在西方国家也引起了强烈反响。直到现在为止，这部作品

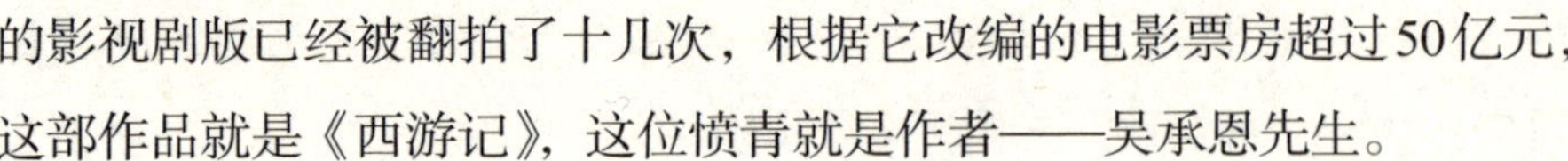

的影视剧版已经被翻拍了十几次，根据它改编的电影票房超过50亿元，这部作品就是《西游记》，这位愤青就是作者——吴承恩先生。

在看《西游记》的时候，你会发现有很多出现道士的地方，车迟国和乌鸡国那两集最为典型，且道士往往都是反面角色。这是为啥呢？道教和吴承恩的信仰不符？不是，并不是吴承恩对道教有什么偏见，而是他对当时的皇帝痴迷道教这件事情深感不满，以此来影射当时的社会风气。

你还记得唐僧师徒四人路过比丘国吗？当地的国王身染重病，这时有道士跟他进谗言，说要用1 000个男孩的心肝做药引，所以全国上下每一家门口都有一个笼子，把家里的男童放在笼子里面进贡给皇上。最后是孙悟空深入皇宫，识破了这个所谓的道士其实是妖怪装扮的。这就是赤裸裸地在影射、批判当时皇宫里宫女联合刺杀嘉靖皇帝的重大事件。

据野史记载，当时的嘉靖皇帝修炼仙丹几乎到了走火入魔的地步，他非常想长生不老，于是身边的道士给他出主意，用处女的经血炼制灵丹妙药可保他长寿。于是，全国上下大批十三四岁的女孩子被招入宫，为了保持身体干净只能喝露水吃少量青菜，很多还没成年就被折磨致死。宫女们都苦不堪言，忍无可忍无须再忍，终于爆发了。以杨金英为首的宫女们决定反抗，趁嘉靖帝睡熟的时候用麻绳想将他勒死！宫女们真的动手了，一行十几人还真的差一点就成功改写历史了。不料当时突然有一个宫女害怕了，跑去通风报信，这才导致计划失败，嘉靖皇帝因此逃过一劫。而那些可怜的宫女最后被千刀万剐凌迟处死。

这桩桩件件的事情刺痛了爱国爱民的吴承恩的心，他开始创作《西游记》，写了十几回，一开始就被列为禁书。佞臣当道，在仕途上他没有再得意，一直被打击，同时也对国家感到深深的失望。这中间他居无定所，曾经停笔了十几年。最后他完全退出江湖、归隐山林之时，已经70多岁。到了古稀之年的他没有平淡度日，而是再次提起笔，用生命剩下的时间继续创作，一连写了7年，就这样完成了《西游记》最后的全部内容。

当吴承恩真正开始完整系统的文学创作时，已经年过古稀，你能说这样的人已经没有时间了吗？是的，在生活中有人觉得这个年纪的爷爷奶奶就在家安享晚年了，而吴承恩这个时候才开始进行最后的创作，所以永远都有时间。当下，现在，在你面前的就是时间。种一棵树，最好的时间是十年前，而其次就在现在。请记得黄金时间就在你的面前，而不是背后，抓紧做你想做的所有事情吧。

八姐＆思思支招

1. 像上面几个故事的主人公一样，不要在意年纪或任何限制你行动的因素，选择一个你曾经想学却一直没有学的爱好，尽早把这件事情提上日程吧。

2. 把“黄金时间在我们面前，不在背后”这句话贴在你的办公桌和床头吧，时刻警醒自己，当下就行动吧，这就是最好的时间。

八姐诗词分享

早　冬

白居易

十月江南天气好，可怜冬景似春华。
霜轻未杀萋萋草，日暖初干漠漠沙。
老柘叶黄如嫩树，寒樱枝白是狂花。
此时却羡闲人醉，五马无由入酒家。

译文：

江南的十月天气很好，冬天的景色像春天一样可爱。寒霜未冻死小草，太阳晒干了大地。老柘树虽然叶子黄了，但仍然像初生的一样，寒樱不依时序枝上开出朵朵白花。这个时候的我只羡慕喝酒人的那份清闲，不知不觉走入酒家。

在我老家，北方冬日的天气是比较冷的，但是在南方呢，没有特别冷的时候。你看这首诗表达的就是这种差别，我喜欢这首诗，因为白居易在杭州住过，他喜欢杭州，喜欢西湖。也是因为他，杭州西湖更加有名气。

“可怜冬景似春华”，这是说虽然已经进入早冬的季节了，但天气却还像春天一样，太阳暖暖的，“日暖初干漠漠沙”，把沙滩都晒得暖暖的。

他把冬天比喻成了春天，这也象征着他是一个很乐观的人，他的心情是更愿意把它当作春天一样，充满了希望与生机。

最后一联“此时却羡闲人醉，五马无由入酒家”说的是他这个时候路经杭州，很羡慕那些可以喝酒人的那份清闲，不知不觉，我都快要走入酒家了。描写出这样一份很恬淡的田园生活，这也是特别美的一个地方。

第十九章

反人性的自律

我知道你也想扔掉“拖延症、坏习惯、坏情绪”，
每一次克制自己就意味着更强大。去触及更高的自由吧，
自由不是你想做什么就做什么，
而是不想做什么就不做什么。

曹八姐是我的总控台

我喜欢听故事，也喜欢讲故事。我一直有一个想法，想要把自己听过的故事都分类整理，记录下来。因为我自己就是故事的受益者，我不是听大道理，而是听故事当中的道理长大，这是很好的启蒙方式，也更容易接受。故事比大道理更吸引人，通过故事让人从中得到启发，是再好不过的了。

从萌生一个想法到开始实践这个想法，是不容易的，从开播我的喜马拉雅节目“思思故事汇”开始，没有投资人，没有公司，没有团队，我只有自己一个人，没有人会准时盯着我，没有人期待几点要上线，没有人在意哪一天要发新的节目。为了理想，为了热爱，为了使命，我想话题、搜资料、整理内容、录制节目。

相当长一段时间我陷入了“撞墙期”，很累很疲乏，完全不想录节目，不想找新的素材，甚至录到快忘了初心：我为什么要这么做？最厉害的一次，有一天晚上我因为烦心事失眠，快到天亮才睡，第二天状态很不好，觉得自己糟糕透了，完全没有心情讲。录音的时候，直到开始录的前一秒还顶着黑眼圈埋怨世界，垂头丧气。但在听到“5、4、3、2、1，开始”后，我立刻把声音提高8度，嘴角上扬，微笑着说开场白。

那集节目录完之后，我身边听到这期节目的人和知道我当天状况的朋友，都感到特别惊喜，没想到我会有这样的发挥，而我自己也很有成就感，很骄傲我会在无人监视下有着这么敬业的表现。我在想，是什么原因让我在倒计时结束的那一秒钟，能立刻精神抖擞进入状态呢？我想是因为这句话“每一次克制自己，就意味着更强大”。每当我倦怠了，贪玩了，没有动力了，八姐总是会提醒我，“**要做你该做的事，而不是做想做的事**，因为现在你还没有达到可以做自己想做的事的阶段。”这句话就像一根发条，一直紧绷在我的脑海当中，八姐就像我的总控台一样，每天当我选择做什么事情的时候，我脑海当中就会浮现这句话：“做该做的事，而不是做想做的事。”

此刻我该阅读，而不是滑手机追剧；此刻我该起床整理，而不是继续赖床；此刻我该处理工作，而不是出去购物；此刻我该写作，而不是去看综艺。现在我的节目已经开播一年了，从我决定做这件事情开始，我克制了太多次自己的欲望，每天至少会克制两三次想要刷娱乐新闻的欲望，而改为关注时事热点；每星期都会减少外出看电影、闲逛的时间，而改为去图书馆查资料、阅读；和朋友的聚会几乎没有，“996”**算什么？我觉得我是“007”，每天10个小时以上，每周7天**。

这样的克制给我带来的回报是，我的节目受到越来越多的人喜欢，有很多人从中受益，来信感谢我，我的存在让更多人变得更好，这是无与伦比的价值。而我因为不停地阅读学习，现在也成为我家族当中第一位出书的人。最重要的是，以前我是希望自己成为更好的人，而现在我已经成为更好的人。我拿掉很多大脑当中的限制，我的内心住着的“可怜的自己”“情绪的自己”“迷茫的自己”已经消失不见，我知道，只有“他们”消失了，我才会更上一个台阶。

情绪怪兽

有则社会新闻事件，挂在热搜好几个月，非常受关注，朋友圈、公众号、微博热点、新闻门户网站等全网都在报道这件事。

这是一起发生在北京野生动物园里的老虎咬人的事件。从监控视频里可以看到，正在开车的老公和副驾驶座位上的老婆起了争执，老婆怒气冲冲地下车，从车前面绕过，走到驾驶位旁要开车门，想把老公拽下来。就在争执时，一只老虎突然从后面窜出来，咬住了女人的身体往后拖，突如其来的意外吓傻了老公，他怔在那里没反应，就在这千钧一发之际，是这个女人的妈妈从后座上立刻下车去拉女儿想要救回来。令人悲伤的结果是，老虎松开了女儿，却把她妈妈拖走了，这位母亲被送医院后抢救无效去世了。

全程的监控视频看得人触目惊心。事情很悲惨，同时也给大家都敲响了警钟：克制不住情绪多么可怕呀！如果当时他们没有发生这些冲突的话，或者即使发生冲突，如果她不置气下车的话，就不会导致这样的结局。有人说是动物园没有管理好，老虎园没有围栏，有人说是当事人情绪没有控制好。我觉得追根到底还是因为：一、当事人违反了规则。野生动物园已经明确告知游客，开车中途是不准下车的，这是规则，社会因为有秩序才能有条不紊地运行，规则不能违反；二、动物可能不懂得控制，但我们人跟动物的区别就是人有思想啊，人是可以控制自己的！坏情绪来了就像一个魔鬼，可以瞬间吞没好的事物，这个例子就是反面教材。

能控制好情绪的人，才能控制好自己的人生。情绪就像一个小怪兽，小的时候你不控制住它，等它长大之后就会吃掉你，千万不要把它越养越大。

杀死自己

西晋时期有个人叫周处，他小时候父亲去世了，母亲特别溺爱他，什么都依着他，养成了他为所欲为的性格，在乡里横行霸道，加上人长得高大，又会些武艺，大家都怕他。

有一天他走到村里的时候，看见几个老人在聊天，他看他们每个人都愁容满面的，就问："你们怎么愁容满面的，现在正是好时候哇，国家太平，也不用让你们的孩子去打仗，丰衣足食的，你们愁什么？"

老人不认得周处，便说："年轻人你不知道我们当地有'三害'

吗？”周处不解：“什么‘三害’，我在这里长大怎么没听说过？”老人说道：“这第一害是咱们乡里南山有猛虎啊，经常下来伤人、伤牲畜；这第二害是南海有蛟龙，常常兴风作浪啊；最后一害，是我们乡里有个叫周处的人，此人横行霸道，看别人不顺眼就发脾气，还会打人，乡亲们都怕得很，不敢跟他家有来往啊！”

周处听完刚要勃然大怒，还是极力忍住了，心里突然觉得好羞愧，自己作为一个人，竟然被乡亲们拿来跟猛虎和蛟龙相提并论，称为“三害”，看来自己已然成了乡亲们心中的祸害！他满腹心事地往家走，边走边想，不能就这样下去，应该做些改变了。当晚，他决定一定要把猛虎和蛟龙这两害除掉，为乡亲们做点事。

就这样，艺高人胆大的他上山去除猛虎，下海去抓蛟龙，用了几天的时间，用他的智谋和胆略把这两害除了！乡亲们听到后无不拍手称快，简直不敢相信周处为大家做了这样的好事，相信你也猜到了，而那最后的一害，他很有决心地把坏的自己给除掉了，留下了一个更好的自己。

他克制住了自己的情绪，成了新生的人，继续做好事最终成为造福一方的好人，得以千古流芳。如果当时他没有控制好自己，而是继续任由自己的性情发展下去，恐怕这就是一个遗臭万年的故事了。

这位烟民不一般

我建议你把这个故事深深地记住，这里不仅是克制，更是超越了克制、达到极度自律的故事，而能够达到如此高度的这个人，就是毛主席。

我惊讶地发现，毛主席竟然是一位重度烟民，在那个年代大家不知道吸烟是有害的，反而觉得香烟是提神醒脑的，觉得抽了它就特别精神，一口气上五楼不费劲。毛主席非常喜欢抽烟，尤其喜欢晚上通宵工作时吸烟，他认为晚上安静，工作效率高，就一根接一根地抽。他喜欢抽烟还有一个原因，就是容易和群众打成一片，一边抽烟一边聊天让人感觉很亲切。人民群众也都知道毛主席喜欢抽烟，所以他走遍全国，不管去哪儿大家都递烟，只要递烟他就来者不拒，结果就像滚雪球一样，这烟瘾越来越大。

故事发生在他去重庆和对手蒋介石谈判时期，那次要在重庆待43天，这43天当中，他们大概有三分之二的时间是一起度过的，白天都要一起开会，商谈重要事情。大家发现，这43天里，在交谈的过程当中，毛主席从来没有抽过烟。不是听说毛主席嗜烟如命吗？为什么没有看见他抽烟呢？大家都觉得很奇怪。

后来才知道，毛主席在来之前就打听到了，蒋介石没有抽烟的习惯，为了表示对蒋介石的尊重，在开会聊天的时候，他就一根烟都不抽！想想看，有烟瘾的人是很难忍受一天不抽烟的。朋友聚会时刚吃完饭烟民朋友就赶紧出去抽一根。饭后一根烟，快乐似神仙。休闲娱乐来一根，朋友聚会来一根，烟瘾来了想要抽烟，怎么都能抽空去抽的，但在这长达43天中，毛主席竟然一根都没抽过！

谈判结束之后，毛主席和周总理一行人离开重庆的时候，蒋介石凝望着他们的背影，转身就说出了这段话："毛泽东此人断不可轻视，他嗜烟如命，手执一缕青烟绵绵不断，据说一天要抽一包，但他在知道我不吸烟之后，竟然在跟我谈话期间一根都不抽，对他的这种决心和精神不可小视，这一去，如若我们日后没有处理好，必成大敌。"

毛主席的这种克制力太强大了，以至于让蒋介石觉得如临大敌。事实果然验证了蒋介石的说法，毛主席是对手难以战胜的领袖。只有自律到可怕的人生，才会达到这个高度！

以前我只是崇拜毛主席的诗词，他是一代大文豪，一代伟人、一代风流人物。他实在是太了不起了，不管是政治、谋略、文学方面，都是表现非凡，才华横溢。读到这个故事，看到蒋介石给他的评价之后，他在我心里的形象就更丰满了。

成功者自律，自律者成功，致敬毛主席！

慢性自杀拖延症

你是否有过这样的情况：在本来该做作业或处理工作的白天，你接近中午醒来，晃晃悠悠，吃吃喝喝，看看电影，不知不觉到傍晚了，终于打开电脑或者手机准备处理这件事了，突然跳出一个新闻页面，你点开浏览，顺便又看了几个明星的八卦新闻，接着点了份外卖，吃东西的时候总感觉应该看会儿综艺节目。这一串动作结束后已经晚上10点了，你觉得太晚了，明天再做吧，顶多明天多做一点，然后抱着负罪感和悔恨睡觉了。

熟悉吗？学生时代和工作时的你有过这种经历吗？以前的我经常这样，一件事情拖到最后关头才做，假期作业常常最后一天写完，早上起床的闹钟要提前一个小时就开始响，10分钟设置一次，给自己足够的心理建设才起得来床。直到有一天，八姐知道了我的这个习惯后跟我说："你这是典型的拖延症重度患者。"我的天呢，八姐好潮呢，还说我是拖延症重度患者，在欣赏她之余我陷入思考，好像是这样，我确实拖拉，这个拖延症好像还真有点误事。

拖延症是慢性病，并且危害不小，它能够在无声无息的状态下毁掉你的人生。拖延症能让一个高效能人士变得平庸，能让一个平庸之辈变成低效能人士。它让你以为安逸是快乐，它一点点偷走你的斗志和理想。

怎么办？改变吧！怎么改变？走出舒适圈，让自己不舒服！这点真的挺难的。八姐跟我说："做你该做的事，而不是想做的事，你记着，每一次克制自己，就意味着更强大一点。"这些话让我思考，到底怎么做能不再重复我尤其不喜欢的睡前负罪感，那是一个疯狂怪圈，每天自责，可第二天依旧不想做，睡前再继续立志向，白天依旧卖豆腐。

从那开始直到现在，我每天只定一次闹钟。6点闹钟响了，我会用一个绝招让自己快速起床，那是我贴在床头的《圣经》里的一句

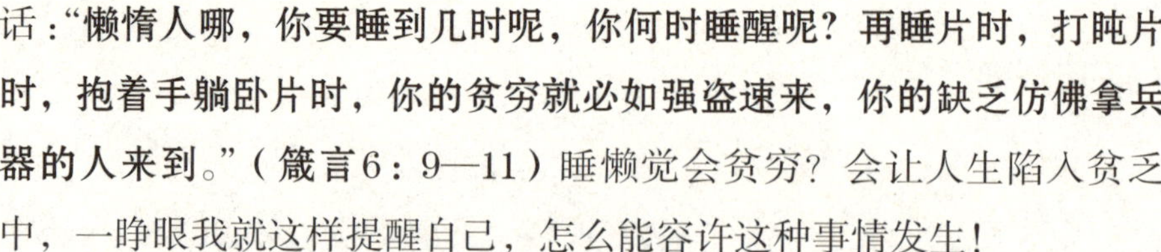

话："**懒惰人哪，你要睡到几时呢，你何时睡醒呢？再睡片时，打盹片时，抱着手躺卧片时，你的贫穷就必如强盗速来，你的缺乏仿佛拿兵器的人来到。**"（箴言6：9—11）睡懒觉会贫穷？会让人生陷入贫乏中，一睁眼我就这样提醒自己，怎么能容许这种事情发生！

现在的我6点起床后，会晨读一个小时的书，去室外晒太阳。有时是浇花半小时，有时是慢跑一小时，8点吃早餐时间浏览当天的新闻资讯，9点前梳洗完毕。当我做完这些事情，时间才9点！此时感觉世界都亮了，非常有助于提升自信。最重要的是，你会发现，自己变得很"高产"，原来一天可以做这么多事。24小时可以分割成很多很多小份，从而提高效率。

富兰克林说："**我从未见过一个早起勤奋的人抱怨命运不好；良好的品格、优秀的习惯，坚强的意志，是不会被假设的所谓的命运击败的。**"

李嘉诚清晨5点59分闹铃响后起床，随后读四五份当天的新闻报纸，打一个半小时高尔夫，去办公室开始工作，坚持数十年如一日；

苹果公司CEO蒂姆·库克每天4点起床，员工常常在黎明前就收到他的邮件，他还会在5点准时出现在健身房，结束运动吃完早餐，在7点前进办公室；

迪士尼CEO罗伯特·艾格每天早上4点45分起床，5点去健身房健身，6点坐进办公室；

星巴克CEO 霍华德·舒尔茨每天早上4点30分起床，吃早餐的同时能高效率地看完三份报纸，在6点之前赶到办公室；

Twitter创始人杰克·多西一般会在5点30分起床，做冥想，以及一个小时的慢跑；

通用电气（GE）CEO杰夫·伊梅尔特每天5点30分起床做有氧运动，接着读报纸，看CNBC；

王健林每天4点多起床，运动一小时，6点前吃早餐，并在正式工作前看多份新闻资讯。

……

只有管理好早晨的人才能管理好人生。

继而你会发现，越自律，越自由。

自由不是想做什么就做什么，而是通过自律成为更好的人，可以不想做什么就不做什么。

八姐＆思媛支招

亲爱的读者朋友，读完本章请跟我一起思考以下几个问题：

1. 你有坏习惯吗？你最想克服哪个坏习惯呢？

2. 你想出不给自己退路，一定要克服某个问题的方法了吗？

3. 接下来你将如何更好地管理情绪呢？

4. 你有哪些一直想做却没去做的事？今天就开始迈出第一步，你准备好了吗？

5. 从明天开始你决定几点起床，让做事变得更有效率呢？

八姐诗词分享

游山西村

陆　游

莫笑农家腊酒浑，丰年留客足鸡豚。
山重水复疑无路，柳暗花明又一村。
箫鼓追随春社近，衣冠简朴古风存。
从今若许闲乘月，拄杖无时夜叩门。

译文：

不要笑农家腊月里酿的酒浊而又浑，在丰收年景里待客菜肴非常丰繁。山峦重叠水流曲折，正担心无路可走，柳绿花艳忽然眼前又出现一个山村。吹着箫打起鼓，春社的日子已经接近，村民们衣冠简朴，古代风气仍然保存。今后如果还能乘大好月色出外闲游，我一定拄着拐杖随时来敲你的家门。

陆游是爱国诗人，他一生很高产，写过九千三百多首诗。

“莫笑农家腊酒浑”，春节临近，要庆祝丰收年了，你不要笑话我农家酿的酒有点浑浊，但是它味道可是纯正的。今年丰收年，朋友来到家里，招待客人的饭菜非常丰盛。我到朋友家去，山重水复啊，山叠着山，跟没有路了一样，突然看到前面，啊，有柳树有花，又是一个村子，看到敲锣打鼓的大家庆祝丰收年。村民们衣着简朴，这里也民风淳朴，人人善良。今天晚上的月亮好美，我今晚乘着月色啊去探访朋友。这首诗里的最后这一个意境真是特别美。

这首诗有两句特有名，就算不会背全诗的都知道：“山重水复疑无路，柳暗花明又一村。”这句话现在用来鼓励人们，天无绝人之路，你虽在逆境中，却往往也蕴含着无限的希望。看似陷入绝境，其实也会出现转机。

而我最喜欢的是最后两句，“从今若许闲乘月，拄杖无时夜叩门。”作者就是想说，如果以后还能有机会的话，我一定趁着大好的月色外出闲游，我会拄着拐杖随时来敲你家门。

陆游是宋朝人，宋朝应该是所有的文人，真正的读书人都很想回到的一个年代，因为宋朝的时候，文人有最高级别的地位，你是文人，你是读书人，就特了不起。所以宋朝那个年代啊，特别美好，我之所以喜欢最后这两句就是我觉得那也是一种对美好生活的向往。你看他能够拄着拐杖随时来敲你的门，那个时候人们之间的关系是特别亲密的，夜不闭户，路不拾遗，晚上睡觉我们可以开着门，因为没有贼，走在路上丢东西，我不怕丢，因为没人会捡别人的东西。那个时代特别美好，我相信现在我们继续努力，多多地继续宣扬我们中华民族传统的这些正能量跟价值观，我们会越来越好的。

第二十章

犹太人教子三宝

比尔·盖茨、巴菲特、马克·扎克伯格、斯皮尔伯格，他们共同的特点是犹太人，犹太人仅占世界人口0.3%，却拥有巨额财富，他们控制着华尔街，掌控着好莱坞。他们巨大成就背后的秘密是在家庭教育上运用了这三样法宝……

曹八姐是我创造力的保护者

有创造力的孩子都是怪杰

在美国的高校中，包括哈佛、哥伦比亚大学在内的常春藤联盟学校中，有33% 的学生是犹太学生；还有差不多同样比例的犹太人在名牌大学里任教；美国最高法院中有30%的书记员是犹太人。

第一次世界大战以后的4 年里，有超过70%的营业执照都是颁发给犹太人的。到1929 年时，45% 的大中型商业企业都掌握在犹太人的手里，1938年，这一比例增加到了55%。20世纪30年代中期到末期，纺织、化学品、食品、交通运输、建筑材料和造纸行业的所有者中，犹太人更是占据了一大半。

来看看这些名字，比尔·盖茨，股神巴菲特，耶稣、摩西、毕加索、普利策、斯皮尔伯格、肯尼迪、卓别林、马克·扎克伯格（Facebook创始人）、迈克尔·戴尔（戴尔电脑创始人）、谢尔盖·布林和拉里·佩奇（谷歌创始人）、霍华德·舒尔茨（星巴克）、金融大亨罗斯柴尔德家族和石油大王洛克菲勒家族、麦当劳和哈根达斯以及时尚品牌GAP创始人唐纳德·费舍尔、CK创始人卡尔文·卡莱因，等等，这些人的共同特点就是：他们都是犹太人！

犹太人遍布在各行业顶尖位置上，“控制”着华尔街，“掌管”着好莱坞，华纳兄弟、梦工厂、哥伦比亚等八大电影公司的创始人是犹太人，美国的三大报纸——《纽约时报》《华尔街日报》和《华盛顿邮报》都为犹太人所拥有。

一个民族可以出这么多有智慧的人，而且能把自己的财富传承至几代人、上百年。在这个地球上，犹太人不过2 000万，仅占世界人口的0.3%，但他们却掌握着世界80%的财富，诺贝尔奖得主每四个人中就有一个人是犹太人。弗洛伊德、马克思和爱因斯坦更是名垂千古的“犹太三巨头”。

犹太人为什么在长达千年的时间里，在各个领域都持续影响着世界呢？上帝实在是太眷顾他们了，到底是什么让他们这么有智慧呢？你也一定不敢相信，根据国内外心理学者的研究调查发现，在世界所有的民族当中，中国人和犹太人是世界上最聪明的人，两者甚至是不分上下。然而为什么犹太人获得诺贝尔奖的数量是我们的40多倍呢？我想根本就是源于两者之间的教育方式不同。

深入了解研究之后，我发现犹太人确实很了不起，在漫长的历史长河中，犹太人做了很多让我听完觉得肃然起敬的事情。

关于犹太人，有三件事情让我觉得非常敬佩。

第一件事情——毁家纾难，复国！

犹太人终于复国重新建立了自己的国家，也就是现在的以色列。听起来可能觉得这没什么，他们本来就是一个国家啊，不是吗？

当然不是！历史事实是，在过去两千年的时间里面，由于犹太人遭到迫害、残杀，他们流散到世界各大洲的各个角落。他们虽然是同一个种族的人，却已经有了不同的语言和国籍，不同的生活习惯和思维，甚至是有了不同的宗教信仰。

两千年实在是太长了，如果按中国的历史来推算的话，两千年前刚好是西汉时期。我在想象，如果现在我身边突然有一个人跳出来说，我不是我，我是当年被刘邦打败的楚霸王项羽的后代，而我现在要复兴楚国，我要让全国改成楚人的世界！听完你会觉得，这是天方夜谭吧？

但是犹太人竟然做到了，他们为了一个共同的信仰，为了一个共同的理想和目标，即使分散了两千多年，即使他们现在已经有了不同的信仰、不同的国籍，不同的语言和生活习惯，是完全不同的人了，但他们仍然能够在最大的程度上放下彼此的隔阂，共同出一份力，抱团在一起。在实现复国目标的过程中，当时非常多富有的犹太人都拿出大笔的私人资产来买土地，可以说是名副其实的毁家纾难、忠贞爱国了。

他们买回了当年以色列的土地，插上了自己的国旗，就这样，在经过两千年漫长的历史后，他们的国家终于复兴了！他们终于在1948年5月14日建立了以色列国！这实在是太惊人，太让人热血沸腾了！

犹太人富有，然而犹太人一直都是特别节俭的，比如Facebook的创始人马克·扎克伯格，他已经拥有百亿美金的资产，可是他开的车只是一辆价值20万元人民币左右的普通汽车。因为犹太人对于金钱的概念是，我要把钱花在有价值的和更有回报率的事情上。一部车我的需求是代步，它已经实现了我对代步的要求，所以不需要更豪华的装饰。

第二件事情——复兴文化！

犹太人们觉得建立起自己的国家之后，要传承自己民族的文化，什么最能体现一个国家的文化呢？我想语言和文字绝对是非常重要的一个代表。

于是犹太人就把自己的母语——希伯来语重新整理，作为以色列的国语和母语使用。两千多年前的语言啊，想象一下，让我们现在国人都不要用简体字和拼音了，我们用几千年前的文字，甚至是甲骨文交流，这实在是太难太难了。

其实对现在很多犹太人来说，英文已经成为他们的母语了。金融界、好莱坞中知名的企业，如世界投资证券公司高盛、摩根士丹利、美林证券的董事，迪士尼公司、派拉蒙梦工厂、哥伦比亚电影公司、华纳兄弟、电影公司米高梅、21世纪福克斯以及哥伦比亚的创始人都是犹太人。他们已经非常熟练地使用英语了，但他们仍然坚持要延续希伯来语，他们真正做到了没有忘根、没有忘本、没有忘记自己是谁、从哪里来，荣耀民族的犹太人们，让人尊敬！

更惊人的，是在堪称世界最高级别的荣誉奖章诺贝尔奖中。从以色列国家成立开始，在希伯来文刚刚使用不到20年的时间，也只是一个小孩子从呱呱坠地到他刚刚上大学的时间里，就出现了用希伯来文写的作品获得了诺贝尔文学奖！这么短的时间，竟然能创造这么伟大的成绩来，不可思议，这也是第三件我敬佩他们的事情。

第三件事情——家常便饭的诺贝尔奖！

至今为止，诺贝尔奖已经有接近九百位获得者，这九百位的获奖者当中，竟然有两百多位都是犹太人，这个数字是什么概念呢？你要知道，犹太人仅占全世界人口的0.3%，可是竟然占了诺贝尔获奖者总数的近30%。他们是如何拥有如此的智慧呢？每个人在孩童阶段是不会自己成长的，那么犹太人的父母是怎么教育的呢？

世界上只有犹太民族通过母亲的血统来判断他们的民族。母亲是犹太人，那么生下的孩子就一定是犹太人。一个人的父亲是很伟大、很有名的犹太人，可是娶的妻子不是犹太人，那么孩子也不是犹太人。犹太人极其重视母亲在家族中的影响力，因为母亲是孩子最好的老师，犹太人从几千年前开始就极其重视女人，并了解女人的价值，这点让我叹为观止。

巴菲特说：“**如果你去中东找石油，请忽略以色列；如果你去中东找智慧，你必须去以色列。**”

你知道吗？犹太人极其重视教育，从公元前一世纪开始，他们就进行义务教育了，是世界上最早进行义务教育的民族。他们建国后，议会讨论的第一件事情就是通过“不论经济、地位、种族，3—18岁未成年必须接受义务教育”的法案。

据我所知，犹太人有“教子三宝”，每一个孩子都是在这三样宝贝中熏陶长大的，上述我们提到的伟人、名人也无不出自这“教子三宝”的教育方法之下。

第一宝——“熟读经典”

犹太人告诉自己的孩子，这一生有三本书是你必须要读的。第一本是每一年都是全世界销量第一的《圣经》，这本书实在是不可思议，它写了一千多年，由不同的作者写成，可是竟然前后的事件是吻合的，并且对于这个地球上的诸多事情，圣经的预言都已经一一实现。这里我再分享一个小插曲，我曾经看过一本书叫《跟圣经学领导力》，也就是说圣经里面也包含了很多在管理、领导团队的时候如何运用智慧的方法，特别精彩实用，也推荐大家去看。

那犹太人是如何让孩子从呱呱坠地的时候就知道书是一个好东西呢？在这一点上犹太人做得特别有意思，犹太人妈妈会在圣经的书页上面抹上蜂蜜，让孩子去翻书舔书，这样子在孩子小小的心灵当中就种下了种子，觉得书是甜的，知识是甜的，书是很神圣、很宝贵的。

这个小窍门真是机智又有趣，以后我也这么做！

第二本书是《塔木德经》，公元64年，犹太主教耶霍舒亚·本·盖姆拉颁布了一项法令，明确规定所有的男性都必须能够诵读《塔木德经》。在这项法令颁布了100年之后，所有犹太男性终于都达到了这一要求。如果你想知道犹太人对财富的概念，他们是怎么赚钱的话，那么就读这本书吧。

《塔木德经》是介绍犹太人财商思维方面的绝佳宝典！迪士尼乐园的创办人迪士尼先生曾经说过：“我老去以后啊，我的棺材里不要放股票，不要放支票，不要放钻石，不要放玛瑙，你只要放一种东西，就是《塔木德经》。为什么呢？因为那些钱都不是我的，它全部都属于伟大的《塔木德经》！”听他这样讲，感觉这本书是人生必读呀！想获得财富，更想养成像犹太人一样的财商思维的话，就一定要读这本书。

第三本书是《所罗门王的智慧》。

曾经有一天，上帝问所罗门王：“我给你三样东西，金钱、权力和智慧，你选什么？”所罗门王毫不犹豫地说：“我选智慧。”于是，所罗门王就用智慧获得了更多的财富、权力和尊敬。在所罗门王的统治期间，整个犹太民族、以色列国家都进入了空前的繁华，经济也极尽繁荣。所以犹太人民一直在学习继承所罗门王的智慧，一直在读他的书，这就是犹太人必须读的三本书。

曾经连续16年问鼎世界首富的比尔·盖茨先生，在七岁的时候已经能够背下《圣经》马太福音全章三万字！他在九岁的时候，就已经能够把《大英百科全书》都读完了。我记得比尔·盖茨说，他小的时候不太喜欢和同龄人在一起玩，为什么？频道不一样。

相信我，当你懂得比同龄人多太多，在一起的时候，即使你素面朝天一身白衣，你内心也会有优越感，我想小时候的比尔·盖茨就是这样超凡脱俗吧。

莎士比亚说："**书籍是全世界的营养品。生活里没有书籍，就好像没有阳光；智慧里没有书籍，就好像鸟儿没有翅膀。**"

多读书，读经典，你自然会在脑海当中形成一张网，谈到某个领域，就会从大脑库里检索出很多讯息出来，这种感觉真不错，也会让你跟同龄人、跟周围的人比，都显得那么与众不同。

第二宝——保护孩子的创造力

拿破仑说："推动摇篮的手，就是推动世界的手。"《塔木德经》中更把妈妈称为家庭的灵魂，并在全书的多处强调了母亲的重要性。面对孩子提出的问题，请认真对待你的回答，你的回答可以让孩子的梦想萌芽，也可以扼杀梦想。

好莱坞著名导演斯皮尔伯格是犹太人，他导演的作品有《大白鲨》《夺宝奇兵》《拯救大兵瑞恩》《辛德勒的名单》《猫鼠游戏》《战马》《头号玩家》等。这每一部作品都是一代人的记忆，可以说部部是经典。

小时候的他不喜欢上学，想想看，如果你的孩子不喜欢上学你会怎么做呢？斯皮尔伯格的母亲是犹太人，她深深知道要让孩子快乐、发挥自己的特长去做与众不同的事情，比只会读书、成绩好这件事情

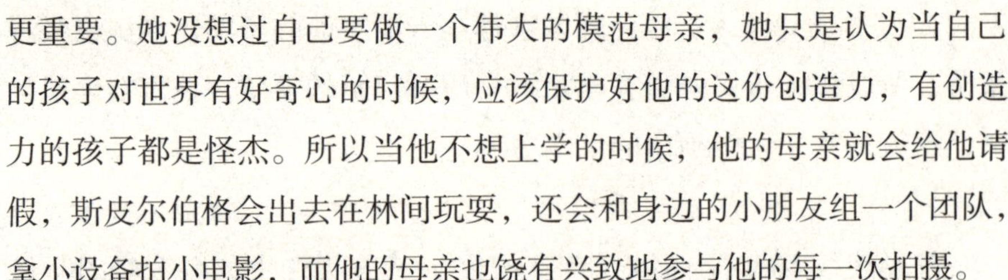

更重要。她没想过自己要做一个伟大的模范母亲，她只是认为当自己的孩子对世界有好奇心的时候，应该保护好他的这份创造力，有创造力的孩子都是怪杰。所以当他不想上学的时候，他的母亲就会给他请假，斯皮尔伯格会出去在林间玩耍，还会和身边的小朋友组一个团队，拿小设备拍小电影，而他的母亲也饶有兴致地参与他的每一次拍摄。

成名之后的斯皮尔伯格说："能够认真而饶有兴致地听我讲故事并陪我聊天的人，只有我的母亲。"

创造力是成功的种子，要尽量启发孩子的好奇心。

爱因斯坦说："**我没有什么特别的才能，不过是喜欢寻根究底地追求问题罢了**。"保护孩子的创造力还可以从哪些方面来体现，生活当中我们还可以怎么做呢？

比如当我们看到家里面的小孩子喜欢在墙上画画、涂鸦，或者是捏玩具、拼图等。他的行为，其实都是在发挥自己的创造性思维，这时候千万不要不识时务地说："这孩子就是不听话，又乱画，成什么样子！"

这就不禁让我想到曾经有一个大学教授，他的学生是一群博士生，他在黑板上画了一个简单的圆圈，问他的学生："请问这个圆是什么？"下面的同学们也都很认真地思考。隔了很久，才有一位同学回答说："可能要从宇宙起源说起了……不好定论是一个单独的个体……"教授说："嗯，非常好，那其他人呢？"大家也没有给太多的意见。接着教授到大学里问，学生们都说你瞧不起我们呢，这是什么问题，你以为我不知道吗？所以都不回答。然后他又到中学校园里去问问："这是什么？"有一位同学说是数字0，有人抢答说是英文字母O，还有的说是一个圆圈。最后，教授来到幼儿园问这是什么。小朋友们一起跳起来，高声嚷嚷着："这是食堂卖的一种饼！""这是我妈妈帽子上的扣子！""这是蜡笔小新的眼睛！""这是蚂蚁的身体！""这是向日葵！"五花八门的答案不断冒出来，好多稀奇古怪的答案，听都没听过，简直数不胜数。

这个故事说明，当一个孩子还是孩子的时候，他的思维是非常活跃的，他的脑海里有天马行空各种各样的想法。这个时候，作为家长，千万不要去打压他，千万不要跟他说“你想的不对”，“等你长大了再问吧”，“现在你还不懂，你还是个小孩”。要把这句话换成“你真的这样想吗？我觉得你的想法很棒”，“你怎么会这样觉得呢？”或是“我们一起来了解一下好吗？”继而去引发孩子的思考，最好是你可以和孩子一起在书中、在网络上搜寻关于问题的答案，从而也可以让他知道，原来很多事情的答案不止是一种，而可以有更多拓展性的思考方式。

诺贝尔化学奖得主布朗先生曾经就说过他小时候的一个故事。他说他的祖父特别有智慧，每天都会问他一个问题:“小布朗，今天与其他日子有什么不同呢？”小布朗从小学会了自己提出问题，自己去找理由，从来不依赖父母给他的答案。小布朗的妈妈也告诉他，不要被信仰或者书本上的知识把思维给固定住了，因为很多问题都是开放式的，你要去接受一些新鲜事物，而不是一成不变。

布朗的成长方式特别棒，我想到身边有很多的这种例子，我也曾经看到过有孩子去问问题，有的问题尤其童言无忌，真的特别可爱，但有一些家长的回答就是“太忙了，等一下再说”或者是“你去问老师吧，妈妈不知道”。更有甚者，直接丢给孩子一个手机，一个iPad，让他自己在一边玩。

你知道这时候小孩子的头脑里在想什么吗？他会觉得，为什么我问出一个问题总是没有答案呢？以后再有问题也不敢再问了，求知欲被打压，因为家长总是没有答案，甚至觉得烦。他不会有更多新的想法，他会把它限制于大脑当中，不会再去把它发散出来了。

我想，那些奇思妙想被冷落之后，我们极有可能会错失一位贝多芬、一位凡·高、一位爱因斯坦。所以，当你的孩子有新奇想法的时候，恭喜你，他的思维正在活跃，他的大脑正在思考，这是非常好的事情，所以一定要保护好孩子的创造力！

第三宝——养成良好的习惯

怎么样，听起来是不是觉得很平常，这件平常的事情其实真的不简单，一个人的美德就常见于良好的生活习惯当中。马克思说：“**良好的习惯是一辆舒适的四驾马车，坐上它你就跑得更快**。”

犹太人的好习惯都从哪几个方面体现呢？

第一个习惯：会要求孩子们从小背诵经书和经典的书籍当中片段，为什么要这样背？举个例子，比如说大家出去旅游，来到新疆的一片沙漠当中，有人发朋友圈说，哇，好美，太美了，非常美！俺老×到此一游！这个时候，有另一个朋友拍了一张照片，配了一句诗：大漠孤烟直，长河落日圆。你看，意境出来了。完全两种不同的感觉来表达美，所以去背诵经典的段落的确特别有用，有智慧。

有一次和一个朋友对话，他看到我在看书很不解：“书有什么用，都过时了，你现在看的这本书，也许过一年里面的内容就没用了。”我笑笑没有跟他争辩，他对书的看法让我认定不会再跟他过多交流了。的确，如果是具有时效性的当下的资讯类书籍，的确会失效，因为时代一直在变化，可是如果是前人总结的各行业的经验，或是经典著作，那里面每一本都是数十年的智慧，并且经久不衰。

《简·爱》这部100多年前的著作不会过时，

《傲慢与偏见》这部200多年前的著作不会过时，

《哈姆雷特》这部400多年前的著作更不会过时。

犹太人喜欢让孩子背诵，不仅仅是显得你有智慧和格调，还有最重要的一点是能够开发孩子的右脑。日本有一位非常著名的教育学博士、右脑开发专家七田真老师，他曾经说过：“多运用听觉背诵，而非传统的视觉与理解，是可以打通右脑回路的，并且能非常容易地进入深层的记忆。”

所以说，大量的诵读背诵是对开发右脑特别有利的好习惯。

第二个习惯太值得忙碌的现代人借鉴了。犹太人在周日时，会放下手机，放下工作，跟自己的家人围坐在一起，谈论这一周发生的事情，交换彼此的心情，随时让自己爱的人和爱自己的人知道我们之间和生活当中细微的变化。这是特别难得的，这是让家人保持心灵沟通的做法。

现在人的生活节奏特别快，你有没有在电视上看过有的孩子说“我好久没看见妈妈了，我上一次见到爸爸还是他出差回来”，或者“你说过陪我去海洋馆到底什么时候去？”陪伴似乎都是很奢侈的一件事情了，这不免让人想起来就心痛。

犹太人的周日，大家是不工作的。做什么呢？早晨起来，全家围坐在一起读经祷告。其次，在以色列犹太民族的家乡，周日商店、营利性的、娱乐性的场所是关门的，只有书店开门。走进书店，就会看见很美的画面，大家都在读书，静悄悄的。

2011年左右，中国的人均读书量是0.7册，当然教科书、上学读的书是不算的，这里是指你的课外读物。这就是说，中国人这一年的人均读书量还不到一本书。值得高兴的是，2019年，我国人均读书量已经提升到四本啦！

可是你知道吗？韩国人的人均读书率一年大概在20—30本，俄罗斯的人均读书率是在40—50本之间，而犹太人的年读书量，10年前的数据是64本。所以我可以想象到，在他们的世界里，闲暇时间不是来打游戏的，应该都是读书的，儒雅的书卷气息扑面而来。所以说“书中自有颜如玉，书中自有黄金屋”，通过阅读的习惯增长财富，别不相信，犹太民族就是这样了。

第三个犹太人养成的良好习惯，来源于一个小小的故事。虽然是非常小的细节，但真让人啧啧称赞。

在犹太人的家庭当中，如果一个家长去问孩子“现在几点了”，孩子给他的回答如果是“五点多”，这个时候家长都会纠正他：“你要说准确的数字，比如现在是5点29分还是5点30分，要用准确的数字。”甚至有的家庭会精确到秒。

看到这个，我想这是为什么呢？原来是因为犹太人要从小培养孩子对数字的敏感度。看到这里，我们就可以想到，为什么世界首屈一指的股神巴菲特是犹太人了，为什么罗斯柴尔德家族是犹太人了，他们都是对数字、对金融非常敏感的人，所以说从小的这些细节的培养真的是很重要。

在犹太人当中，妈妈们之间常常也会流行这样一段小故事，在孩子开始说话的时候，妈妈们都会问他的孩子："如果有一天我们家失火了，你会选择拿什么逃出家门呢？"如果这个孩子的回答是"我要拿支票、我要拿钱、我要拿珠宝"，妈妈就会改正他的观点，跟他说："孩子，你要拿的是书，人生有三样东西是别人带不走的，一是你吃进肚子里的食物，二是你揣在心中的梦想，三是你读进脑中的智慧。"听完之后，对这种教育肃然起敬。

父母的话就是孩子的指令，我曾读过比尔·盖茨的父亲送给比尔·盖茨的话，其中有一句我读起来特别有感觉，送给正在学习的年轻人们："在你出生之前，你的父母并非像他们现在这样乏味，并非现在这个样子，他们现在这样是因为这些年一直在为你付账单，给你洗衣服，听你大谈你是如何的酷，所以在对父母喋喋不休之前，还是赶快去打扫一下你自己的屋子吧。"

这一章的最后，我要写给我的母亲曹八姐，自小时候起每当我有问题时，即使她不懂也不会不理睬我让我自己玩，而是鼓励我思考，和我讨论，还常常和我一起查字典、翻阅书籍找答案，这种互动的快乐让我更爱探索问题，我的好奇心一直都被保护得很好。

"犹太人教子三宝"是我小时候八姐给我讲的故事，我无法用我浅白的文字完全表达她有多么了不起。那时候我只有十多岁，她只是一个大山里面经营着小卖部的家庭主妇，我没有听过周遭的邻居们谈论过"书"，除了学校，再没有地方有学习的概念，别说犹太人，更别说教子三宝，我们身边的人甚至都不知道美国总统是谁，不知道国外发生的任何事，硅谷、纽约这样的名字更是天方夜谭。然而我只有小学三年级学历的母亲曹八姐给了我世界观，并用世界的眼光教育我。没有她，我不会是我，她是一切开端的开端。

八姐&思媛支招：

1. 你是否在有意识地培养孩子从小就熟读经典？如果没有，那么你接下来要制定怎样的亲子阅读计划呢？

2. 当你的孩子有天马行空的想法的时候，以前的你通常都是作何回应呢？现在你了解了保护孩子创造力的重要性，在回答孩子问题的时候你会做出哪些改变呢？

3. 在引发孩子的好奇心，培养他的兴趣方面，你决定做怎样更好的引导呢？

4. 犹太人的教子三宝对你有哪些启发呢？哪些适用于你的生活呢？

马克·扎克伯格给女儿的信（节选）

马克·扎克伯格，犹太人，Facebook创始人兼CEO，他是全球最年轻的白手起家的亿万富翁，被人们誉为“比尔·盖茨第二”。

2004年，还在哈佛大学主修心理学的二年级学生扎克伯格突发奇想，要建立一个社交网站作为哈佛大学学生交流的平台。一个星期，扎克伯格就建立起了这个名为Facebook的网站。

2018年7月7日，扎克伯格超过巴菲特，成为全球第三大富豪。

2019年2月26日下午，胡润研究院发布《2019胡润全球富豪榜》，马克·扎克伯格以5 400亿元排名第五。

2015年12月1日，扎克伯格迎来了自己的第一位孩子，为了庆祝女儿的降生，取中文名“陈明宇”。扎克伯格与妻子普莉希拉·陈（Priscilla Chan）承诺将他们持有的Facebook 99％股份（约450亿美元）捐赠给慈善机构，用以发展人类潜能和促进平等。

我挑选这封信分享给大家是因为：这封信是我读过的最有格局、最心怀天下的一封信。扎克伯格着眼全世界，从医疗卫生、教育、科技、贫困人口、人类平等、女人儿童、慈善等多个领域和刚出生的女儿谈世界。作为企业家，我想他巨大的责任感背后是对这个世界的使命，他希望世界变得好一点，更好一点。他和女儿的谈话不像对待一个孩子，而像是面对一位成熟的企业家，在这样的思想下培养出来的孩子，一定是一个有着大格局、大世界观和大见识的孩子。

亲爱的麦柯斯：

……

我们相信人人生而平等，未来几代人也一样。我的社会有责任为那些即将来到社会上的人对改善生活而投资，而不仅仅是为了现在的人们。

以疾病为例，我们用在治疗患者的费用，是我们投资在避免你们从根源上得病的研究上的50倍。

药学作为一门真正的科学仅仅发展了不到100年，然而我们已经见证了许多疾病的治愈，以及在治疗其他疾病上的可喜进步。随着科技的加速发展，我们有望在未来的100年间预防、治疗和处理所有或是大部分剩下的疾病。

如今，有许多人因心脏病、癌症、中风、神经退化疾病和传染病这五类疾病而死，我们可以加速在这些疾病以及其他疾病上的进展。治疗疾病需要时间。五年或十年的短时间内，我们所做的可能难见成效。但是在更长远的未来，现在播下的种子会成长起来，终有一天，你和你的孩子会看见我们只能想象的世界：一个没有疾病的世界。

……

我们希望我们的下一代能够关注两个观念：发掘人类潜力和促进人类平等。

发掘人类潜力关乎不断拓展人生卓越的极限。

你们的学识和经验能否超越我们今天的百倍吗?

我们这一代能否治愈疾病，让你们活得更长寿也更健康呢?

我们能否将整个世界连接，让你们可以接触到每一个想法、每一个人和每一个机会呢?

促进平等就是不论他们出生在何种国家、何种家庭和何种境遇，保证每一个人都有可能接触到机会。我们的社会必须实现平等，这不仅仅是为了正义或是慈善，而更是为了伟大的人类进步。

今天，我们的潜能远远不及我们本应拥有的。发掘我们所有潜能的唯一途径就是沟通这个世界上所有人类的智慧、想法和贡献。

这个使命：发掘人类潜力和促进人类平等，需要一个新的方法来使所有人都向这个目标努力前进。我们必须做出超过25、50甚至100年的长远投资。巨大的挑战往往需要很长的时间，很难用短期思维解决。

……

我们会一起完成这项技术。你们这一代的很多机会都会来自互联网。人们常常认为互联网只是为了娱乐和交流，但是对于世界上的大多数人们来说，互联网是一条救生索。

当你周边没有好学校的时候，互联网为你提供了教育；当你周边没有医生的时候，互联网为你提供了如何预防疾病、抚养健康的孩子的讯息；当你周边没有银行的时候，互联网为你提供了金融服务；当你的经济状况不佳的时候，互联网为你提供了工作和机会。

互联网实在是太重要了，每十个能上互联网的人当中，就有一个人脱贫，就有一个新的工作产生。但是世界上仍然有超过半数的人，也就是40亿多的人不能上网。

如果我们这一代使得他们能够上网，我们就可以帮助数以百万计的人们脱离贫困。我们也可以帮助数以百万计的孩子获得教育，帮助数以百万计的人们远离疾病。

……

健康是一件着手很早的事情，有爱的家庭、良好的营养和安全、稳定的环境对于孩子的健康来说都很重要。早年受到过创伤的孩子通常无法得到心智和身体的良好发育。研究表明大脑发育的改变导致他们的认知能力下降。

你的母亲是一个医生和教育家，所以她及早意识到了这一点。

……

为了让你们这一代居住在一个更好的世界，我们这一代有太多需要做的事情。

今天我和你的母亲竭尽毕生，以自己的绵薄之力来帮助解决这些问题。我会在接下来的很多很多年里仍然担任Facebook的CEO，但是这些问题太过重要，时不我待。在现在这样一个年轻的年纪开始，我们希望在余生中可以见到所产生的好处。

鉴于你开启了陈-扎克伯格（Chan Zuckerberg）家族的下一代，我们也要开始陈-扎克伯格倡议（Chan Zuckerberg Initiative）：为了下一代的孩子，参与全世界的人们一起发掘人类潜力和促进人类平等。我们倡议的领域会着重在个性化教育、治疗疾病、连接人们和创建强有力的社区。

我们会在接下来的人生中捐出Facbook 99％的股份（现市值450亿美元，约2 879亿元人民币）来完成我们的使命。我们知道相对于其他已经投入到这些问题上的所有资源和才智来说，我们所尽的只是绵薄之力。但我们希望以我们所能，与他们共同努力。

我们之所以能做这样的工作只是因为在我们身后有一个强大的全球社区。创建Facebook为下一代创造了能使世界更美好的资源。Facebook社区中的每一个人都在这个工作中尽了一份力。

麦柯斯，我们爱你。我们体会到了巨大的责任感，要使你和所有的孩子所居住的世界变成一个更好的地方。你给予了我们爱、希望和喜悦，我们希望你的生活也能充满相同的爱、希望和喜悦。我们迫不及待地想要看到你给这个世界所带来的美好。

爱你的：爸爸妈妈

第二十一章

我爱你至深

应该给爱的人过一个直到80岁想起来还感动落泪的生日，
尤其是生养我们的妈妈，她要的是陪伴，
而不是用红包问安。

曹八姐是我的女儿

看了这个身份定位，你一定很诧异，怎么妈妈就成了自己的“女儿”了？曹八姐曾经跟我说过，我刚出生时，有一天在我睡觉的时候，她看着我心里面想着：我的女儿来到了这个世界上，我一定要尽全力给她我所能给的最好的生活，一定要让女儿快乐。我对我的妈妈也是这种心情，我对她的爱就像她对我的一样，我也把她当成我的心肝宝贝，让她快乐，尽我的所能给她我所能给的最好最好的生活，让她舒服开心。

于是在去年曹八姐的生日时，我想给她过一个“让她直到80岁想起来都感动落泪难忘的生日”。（我把整个过程录成了一集音频节目，就在喜马拉雅FM“思思故事汇”节目第十集。）

第一个惊喜　捕捉那一瞬间

生日前一天晚上，我提前在网上买了“happy birthday”字样气球，有英文字母、蛋糕、鲜花、小彩灯，五颜六色地挂满了整个屋子。关灯之后，彩灯像星星一样发出闪闪亮亮的光，温馨又浪漫。我算好晚上八姐回家开门的时间，躲在门后面，举起手机准备好，好像是明星要出来了大家都在狂拍一样的感觉。我想捕捉下她一进门第一眼看到我为她布置的房间的惊喜画面。

结果，我非常成功地实现了计划，十五秒的小视频里从她推门进来看到我，先是惊讶，咦？你怎么把手机举在头上？继而转头看向整个房间的彩灯和气球，马上就笑了，笑到弯腰不可置信的表情！哎？

这怎么可能啊，马上问我："你什么时候买的？你是在哪买的？你什么时候做的？"

其实在准备之前我也不是很确定，气球真的会让她快乐吗？但我想，每个人不管长多大，在内心深处都住着一个孩子，都希望是个被宠爱的孩子，希望得到不一样的浪漫吧。八姐小时候家里十个兄弟姐妹，她的生日一定没有这样精心的气球、鲜花和蛋糕。她当时的笑容，应该跟她小时候的笑容是一样的，看到她的笑，我特别幸福。

第二个惊喜　世外桃源

第二天正式生日，我们准备去西湖过个悠闲的一天。出门之前，我带着一只里面装了衣服、卷发棒、化妆品、太阳帽子、防晒霜的箱子。八姐特别单纯地问："你怎么拿这么多东西？"我说："一天的时间呢，我们要换装拍照呀。"她居然也真的相信了！太天真了！我心里想怎么会这么平淡地度过这一天呢。

在西湖边吃过午饭之后，我带着她来到了一个半山腰上的一家民宿，走进去之后我说："好，今天晚上我们就住在这里了！"她惊喜极了说："啊？住这里？不回家啦？"杭州的民宿非常漂亮抢手，至少要提前一个星期预订。时间往回倒一个星期，提前7天我就实地考察过了，我去了杭州西湖边的三个地点，看了至少20家民宿。我要找一个在半山腰上的民宿，不要有汽车尾气的味道和汽笛声音，希望窗外都是悠悠鸟鸣，被树环绕着，一推开窗户看到的都是绿色。就是这样看似简单的标准，那一天，我从中午12点一直看到晚上8点，陪我看的朋友还问我："你是不是有一点完美主义啊？"被她这样一问我在想，既然要做这件事情，我就一定要做到我想象中的样子，我既然是要给妈妈一个难忘的生日，就尽量要做到近乎完美。

最终我敲定了一家，这家房间只有10多个，很私密，很精致，他们贴心到就连早餐都有中式和西式两份，更贴心到它的西式早餐每天都不一样。我问："为什么每天不一样？"前台说："通常客人会住两

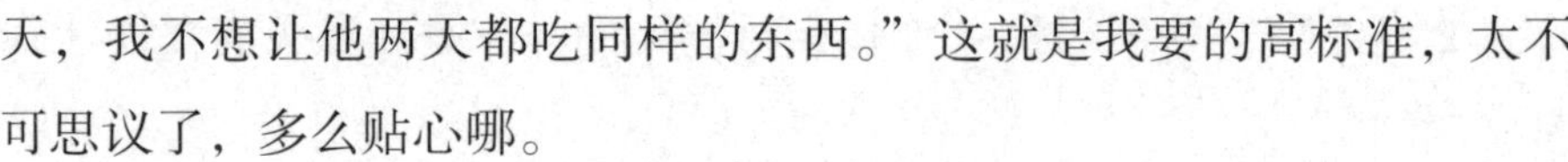

天，我不想让他两天都吃同样的东西。”这就是我要的高标准，太不可思议了，多么贴心哪。

更惊喜的是，前台有一口井，打上来的水可以直接喝，只一口就立刻就能品尝出那种清甜和纯净，我问：“这是什么水？”原来这就是非常有名的被誉为杭州西湖的后花园——虎跑公园的泉眼里面的水。这太难喝到了！不用经过水机过滤成小分子水，天然的小分子水，喝到嘴里面，感觉清清凉凉的甘甜极了，满口大自然的味道！这家店实在是太棒了，非常推荐大家去这家民宿，想要联系方式店名可以在我的喜马拉雅节目里“思思故事汇”下面留言，我会推荐给你。

八姐看到这家民宿之后当时真的是很开心、很意外！我还记得她戴着一顶太阳帽，激动得把帽子拿下来了，像孩子一样跳起来说：“今晚要住在这里吗？好漂亮哦！”她这样说着，伴着院子里清脆的鸟鸣声，幸福感爆棚。

第三个惊喜　玫瑰花仪式感

民宿房间是我特别喜欢的格局，有阳台，在客厅里有个浴缸，可以边看电视边泡澡。刚进房间，第三个惊喜来了，既然房间漂亮，当然还要有一些浪漫点缀了。我在来这家店之前，就已经在网络上面远程遥控，定了玫瑰花瓣送到这家店，我也留了这家店服务人员的微信，在来的路上我就跟他反复确认我到店的时间，他提前在房间里面给我摆好花瓣。首先在白色的床单上面用玫瑰花瓣摆了一个大大的爱心，因为妈妈生日是农历三月初三，便用玫瑰花瓣摆了3.3数字在浴缸里。那天还给妈妈在玫瑰花瓣旁边拍照。之前妈妈也收到过玫瑰花，可是没有这次这样玫瑰花瓣设计得如此美好的画面。我心里偷想，该感动得流泪了吧，可是她居然没有流泪！她只是笑得很开心，有一点点不易被察觉的泪水湿了眼眶，可是竟然没有流下来！我心里想，好吧，那我再接再厉！

第四个惊喜　一杯子一辈子

当我们拍完玫瑰花瓣，落座休息时，我端出了满满一托盘杯子。

是的，没错，一套七个杯子。这杯子也是提前筹划设计，在网络上订做的。我订了七个杯子，一样的颜色和款式，我算着每一天八姐都可以用不同的杯子喝水。杯子上面刻着白色的字，七个杯盖上刻着星期一到礼拜天，因为我们是基督徒，礼拜天要去做礼拜，提醒她礼拜天到了。杯身上面刻了七句话，这七句话分别代表在不同的时期，我妈妈在关键时刻给我的一些影响。分别是："谢谢你给了我生命；谢谢你勇敢的决定；谢谢你永远有耐心；谢谢你从来不抱怨；谢谢你总给我鼓励；谢谢你总给我自由；谢谢你如此可爱。"这七句话送给妈妈，哎呀，我自己都被自己感动了，八姐早就又举起杯子美美地拍照啦。

第五个惊喜　半山腰的下午茶

你以为到这里就结束了吗？那就只是普通的标准啦。对于我来说，当然不是这样了，一定要足够的"哇"！到这里为止八姐还没有流下泪水，所以我当时真的是捏了一把冷汗，我想一定要再接再厉，一定要让她感动哭！好了，我们准备出去转一转了。

民宿旁边的半山腰有很漂亮的风景，我拎了一个秘密的盒子，把八姐带到了一个喝下午茶的地方。当然这个地方也是我之前踩过点的，它是一个透明的玻璃花房，里面有30多平方米的一个独立空间，长方体，里面至少有十几种鲜花，田园风格，白色的桌子和桌布，甚是觉得自己与喧嚣的世界隔绝。点了两杯咖啡，我就把那个神秘的盒子放在妈妈的面前，跟她说："好了，这是你的第五个惊喜了。"

听到还有惊喜，八姐的眼睛更亮了，打开一看，是一套文房四宝。八姐特别喜欢文学，你看她名字就知道了，"曹诗华"，腹有诗书气自华，我送了她一套文房四宝。从她看到文房四宝时的表情，我能看得出来，这件礼物真的是送到她心坎里了。她用手摸着文房四宝的盒子，把里面的宣纸一张一张铺开来，又把里面的毛笔、砚台拿出来，反复把玩，最重要的是里面还有一个印章，那个印章上面刻的是她的名字。八姐就说一定要好好练书法，自己写字，盖上自己的印章。这个盒子，毫不夸张地说，她至少把玩了有20分钟，非常的喜欢。事后根据我的用户回访呢，这个礼物也是目前为止她收到过的礼物当中最喜欢的。喜欢就好，母亲，我就要给你最好的！

第六个惊喜　天涯海角一直在身边

喝完下午茶，也和文房四宝拍照了，还有没有惊喜呢？好像也快日落该回家了，准备结束这完美的一天了。一回到民宿里面一开门，我妈马上就又发出一个“哇！”的声音，泪水也已经在眼圈里打转，为什么呢？因为她看到了我和她最爱的一个人的照片。我在网络上预订了一个横幅，这个横幅是长1.6米宽0.5米的长方形，黄色的绸缎布料质感非常好，可以保留一辈子的。为什么是黄色呢？首先黄色很醒目很漂亮；另外告诉你一个秘密，我是满族人，也就是说，在清朝我可能还是皇室里的格格呢。我想黄色代表皇族，代表我们祖上尊贵的身份，哈哈哈。横幅上面有六个字是：妈妈生日快乐。这六个字的中间有五个空档，我分别贴了五张不同时期的和亲人在一起的照片。妈妈看到的时候，露出激动的表情，有种不只是我在身边，也有其他亲人在身边的感觉。血浓于水，妈妈有弟兄姐妹十个，我们家是大家族，并且特别团结特别喜欢亲人围绕在一起的感觉。

我们家特别喜欢包饺子，我尤其喜欢那种其乐融融的氛围，包饺子时大家围坐在一起，没有手机没有其他闲杂事物打扰我们。在这几个小时当中都专心认真地聊天、做饭。有一句话我特别喜欢：看一家人的厨房可以看出他的生活。厨房总是热气腾腾的，就特别有家的感觉。

看到了亲人照片之后，可以说是掀起了生日的一个小高潮。我贴上了我们最爱的五姨的照片，五姨是妈妈的五姐，她大妈妈十多岁，就像母亲一样照顾这个妹妹，她已经不在了，我知道这是妈妈心中一生的痛，我想在这一天让她不仅开心，也能再看到五姐，感受到姐妹情深。

第七个惊喜　母女同款

是的，接下来还有惊喜，是什么惊喜呢？我们用过晚餐之后，八姐当时是想在床上小歇一会儿的，我提议出去走一走。这个时候，我从衣橱里面拿出了两件衣服，大手一挥，放在她的面前说："出去走走，穿这件衣服！来！"

八姐一看，整个人马上从床上弹坐起来，然后站起来哈哈哈地在那儿笑，说："这衣服也太好玩了，太搞笑了吧！"这两件衣服也是我提早在万能的网络上面预订的，两件纯白的T恤衫，上面是红色的字体。八姐的那一件写着："旁边是我女儿，我很爱她，她比我漂亮。"我这件写的是："旁边是我妈妈，她比我有才华，我更爱她。"我用了"更"字，我想表达我爱她更多一点，想想真的好甜蜜啊。

那天我还特别细心地在去之前在行李里塞了两条牛仔裤，都是浅蓝色的，是搭配这两件母女款T恤的。当然，这一切都是偷偷准备的，所以那两天啊，我就像特工007似地穿梭在快递和我家之间。行李箱里面也偷偷地塞很多东西，我们两个穿同样的平底鞋，同样的裤子，同样的衣服走出去，所有人的目光都在我俩的脸上、衣服上面。那天我和八姐就是那条街上最靓的崽了！回头率相当高，成为西湖边一道亮丽的风景线，大家看到都称赞八姐真年轻，就像我姐姐一样，甚至还跟我们拍照呢。这件衣服现在也被珍藏起来了，以后有机会还要跟着妈妈穿这件衣服，去更多的城市打卡拍照留念。

第八个惊喜　书写一封信

散完步已经夜幕降临了，这一天也就要结束了。回去后八姐躺在床上滑手机，挑选照片，组织语言，准备发朋友圈晒孩子、晒幸福了。我在一旁想，这个时候的八姐还没有流下感动的泪水啊，这怎么能完呢，必须要再努力一把！

于是我就拿出手机放了一首很能带入情景的音乐。那是电影《珍珠港》的主题曲，音乐一响，马上就感觉整个屋子气氛都突然变得好煽情，好像琼瑶剧里面的情节。我拿出一封信，信纸是我精挑细选的祖母绿的颜色，信纸跟信封配套，上面有白色的小花，烫金的边。

我想现在这个电子信息特别发达的年代，大家都用网络和手机沟通，有的时候是语音，它是看不见摸不着的，我说一句我爱你，总感觉它飘浮在空气里面。就像我喜欢一本书，我一定要买回来，感受它的质感，看到上面的文字，摸到它，收藏它，我才感觉这是属于我的。所以呢，我决定亲笔写这样一封信读给妈妈听。

经过四五个小时的酝酿，再加上背景音乐，我们已经进入情境，妈妈靠在床头，我坐在在沙发上读这封信。

“亲爱的妈妈，你不知道我有多感谢你，在我五岁的那一年，你带给我那么多快乐的源泉。亲爱的妈妈，你不知道我有多感谢你，就连我的名字都那么的与众不同，你都要用自己的智慧来给我取一个特别有意义的名字。”

当我读到这里的时候，八姐的泪水就出来了，终于流泪了，哭出来了！我表面佯装淡定，心里面已经开始锣鼓喧天，鞭炮齐鸣，红旗招展，人山人海在庆祝了，终于让她流下了感动的泪水！一封信的力量真的这么强大呀，实在是太不可思议了！

我看到她的眼睛红了，伸手去拿纸巾，拿了一张，又拿第二张、又拿第三张。我在信里面很详细地描写了我在人生那么多个低谷、无助的时候，是她力挽狂澜，是她总是让任何事情都有一个美好的结局，我真的太爱她了，据后来事后采访调查，当天的感动值，这封信排第一。

我想，以后有一天我做妈妈了，我一定会成为像我母亲一样了不起的、有智慧的母亲，有她做榜样，我相信我一定会的。

好了，念完信了，妈妈也感动得哭过了，这回终于要休息了。

第九个惊喜　洗脚

耶，意想不到的是还有第九个惊喜吧！最后一个惊喜准备呈现的时候，我说：“你准备好了吗？”“啊，还有啊，实在是不敢想象。”

最后，我把当天的玫瑰花瓣撒在了浴缸里，用沐浴露打出了很多泡泡。妈妈在泡澡，我就帮妈妈洗脚。虽然以前也帮妈妈洗过脚，也端盆打过洗脚水，可是那一天格外的不一样。那天洗脚时，我看着妈妈的脚在想，对，就是这双脚，有点宽，有点皱纹，有一点因为穿鞋而硬硬的结痂，也就是这双脚呢，带我走过很多的路，这双脚在我不在她身边的时候，她也独自走了很多的路，这些路很难走，很崎岖，这些路都是她对我的爱，这些路上她有很多的心酸和苦楚，都选择自己咽下去，所以当时在摸妈妈的脚的时候啊，我想到了很多，她为了培养我，为了供我读书，有那么多的不容易和付出。爱你的母亲，一定要给她洗一次脚，我保证你们都会感到幸福感爆棚。

那天我准备了九样惊喜，持续地让妈妈发出了九个“哇”，事后我跟八姐聊起来，她说她直到80岁、100岁，都永远不会忘的。

这个生日没有花重金，没有庞大的场面，只是那一封信的价值，就让八姐觉得比十万两黄金都要贵重。知道这事的朋友跟我说“你真的很用心，你是我见过最用心的过生日的人”。这个时候我心里特别满足，生活该有点印记，这印记就在点滴里、节庆里、仪式感里。

希望你也能够在繁忙的工作当中，在生活当中，送给你父母这样的惊喜。百善孝为先，做一个乖孩子，听妈妈的话。相信我，她要的是陪伴，而不是网络支付的红包。

八姐＆思媛小思考：

1. 记得你父母的生日吗？今年你的父母过生日，你想好如何为他们过一个到80岁都难忘的生日了吗？

2. 你的父母有被你感动到，感受过极致的快乐吗？

第二十二章

我的九位母亲

谢谢我的九位母亲教我的事，
我分别吃过你们每一家的饭长大，我了解每位亲人的闪光点，
我要把我们家族特有的故事继承并传承下去。

曹八姐是我的感恩清单

有天我在家族群里看到一张照片，天呐，这张照片实在是太珍贵了，如获至宝！那是我的大姨、二姨、三姨、四姨、五姨、六姨、七姨、我母亲、九姨，还有舅舅他们十个兄弟姐妹在一起的一张合照，黑白底色，摄于1982年。那时候能拍这样一张照片很难得。

我问："这照片怎么来的啊？"曹八姐说："当时啊，大家都住在家附近，还没有出城分散到各个地方，我六姐提出来要留这样一张照片，就拍了。"

看着这张照片，觉得特别骄傲和自豪。现在的年轻人大多数都是独生子女，我自己有时候就挺非常羡慕有兄弟姐妹的人。虽然我是独生女，但我却在这样的大家庭当中长大，这可是不常见的，家里十个兄弟姐妹可谓是十全十美，从小就在几十口人浩浩荡荡的大家族氛围当中长大，享受了很多的爱。

曹八姐是极其感恩的人，在我成长过程中不断告诉我，谁对我好，要感恩谁，她就像我的感恩清单，把每份爱都记得清清楚楚，所以我要记录下这些精彩，感恩我的长辈，同时也是记录给我的后辈看。

山坳里的梦想之花——六姨

我不得不先记录下我亲爱的六姨，因为这张照片当时就是在我六姨极力的要求和邀请之下才拍成的。当时很多人没有拍照的概念，想着家里农活挺多，拍那玩意干嘛呢。六姨是我们家族当中眼光最长远，也是最会做生意和赚钱的人，她眼光长远从这件事情就可以体现出来了，她想到聚在一起不容易，以后也许都会嫁到别处，所以一定要留念。事实证明，我真的要为我六姨当时的这个做法鼓掌。现在，十位兄弟姐妹只剩七位，没有机会再全部聚首了。是因为我六姨当时有这样的心，所以留下来这张弥足珍贵的照片，这张照片在我的心中，在我们家族的心中都是无价之宝。

六姨目光长远，是一个很有魄力、会做生意的女人。六姨在成年之前，一直生活在四面环山的一个村子里面，她经常看到有人坐着拖拉机出去到城市里面工作，之后又回来家里条件就变好了的场景。当时我六姨的心里面就种下了好像出去就可以改变生活这样的想法。

于是，她这个都没走出过农村的姑娘，竟然有勇气向银行贷款2 000块钱自己出来做生意，2 000块钱是什么概念呢？上世纪七八十年代，全国人民的年工资人均收入不过几百块钱。设想一下，一个只种过地没有出过门，不知道任何赚钱门道的农村姑娘，就敢跟银行直接贷款几倍的钱，六姨能做出这样的举动，真是出于莫大的勇气和渴望改变的决心。

六姨是一个胆识过人的女子，后来她果然凭着自己的智慧，到城市里就用这2 000块钱起家做生意，成为家族当中第一个在城市里有自己的楼房、有门面的人。移居城市生活的六姨把自己的生活过得红红火火的。在六姨的身上我学到了胆识、远见和魄力。现在的我很喜欢和六姨聊天，她会鼓励、支持我做自己想做的事情，最重要的，她极其有智慧，总是能在细节处给我很中肯的建议，让我做得更好，谢谢您六姨！

九妹九妹漂亮的妹妹

接下来就不得不说我九姨了，也就是传说中的九妹。

九妹九妹，漂亮的妹妹。我小姨真的是俊俏，当时我把照片发到朋友圈里，好多人都给我留言说，请问第一排左一是谁，我回复“港星黎姿我小姨”。小姨的脸是标准的鹅蛋脸，眼睛弯弯的，眉毛头发都很浓密，年轻时黑色长发披肩，嘴巴嘟嘟唇，鼻子小巧精致，真的是完美！那张照片里我小姨只有11岁，就能够被眼尖的网友第一个挑出来，夸赞漂亮。

小姨是我们家族里面最有奉献精神的，因为漂亮，去到城市里打工第一天就被富家男生看上，就这样和第一个男朋友，也就是我小姨夫结婚了。逢年过节时，嫁得不错的小姨和弟兄姐妹围坐在一起，屋里有几十号人，她会拿着一叠钱，给每家分享一些。她是给予，不是借，她不要求还，只是想要奉献，她觉得自己过得好，也希望所有的家人都过得好。

记得我小时候，小姨真的给了我们很多钱，有的时候我们都不好意思要了，八姐就说："妹妹你留着吧，不要再给了，已经给很多了。"小姨却说："这不是我给你的，这是上帝给你的。"小姨给我买过零食和衣服，甚至有些学费也是小姨交的。在这里也想跟我小姨说："我很爱你，只要有我在，以后你的生活只会越过越好，请你放心。"

有时看新闻会有兄弟姐妹反目成仇，因为家产纷争对簿公堂，我小姨说："家是讲爱的地方，不是讲理的地方。"如果每一个家族成员都这样想就好了。

谢谢你小姨，你教会我感恩亲情和奉献！

让人人都敬佩的八姐

跟我小姨相处时间最长的，年龄最接近的，在一起共度了无数个日日夜夜的姐妹，就是我妈妈曹八姐了。我母亲是家族当中最有才华、最开明、最有思想、也是最会教育孩子的人。她的个性中尤其有公正的一面，亲戚之间有小纠纷都会打电话来请八姐评理，认为八姐说谁对，谁就是对的。大家背后聊起八姐，无不竖起大拇指。

八姐是一直追求进步的人，她在我人生的三个关键阶段分别送了我三句话，第一句话是："慎重和检点是女孩最好的才智"；第二句话是："玫瑰花的可爱之处，不仅在于它的芬芳，还在于它有着保护自己的刺"；第三句话就是："要不断完善自己而无暇对他人吹毛求疵。"

这三句话太经典了，每一句话其实都可以拆分出很多很多好的行为准则和思想。

读过前面的章节，这三句话你已经很熟悉了，我再赠送一句我很喜欢的八姐说的话："一天中最大的损失就是没有笑过一声。"这句话你可得要好好品。请问你上一次笑是什么时候？不是冷笑，不是干笑，不是你工作中遇到不喜欢人的假笑，也不是各种场面上的笑。而是你真的开心，捧腹哈哈大笑，是什么时候呢？

我很幸运，因为受八姐的影响，我们笑点很低，生活当中经常笑，且笑声比较豪放，这种个性真是一种恩赐。曹八姐很能带给身边人快乐，感染人，这绝对是一种了不起的能力，一种特殊的恩典，能带给别人快乐，是最让人喜欢、让人舒服的事情。

家族凝聚力的中心——五姨

八姐的五姐，我的五姨对我妈妈的疼爱在某种程度上都超过了对自己女儿的疼爱。五姨比我妈妈大了十几岁，像母亲一样照顾着这个妹妹。在八姐开小小的美发院的日子里，从五姨家走路到我家要下一个山坡，还要走半个多小时的路程，她为了让妹妹在工作时按时吃上热乎的饭，每天都会早上起来自己用手捏饺子，煮好，走下来山路往返一个多小时，就为了给妹妹送一碗热腾腾的饺子。不管她做什么，面条、炒菜、包子等，她都会第一时间送下山。来我家的路上会路过她自己女儿的家，五姨甚至都会跨过她女儿家来给妹妹送吃的，她对我们的爱是最无私的。

我五姨在整个家族当中是亲情的中心，是家族凝聚的中心，也是我们的活雷锋，她是最能付出、最护家、最有亲情味的一位。记忆中，五姨有一个很大的爱好就是打电话。小时候我总以为大人的电话是永远不会欠费的，她一闲下来，就会给这个亲戚打电话，给那个亲戚打电话，询问家中有没有什么事情是她能帮、能做的，或者需要她帮忙联络号召的。

五姨是把所有的亲人都串联起来的这么一个人，舅舅家盖房子了，二姨家的女儿生孩子了，三姨家的儿子要结婚了，不管大事小情，只要她知道，她就会联络所有人，给所有人打电话通知哪一家亲戚有事情，我们所有人都要去，所有人都要到场，她是最鼎力相助的一个人。只要有需要，她马上会放下自己家中的事情，拿上包就到那个亲戚家里，常常一坐车就是六七个小时，要三四百公里的路程。所以我也常常调侃五姨："五姨啊，你为祖国的养路建设工程贡献了不少钱啊！"

她就是这样，是这种不遗余力的跑动才会让我们的家族更团结，只要一家有事，其他的九家全部都到场。那种爱，那种鼓励，那种人气的聚集，让人觉得心里特别有底。

大姨去世的时候，五姨其实刚刚做完一个大手术，医生是希望她能够静养几个月的时间，可是五姨没有休息，她觉得这是家族的大事，她必须到场。她坐上了长途汽车，来到了大姨家，从五姨的眼神当中，能够看到对自己姐姐的不舍，对亲情浓浓的依恋。我看着满院子的人，大家忙忙碌碌都在办事情，吹吹打打的，只有五姨坐在那里，显得很落寞。

五姨也是从小把我养大的阿姨，从小到大在五姨家过年有快十个年头，五姨唯一的心愿就是过年的时候所有人都来家里团聚，她说："你们只需要带一张嘴来就可以了，我不需要你们给钱，不需要你们买菜，你只要负责吃，告诉我好吃，想吃什么就可以了。"每年大年初三必须到五姨家里去，五姨忙前忙后一会工夫，十几个菜就端上来。

她为了整个家族付出了太多太多，我要跟我心中的五姨，我永远的母亲、五妈妈说：我爱你！

最憨厚诚恳的大姨

五姨最后一次召集大家就是在大姨过世的时候。说到大姨，她在我们家族长辈当中更像我姥姥，她最憨厚，性格最好，是最不爱计较的一位阿姨。因为自己是老大，她心中总有一种浓浓的责任感，妹妹们跟这位大姐的年龄跨度也很大，像我妈妈比大姨小了20多岁！大姨把所有的妹妹当自己的孩子，把所有妹妹的孩子也当成自己的孩子。在我的印象当中，只要见到大姨，她都会偷偷地塞钱给我，上初中的时候塞给我钱，放暑假见到我也要给我钱。大姨总是省吃俭用，用自己卖庄稼的钱，几十块几十块地攒，见一个孩子就发一百块钱。她不善言辞，憨厚可爱，从她的慈眉善目当中，能感受到她是非常爱我们这些孩子的。也正是因为大姨的性格特别好，所以她的婚姻家庭生活也很幸福，她这一生和自己的先生没有红过脸，更没有吵过架。从大姨的身上能感受到，一个女人过得幸福跟自己有好性格有着莫大的关系。

最能说会道的二姨

和大姨住对门的就是我二姨了。二姨和大姨两家中间隔了一条小溪，住对门住了一辈子。二姨是特别有意思的一位女性，她是我们家族当中口才最好、反应最机敏的一个女生。少年时期我二姨赶上了一段革命时期，据说当时我姥爷被村里人架上台，身上还绑着绳子，台下全村的人要一起批评他。当时二姨只有十七八岁，与现代高中生的年龄相仿，不同的是很多现在的孩子都被父母保护得很好，可是我二姨竟然做出了一件非常不可思议的事情！看到父亲在台上的危险，只见她手拿《毛主席语录》就冲上了台，面对台下几百号群众，台上又是一排年纪比她大几倍的老干部，每个人口里都振振有词，大声呵斥我的姥爷。二姨不慌不忙，舌战群雄，反应机敏，说得有理有据，对方说一句，她答十句，说十句，她能答20句，以一敌百。可谓“古有杨香打虎救父，而今有我二姨读语录救父”！

就这样一句一个道理，句句话说在刀刃上，让人无法反驳，放在现在就是辩论比赛冠军了！就这样，在重重包围中，一个小女孩把爸爸救下来了！实在是太振奋人心了！

这件事情在整个乡都引起了轰动，一个十七八岁的女孩，扎着两个马尾辫，竟然如此有胆识和勇气。我是长大后才听说了二姨的这件事情，由衷的敬佩！

如今二姨已经60多岁了，这件事情还是会被我们晚辈津津乐道，我也特别愿意讲这件事情，希望能够把二姨的这个故事继续说给我的后辈。

最会谈笑风生的七姨

跟我二姨性格相反的，就是我七姨了。二姨是想得很多，口才很好的人，七姨是一个特别知足常乐，心思简单的人。七姨特别大大咧咧，喜欢在生活中搞一些调皮可爱的事情。听七姨说，她年轻的时候和我七姨夫吵架，女人都喜欢耍小性子，她当时的招就是“今天不吃饭了，我饿着，让你心疼我，让你回家哄我”，七姨夫出去工作前脚刚出门，七姨后脚马上跳下炕，悄悄地把锅打开，悄悄地把饭上面的帘子掀开，悄悄地拿筷子吃东西。七姨特别可爱，吃的时候还要小心一点，不要被我七姨夫回来发现她吃东西了，那样就自己显得很没骨气嘛，真有趣。

七姨还有最难能可贵的一点就是，她教育两个女儿的思维很不一般。很多父母希望自己的儿子一定要成龙，女儿一定要成凤，一定要闯出一番天地，一定要成功！七姨没有这样，她给两个孩子足够的自由，她只要孩子快乐，直到现在，七姨一家的生活氛围还是其乐融融的。每次去她家都特别开心，她性格乐观、开朗，特别爱讲笑话，经常逗得我们哈哈笑。而她的两个女儿呢，各自的家庭都离得不远，互相照应着，岁月静好的一家人，这何尝不是一种特别难能可贵的美呢。

小时候我还在七姨家住过半年，清晰地记得她爽朗的笑声，谢谢你七姨，是你教会我快乐！

最心态年轻的四姨

和七姨性格特别像的就是四姨。四姨是我们家族当中最不愿意抱怨、最乐观积极面对生活的一个阿姨。四姨有一个让人过耳不忘的标签就是她的笑声，她的笑是开怀大笑，隔着几个屋子都能听到。

四姨也是特别容易发现生活当中简单的快乐的人，她经营着一家菜店，每天起早去进菜，三四点起床，晚上十一二点才能入睡，同时要整理账、记账、计划第二天的生意。四姨夫不愿意做活几乎不帮忙，她一个人又要看店又要照顾孩子，但她却从来不抱怨，还认为自己生活很好，很快乐。也正是她的这种心态，直接影响了四姨家的姐姐，四姨家的姐姐也特别可爱，我们家族里的女生都很瘦，唯独四姨家的姐姐有一点点胖。有一天我们在聊天的过程当中，我听见四姨家的姐姐说:“我胖怎么了？可是你看我笑起来多迷人呢，你看我的眼睛多好看呢。”她觉得自己特别美，事实也确实是这样，她的自信是与众不同的魅力，总是以阳光的心态面对生活。我觉得我四姨在教育孩子这一点上做到了难能可贵的、精神上的富足教育，给了孩子足够的信心和充满爱的环境。“人是环境的产物”这句话就体现在他们家身上。

现在四姨已经快60岁了，她闲暇时间最喜欢旅游，前段时间还去了杭州，去了三亚，旅游了一个多月的时间。以后我到了这个年纪，也要像我四姨一样，还这么热爱生活，还是那么的爱笑，容易发现生活当中简单的美。谢谢四姨你教会了我像孩子一样保持一颗赤子之心，这真的是太难得、太难得了。

月光下爱得轰轰烈烈的三姨

最后要介绍的一位就是我的三姨了。我三姨是家族当中个子最高的，也是最敢爱敢恨的一个女子，我太爱我的三姨了。

三姨性格特征非常的鲜明，我常常在想如果三姨还在的话，我真的很想和她做朋友，和她促膝长谈，我真的很想知道她当时的心情是什么。听妈妈给我讲了一段三姨年轻时的爱情故事，不逊色于任何琼瑶小说，人们常说我要谈一场恋爱，我要轰轰烈烈，三姨的这场爱情故事在我心中就是这样。

在三姨十七八岁情窦初开的时候，她喜欢上了一个男生，她并没有跟那个男生表达过，两个人不熟悉，也没有交集，只是见过面，就怦然心动地喜欢这个男生了。每天晚上小女生的心思都让她睡不着，她想啊想啊，想这个男生，幻想跟他一起生活的样子，想着想着她更睡不着了，干脆起身，穿上鞋走出家门了。

如何形容爱情？夏目漱石说："今晚月色真美。"

那天晚上的月色真好，照着林间小路亮亮通透，顺着小路走啊走啊，不自觉地就向着那个男生家里的方向走去了。她梳着麻花辫，踢着路上的小石子，少女的心思甜蜜而忐忑：他名字是什么？他喜欢吃什么？他会喜欢我吗？伴着月光就这么走到了一个桥上，桥下是一条河在静谧的夜里缓缓流淌，那流水声真悦耳，好像是爱情的音符。

这时候她看到远处也走来了一个人影，这么晚了，怎么会有人呢？在农村这个时候大家都休息了，通常只有狗吠的声音，这个人越走越近，越走越近。天呐，竟然是我三姨喜欢的这个男生！他们在这座桥上相遇了！就像电影一样，三姨问："好巧，你怎么会来这儿呢？"这少年也是男友力爆表，直接表白他的心意也倾心于我三姨，也是在晚上睡不着，在想着未来，想着是不是可以和我三姨生活在一起，于是他也起了身，也看到今晚的月色很好，就趁着月色往我三姨家的方向走走……

就这样，两个人不约而同地走到了同一座桥的中间相遇了！那天晚上，三姨和这位男生谈人生、谈理想，三姨是一个很有思想的女人，她有理想有目标，也会规划人生，当晚他们两个人一起聊着未来聊到快天亮，那种开心和喜悦，太美好了。

回家之后，三姨和爸爸提了自己想要和这个男生在一起的想法，给三姨点赞，她真的很勇敢。姥爷当时的反应是没有放在心上，还说已经给你定好亲了，是××家的儿子，已经说好了，不能反悔了。

三姨很伤心，她开始绝食，几天几夜不吃饭不喝水，信念坚定地说："我一定要嫁给我爱的人，我不能就这样听从你们的安排。"当时的三姨一定很想挣脱这种枷锁，她一定很想向着阳光自己做主去追求自己的幸福，我也真的很希望故事的结尾是她和她爱的人在一起了。很遗憾，最后还是拗不过我姥爷。

直到出嫁的当天，三姨依然不甘愿，自己的人生做不了主，她哭得声嘶力竭。当新娘子出门的时候，她和自己的父亲说了一句很重的话："我嫁过去也不会快乐的，我不会再快乐了。"我想我姥爷当时一定有震惊、有心疼、有后悔。所以自从三姨之后，四姨、五姨、六姨、七姨，直到我妈妈，所有孩子的婚姻姥爷都不再干涉，都让她们自己去选择。

婚后的三姨一直生活平静，不再有什么新鲜事和波澜。20年后，一通陌生的电话打来问她还好吗？是当年在桥上的那个男生，他们彼此淡淡地问候了几句，便直到去世再没有联络。

从三姨以下所有妹妹弟弟，所有我们这些人的幸福，包括今天会有我，都是我母亲自己选择的结果，这也都是因为我三姨用自己的幸福去换来的。三姨在我心中是一个非常敢爱敢恨的人，她特别挂念我，记得她去世的前几年，每次看见我都邀请我一定要到她家里去再住一些时间。

我现在之所以会在喜马拉雅上面做自己的电台节目"思思故事汇"，除了我妈妈的影响，有一部分原因是三姨给我的鼓励。我八岁时在三姨家住过半年，那半年里我拿到了我们全市的讲故事比赛个人表演组的第一名。那时我每次跟我三姨讲完一件什么事情，我三姨都会给我鼓掌，到后来我还记得会有邻居来我家串门，三姨就会说："我这小外甥女可会讲故事了，特别会唱歌，快来表演一段。"我表演完之后，三姨就会带着那些人一起鼓掌夸我说："这个孩子真棒，以后一定会出息有能耐，可以去做主持人。"被鼓励的这个画面，在我脑海里非常清晰。

在这里也要感谢我三姨，是因为你当时给我的鼓励，你保护了我的创造力，是你让我的爱好发散出来，让我知道我做这件事情是被认可的。

回想起来，我的阿姨们每一个人在我成长过程当中都给了我很多正面的影响，我真的太爱她们了。这要归功于我的母亲，她时刻提点我每个人的优点，当她聊起时，都是感恩的一面，所以我才这样了解和感谢每一位长辈。

我相信每个人的家族都有伟大的一面，只是你还没有去挖掘，希望看到我的家族故事的你，也能够去挖掘你的家族故事，并且整理出来。我期许从你开始，成为你家族故事的传播者，成为你家族凝聚力的中心。你可以号召你的亲朋好友聚在一起，享受着亲情的温暖，哪家有喜事好事，大家都到场，给予爱的支持鼓励，这是非常难能可贵的事情。

我想起撒贝宁说，在母亲去世后有一天他翻看聊天记录，在其他群里一天可以讲话几十次，而和母亲的对话框里好多天才会讲一次话，并且只留了一条有母亲声音的语音，当时他就泪奔了。

我相信现在每个年轻人的手机里都有很多的群，工作群、闺蜜群、资讯群等，想想看，你在家族群里的互动又有多少呢？如果你不知该如何记录，可以在喜马拉雅平台上的节目《思思故事汇》下留言，我愿意和你分享心得，也愿意做你的倾听者，你可以把你的故事告诉我。

八姐＆思思支招：

1. 你还记得你姥姥的名字吗？你的家族故事是什么？

2. 值得你感恩的亲人是谁？你是否有感谢过他？像我一样记录下你每位亲人的优点和值得感恩的地方吧。

3. 你们全家族有多久没有聚在一起了？不如就在今年的某个节日，端午或者中秋，国庆或者春节，你作为号召人把家族的人凝聚一次吧！